भटकती आत्माएँ

भटकती आत्माएँ

(सत्य पारलौकिक घटनाओं का संग्रह)

डॉ. ब्रजमोहन

वाणी प्रकाशन

वाणी प्रकाशन

4695, 21-ए, दरियागंज, नयी दिल्ली 110 002

शाखा

अशोक राजपथ, पटना 800 004

फ़ोन: +91 11 23273167 फ़ैक्स: +91 11 23275710

www.vaniprakashan.in
vaniprakashan@gmail.com
sales@vaniprakashan.com

BHATAKATI AATMAYEN
(Satya Parlaukik Ghatnaon Ka Sangrah)
by Dr. Brij Mohan

ISBN : 978-93-5229-444-2
Gothic Stories/Stories

प्रथम संस्करण

मूल्य : ₹ 350

ओम ऑफ़सेट, दिल्ली-110 093 में मुद्रित

वाणी प्रकाशन का लोगो मक़बूल फ़िदा हुसेन की कूची से

प्रस्तावना

यदि आज से 50 वर्ष पहले कोई कहता कि सन् 2000 में संसार के वैज्ञानिक मंगल ग्रह पर एक यान भेजेंगे जिसका संचालन पृथ्वी पर बैठे, करोड़ों मील दूर से, रेडियो तरंगों द्वारा करेंगे, तो कोई इस बात का विश्वास न करता और इसे शेखचिल्ली की कहानी ही समझता। किन्तु विज्ञान ने सिद्ध कर दिया है कि कल की कल्पना आज का तथ्य बन जाती है।

परन्तु आज भी वैज्ञानिक एक प्रकार के भ्रमजाल से नहीं निकल पाये हैं। वे समझते हैं कि विश्व में एक ही प्रकार का जीवन सम्भव है : स्थूल शरीर रूपी मानव जीवन। इसीलिए वे मंगल ग्रह पर आक्सीजन, हाइड्रोजन की खोज कर रहे हैं। किन्तु क्या ऐसे सूक्ष्म शरीर का अस्तित्व असम्भव है जिसके निर्माण में न जल की आवश्यकता हो, न वायु की, न किसी गैस की?

आत्मा और पारलौकिक जीवन के सम्बन्ध में भारतीय प्राचीन साहित्य में जितना अधिक विवेचन हुआ है, उतना कदाचित् ही किसी दूसरे देश के साहित्य में हुआ हो। जब तक भारत में इस विषय की (जो वस्तुतः अध्यात्म का मूल तत्व है) यथेष्ट चर्चा रही, तब तक भारत सभी दृष्टियों से परम उन्नत और सुखी रहा। पर ज्यों-ज्यों हम लोग इस विषय से उदासीन होकर भौतिक उन्नति और सुखों की ओर प्रवृत्त होते गये, त्यों-त्यों हम चारित्रिक, सामाजिक आदि दृष्टियों से वस्तुतः पतित और हीन ही होते गये। जिन भौतिक उन्नतियों को आज हम अपने भौतिक सुखों का परम साधक समझते हैं, वे वस्तुतः हमारे कष्ट, चिन्ताएँ और झंझटें बढ़ाने वाली ही सिद्ध हो रही हैं।

आत्म-तत्व का विषय भी इसी प्रकार के विषयों में से एक है। आज यदि आप किसी के सामने आत्मा और परलोक की चर्चा चलावें, तो वह प्रायः आपकी हँसी ही उड़ावेगा। पर बहुत कम ऐसे लोग होंगे, जो यह जानते हों कि यूरोप, अमेरिका आदि में भी ये बातें अब उतनी उपहासास्पद नहीं रह गयी हैं। वहाँ प्रायः सभी देशों में परम विकट वैज्ञानिक परीक्षणों की कसौटी पर इस तरह की बातों को कसकर इनकी छान-बीन और जाँच-पड़ताल की जाती है; और इनमें पाये जाने वाले तथ्यों का युक्ति-संगत विवेचन भी होता है। इस प्रकार के प्रयोगों के आधार पर वहाँ बहुत बड़ा साहित्य भी प्रस्तुत हो गया है, जो दिन-पर-दिन बढ़ता और वैज्ञानिक

क्षेत्रों में मान्य होता जा रहा है। पहले वैज्ञानिकों के सामने जो अनेक मनोवैज्ञानिक गुत्थियाँ थीं, उनमें से बहुतेरी इस आत्म-तत्व की सहायता से सहज में सुलझने लगी हैं। यहाँ तक कि इस विद्या की कुछ बातें (जैसे—मूर्च्छन या मेस्मेरिज्म और मोहन या हिमॉटिज्म की क्रियाएँ) अनेक प्रकार के रोगों की चिकित्सा के क्षेत्र में भी काम आने लगी हैं। यूरोप में तो यह विद्या आत्म-तत्व (साइकिक्स) के नाम से प्रचलित थी; पर अमेरिका वालों ने इसका नाम परा-मनोविज्ञान (पैरा-साइकॉलोजी) रखकर इसका महत्व तथा क्षेत्र और भी बढ़ा दिया है।

आश्चर्यजनक बात यह है कि उनका प्राचीन भारतीय साहित्य में बहुत अच्छा और पूरा विवेचन मिलता है। अर्थात् आज पाश्चात्य वैज्ञानिक नये प्रयोगों के आधार पर जो निष्कर्ष निकाल रहे हैं, उन निष्कर्षों तक ही नहीं, बल्कि उनसे भी और आगे हमारे प्राचीन ऋषि-महर्षि हजारों वर्ष पहले पहुँच चुके थे। और इससे भी बढ़कर आश्चर्य की बात यह है कि भारतीयों ने जो सिद्धान्त स्थिर किये थे, वे वैज्ञानिक प्रयोगों के बल पर नहीं, बल्कि केवल आत्म-चिन्तन और मनोबल ने किये थे! आज आधुनिक वैज्ञानिक जगत् भी उन बातों का समर्थन कर रहा है।

मनुष्य की मृत्यु केवल शारीरिक है, आत्मिक नहीं; मनुष्य केवल शरीर नहीं है, बल्कि आत्मा और ईश्वर का अंश है; अतः उसको सांसारिक मोह-माया के बन्धन तोड़कर और सब प्रकार की कामनाओं और वासनाओं से मुक्त होकर उस उच्चता की ओर बढ़ना चाहिए, जिसमें कहीं किसी के साथ किसी प्रकार के संघर्ष का नाम भी नहीं है। भौतिक तथा शारीरिक दृष्टि से तुच्छ होने पर भी आत्मिक बल से मनुष्य अत्यन्त उच्च स्तर तक पहुँच सकता है।

आत्म-तत्व के सम्बन्ध में अब तक जितने पौरस्त्य और पाश्चात्य चिन्तन, परीक्षण तथा विवेचन हुए हैं, उन सब का सारांश यही निकलता है कि मनुष्य की आत्मा उस परमात्मा या विश्वात्मा का ही एक अंश है, जो समस्त विश्व-जगत् की सृष्टि और संचालन करता है। यह सारा विश्व-जगत् और उसके स्रष्टा के सम्बन्ध की सभी बातें अज्ञेय और अनन्त हैं। मनुष्य इन सब के सामने समुद्र की एक बूँद या धूल के एक कण से भी ज्यादा तुच्छ और नगण्य है। फिर भी विश्वात्मा के अंश होने के कारण उसमें एक ऐसी अलौकिक, प्रबल और रहस्यमय शक्ति वर्तमान है, जिसका पता गूढ़ आत्म-चिन्तन से ही चल सकता है। वह शक्ति न कभी मरती है, न नष्ट होती है। वह सदा किसी न किसी रूप में, कहीं न कहीं वर्तमान रहती है; और जब जहाँ रहती है, तब वहाँ की परिस्थितियों के अनुसार अपना एक स्वतन्त्र संसार बना लेती है। यह आत्मा भिन्न-भिन्न रूपों या शरीरों में, भिन्न-भिन्न ग्रह-नक्षत्रों तथा लोकों में न जाने कितने चक्कर लगाती रहती है; और हर जगह न जाने कितने प्रकार की गृहस्थियाँ रचती रहती है। जब तक वह स्थूल तत्वों की ओर प्रवृत्त रहती है, तब तक उन्हीं के बन्धनों में बँधी रहकर चारों तरफ भटकती फिरती है। पर जब वह

स्थूल से परावृत होकर सूक्ष्म होने लगती है, तब वह ऊपर उठने लगती है। ज्यों-ज्यों वह सूक्ष्म होती जाती है, त्यों-त्यों उन्नत भी होती जाती है; और ज्यों-ज्यों वह उन्नत होती जाती है, त्यों-त्यों परमात्मा के निकट भी पहुँचती जाती है—उसके समान सूक्ष्म भी होती जाती है। इसीलिए प्रायः सब धर्मों में परमात्मा के साथ आत्मा के मिलन पर इतना जोर दिया जाता है; और इसकी युक्तियाँ तथा साधन बतलाये जाते हैं।

प्रस्तुत पुस्तक में यह सिद्ध करने का प्रयास किया गया है कि इस प्रकार का जीवन केवल सम्भव ही नहीं, वास्तव में अस्तित्वमय है। हजारों तथ्यों में से चुन कर थोड़े से ऐसे तथ्य दिये गये हैं जो सर्वथा विश्वसनीय हैं। उनमें से कुछ तो लेखक को अपने अमेरिका-प्रवास में प्राप्त हुए हैं।

—डॉ. ब्रजमोहन

इस पुस्तक की छपाई में, सूचना एवं लोक सम्पर्क विभाग में कॉपी राइटर के पद पर कार्यरत श्री रजनीश कुमार तथा हरियाणा सिविल सचिवालय में कनिष्ठ आशुलिपिक के पद पर कार्यरत श्री मुकेश मेहता की मेहनत एवं योगदान सराहनीय है।

—कृष्णमोहन

अनुक्रम

भाग-1 : प्रत्यक्ष घटनाएँ

भाग-2 : स्याँस

भाग-3 : पुनर्जन्म

भाग-4 : उपसंहार

भाग-1
प्रत्यक्ष घटनाएँ

विषय प्रवेश

आजकल हमारे समाज में दो प्रकार की विचारधाराएँ चल रही हैं। यदि आप इस बात का जिक्र करें कि 'रावण सीता जी को आकाश मार्ग से ले गया था, तो पुराने ढंग के लोग तो तुरन्त कहेंगे अवश्य ऐसा ही हुआ होगा।' आखिर पुराने समय में भी पुष्पकविमान और उड़नखटोले तो होते ही थे, नहीं तो ऐसी बातें हमारी प्राचीन पुस्तकों में दी ही क्यों जातीं। किन्तु नवशिक्षित युवक तुरन्त कह उठेंगे, 'यह सब कपोल कल्पना है। प्राचीन समय में तो मशीनें होती ही नहीं थीं। यह तो आजकल की देन है।'

किन्तु इन दोनों मार्गों के बीच में एक मध्यस्थ मार्ग भी है। हम यह नहीं कहते कि पुरानी बातें सब ठीक ही थीं, किन्तु यह कहना भी नासमझी होगी कि प्राचीन पुस्तकों में दी हुई सभी बातें झूठी थीं। जब लोग कहते थे कि प्राचीन ऋषि हजारों किलोमीटर की दूरी से एक-दूसरे को सन्देश दे दिया करते थे, तो बहुत से पढ़े-लिखे लोग इस बात की खिल्ली उड़ाया करते थे, किन्तु आज दूरभाष और दूरदर्शन जैसी परिघटनाएँ हमारे सम्मुख ध्रुव सत्य की भाँति दिखाई देती हैं। विज्ञान दिन पर दिन प्रगति कर रहा है। कल की कपोल कल्पनाएँ आज सत्य होती जा रही हैं। आज से 500 वर्ष पहले क्या कोई रेडियो और बोपट की कल्पना कर सकता था? पुराने ढंग से उपन्यासों में हम 'तिलिस्म' का उल्लेख पढ़ते थे तो हँसी में उड़ा देते थे। किन्तु आज ऐसे मोटर गराज विद्यमान हैं, जिनके दरवाजे, मोटरकार के आने पर अपने आप खुल जाते हैं। ऐसे नल बहुत स्थानों पर बन चुके हैं, जिनके आगे गिलास ले जाइये तो उन में से अपने आप पानी निकलने लगेगा।

हम बुद्धिपरक और तर्कपरक प्राणी हैं। हम लोग प्रत्येक बात को तर्क की कसौटी पर कस कर देख सकते हैं। हमें उन्हीं बातों को असम्भव मानना चाहिए, जो प्रत्यक्ष रूप से असम्भव प्रमाणित हो जायें। प्रत्येक प्राचीन बात को तुच्छता की दृष्टि से देखकर असम्भव मान लेना न्यायसंगत नहीं है।

कभी दो चार नवयुवकों को बिठाकर भूत-प्रेत की कहानियाँ सुनाने बैठ जाइये। उनमें से दो एक तो ऐसे होंगे, जो तुरन्त मन में यह धारणा बाँध लेंगे कि जो कुछ उन्हें सुनाया जा रहा है, सब मनगढ़न्त अथवा मिथ्या है। दो एक ऐसे भी होंगे जो यह समझेंगे कि अब कोई न कोई बात अनिटष्कारी सुनने को मिलेगी। किन्तु यदि उन्हीं लोगों से आप यह कहें कि 'हम तुम्हें आत्माओं की कहानियाँ सुनाने जा रहे

हैं' तो वे उन कहानियों को अधिक विश्वसनीयता के साथ सुनेंगे। भूत-प्रेत के स्थान पर आत्मा का नाम जुड़ते ही कहानी अधिक शिष्ट-सम्मत हो जाती है।

और इसका कारण भी है। भूत-प्रेत सम्बन्धी बहुत-सी कहानियों में धोखाधड़ी होती है। इसके अतिरिक्त बहुत-सी घटनाएँ भ्रमवश उत्पन्न होती हैं। यदि भूत-प्रेत की दस कहानियाँ इकट्ठी हो जायें तो सम्भव है, उनमें से अधिकतर धोखेबाजी की हों या भ्रम अथवा भय-जनित हों और कठिनाई से दो एक ऐसी हों, जिन्हें शुद्ध घटनाएँ कहा जा सके। इसीलिए बहुत से तर्कपरक प्राणी इस विषय में अत्यधिक सतर्कता बरतते हैं। इस प्रकार सच्ची घटना को भी सत्य समझना कठिन हो जाता है।

एक बार अखबारों में यह विज्ञापन निकला था—

'हमारी एक कोठी लाहौर नगर से लगभग 10 किलोमीटर दूर किरानी बाजार में है। वर्षों से प्रायः खाली पड़ी है। न उसे कोई खरीदता है, न किराये पर लेता है, तो एक बार किसी व्यक्ति ने उसे किराये पर लिया। वह रात को उसके अन्दर सोया, किन्तु सवेरे उसे पास किसी सड़क अथवा नाले पर बेहोश पाया गया। कहते हैं उस कोठी में किसी प्रेत का वास है। जो कोई इस रहस्य का उद्घाटन करेगा, उसे 5,000 रुपये इनाम दिया जायेगा।'

—श्रीविलास

विज्ञापनदाता लाहौर के एक मारवाड़ी रईस श्रीविलास थे।

यह विज्ञापन बहुत लोगों ने पढ़ा। एक युवक बेकार था। उसकी एकमात्र बहन को क्षयरोग हो गया था। माँ-बाप मर चुके थे, भाई कोई था नहीं। बहन का इलाज कराने के लिए उसके पास पैसा नहीं था। उसने सोचा, चलो भाग्य आजमाया जाये। यदि मैं जीत गया तो 5,000 रुपये पा जाऊँगा। उस द्रव्य से बहन का इलाज करा लूँगा। यदि मुझे कुछ हो भी गया तो मेरे 'आगे नाथ न पीछे पगहा'। एक बहन है, वह भी मरणासन्न पड़ी है। और कौन मुझे रोने वाला बैठा है।

युवक सेठजी से मिला और अपना निश्चय बतलाया। सेठजी उसे अपनी कार में बिठाकर कोठी ले गये। कोठी के अन्दर बीच में एक हाल था और चारों ओर बड़े-बड़े कमरे थे। कोठी के आगे छोटा-सा मैदान था और पीछे बहुत बड़ा बाग। बाग के अन्त में एक झोपड़ी थी, जिसके पीछे एक और सड़क थी। झोपड़ी में एक माली रहता था, जो बाग और कोठी की रखवाली करता था।

सेठजी ने माली को बुलाकर बताया कि 'आज यह महाशय रात को इस कोठी में सोयेंगे।' युवक ने माली से कई प्रकार के प्रश्न किये, जिससे पता चला कि माली दिन में बाग में काम करता है, कभी-कभी कोठी की सफाई भी करता है, किन्तु रात में कभी कोठी के पास फटकता भी नहीं। यदि रात में कहीं जाने की आवश्यकता होती है, तो पीछे की सड़क से जाता है।'

युवक ने बाग का चक्कर लगाया। एक स्थान पर उसे जमीन पर कोई चमकती

हुई चीज दिखाई दी। उठाकर देखा। एक ग्रामोफोन के रिकॉर्ड की सुई थी। उसने उस पर कोई विशेष ध्यान नहीं दिया।

युवक सेठजी के घर आया, खाया-पिया, आराम किया। रात को चलने से पहले उसने सेठजी से पिस्तौल ली, जिसमें तीन गोलियाँ भरी हुई थीं। इसके अतिरिक्त तीन और गोलियाँ लेकर अपनी जेब में रखी और सेठजी के साथ चल दिया। सेठजी ने उसे कोठी के अन्दर ले जाकर छोड़ दिया। युवक ने हाल के अन्दर एक कुर्सी बिछा ली, हाल में जितने दरवाजे थे, सबकी सिटकनियाँ अन्दर से चढ़ा लीं और कुर्सी पर बैठ गया। हाल में बत्ती जल ही रही थी। युवक कुर्सी पर बैठ गया, और उस पर बैठे ही बैठे रात बिताने का निश्चय किया।

रात का लगभग एक बजा होगा। एकाएक हाल की भूमि के नीचे से किसी के जोर-जोर से हँसने की आवाज आयी। हँसी बहुत ही डरावनी थी, मानो कोई पिशाच हँस रहा हो। युवक धैर्य के साथ सुनता रहा किन्तु अपने स्थान से हिला नहीं।

दो-तीन मिनट में हँसी बन्द हो गयी और निस्तब्धता छा गयी। कठिनाई से पाँच-सात मिनट बीते होंगे कि छत के ऊपर से किसी के दहाड़ें मार-मारकर रोने की आवाज आयी। ऐसा प्रतीत होता था मानो कोई किसी स्त्री पर अत्याचार कर रहा हो और स्त्री आर्तनाद कर रही हो।

युवक फिर भी न घबराया और कुर्सी पर बैठा रहा। कुछ देर शान्ति रही फिर एकदम से एक हल्की-सी बूँद छत की धरन में से आकर गिरी। युवक ने गौर से देखा। बूँद रक्त की थी जो उसकी कुर्सी के पास गिरी थी। युवक ने अपनी कुर्सी थोड़ी दूर खिसका ली। रक्त की और भी कई बूदें उसी पिछले स्थान के आसपास गिरीं।

युवक बहुत ही कड़े कलेजे का था। वह स्थिर बैठा रहा। इतने में उसने देखा कि हाल की एक मोरी में से मनुष्य की खोपड़ी अन्दर की ओर खिसक रही है। जब वह खोपड़ी युवक के समीप आ गयी, उसने साहस करके खोपड़ी में एक लात लगाई। खोपड़ी दूर जा गिरी और उसके नीचे एक चूहा दिखाई दिया जो रेंग रहा था।

चूहे को देखकर युवक का साहस बढ़ गया, क्योंकि वह समझ गया कि यह किसी दुष्ट की कारस्तानी है, कोई पारलौकिक घटना नहीं है।

युवक फिर कुर्सी पर बैठ गया। थोड़ी देर के बाद उसकी कुर्सी के पास कागज का एक मुट्ठा आकर गिरा। उसने उसे छुआ भी नहीं, इस विचार से कि शायद उसमें कोई बम हो। मुट्ठे में से एक प्रकार का धुआँ निकलने लगा, जब धुआँ युवक के नाक, कान में घुसा, युवक बेहोश हो गया। पता नहीं वह कितनी देर तक बेहोश रहा। जब उसे होश आया, वह उसी कुर्सी पर बैठा हुआ था। दो-चार मिनट बीते होंगे कि हाल के एक दरवाजे की सिटकनी अपने आप खुली और कमरे में से काली शक्ल हाल में प्रविष्ट हुई। जो व्यक्ति इस प्रकार आया, वह एक काले बुर्के से अपना सारा शरीर ढके हुए था। केवल आँखों के आगे एक जाली-सी लगी हुई थी।

काली शक्ल युवक की ओर बढ़ने लगी। युवक ने साहस बटोर कर अपनी पिस्तौल निकाल ली और उस व्यक्ति पर गोली चलाई। गोली उसके शरीर पर लगी किन्तु कोई प्रभाव नहीं हुआ। वह व्यक्ति हँसा और फिर युवक की ओर बढ़ा। युवक कुर्सी से उठा और पीछे की ओर हटने लगा। वह व्यक्ति आगे बढ़ता जा रहा था, किन्तु इस प्रकार बढ़ रहा था कि युवक चाहे तो खुले दरवाजे में से भाग जाये। युवक ने शेष दोनों गोलियाँ भी चला दीं, किन्तु कोई फल नहीं निकला।

फिर भी युवक ने हिम्मत नहीं हारी। उसने जेब में से एक और गोली निकालकर पिस्तौल में भरी और गोली चलाना ही चाहता था कि उस व्यक्ति ने हाथ ऊपर को उठा दिये और कहा 'भगवान के लिए, गोली मत चलाना'। अब युवक की जान में जान आयी। उसने आगे बढ़कर उस व्यक्ति को जमीन पर गिरा दिया, उसकी छाती पर बैठ गया, बुर्का उलट कर देखा तो वही माली था जो कोठी की रखवाली किया करता था।

युवक ने माली को उठाया और पूछा कि 'यह सब क्या मामला है?' माली ने कहा, 'यदि आप वचन दें कि मेरी नौकरी नहीं जायेगी, तो सारा हाल सच बताऊँ।' युवक ने वचन दिया, तब माली ने सारा रहस्य खोलकर बताया।

उसी कोठी के पास एक अन्य रईस श्री राम प्रकार की कोठी थी। राम प्रकाश जी इस कोठी को भी खरीदना चाहते थे। उन्होंने सोचा कि यदि किसी प्रकार यह सिद्ध कर दिया जाये कि यह कोठी भूतही है तो उन्हें औने-पौने दामों में मिल जायेगी। अतएव उन्होंने घूस देकर माली को अपनी ओर कर लिया।

जब माली को पता चलता था कि आज कोई व्यक्ति कोठी में सोने आ रहा है तो वह अपना सामान तैयार कर लेता था। राम प्रकाश जी ने उसे अपना ग्रामोफोन दे रखा था। साथ ही दो रिकॉर्ड भी दिये थे, एक हँसी का और एक रुलाई का। कोठी के हाल के नीचे एक तहखाना था, जिसका दरवाजा गुप्त था। माली पहले उस तहखाने में ग्रामोफोन ले जाकर हँसने वाला रिकॉर्ड बजाता था। फिर ऊपर छत पर जाकर रोने वाला रिकॉर्ड बजाता था।

हाल की छत में लोहे की धरने लगी हुई थीं। हाल की छत कमरों की छत से कुछ ऊँची थी। हाल की दीवारों में कमरों की छत से जरा ऊपर कई वातायन बने हुए थे, जिनमें से एक हाल की छत की धरन के ठीक सामने पड़ता था। लोहे की धरनों में से दोनों ओर कगारें निकली रहती थीं। माली ने शीशे की एक नली लेकर उसके एक सिरे में रूई ठूँस दी। रूई के पीछे, नली में लाल रंग भर दिया और नली को वातायन में से धरन की कगार में रख दिया और उसके दूसरे सिरे में सींक पर रूई लगाकर एक फूरैरी उरस दी। सींक का सिरा वातायन के बाहर निकला रहता था। ज्यों-ज्यों वह सींक को नली के अन्दर सरकाता था, लाल रंग आगे खिसक जाता था और रूई में से एक दो बूँद धरन से नीचे हाल में गिर पड़ती थीं।

माली ने एक खोपड़ी भी ला रखी थी। एक चूहे को हाल की मोरी के बाहरी सिरे पर बिठाकर उस पर खोपड़ी ढक देता था। फिर खोपड़ी के द्वारा चूहे को हाल के अन्दर सरका देता था।

माली ने हाल के एक दरवाजे में एक बहुत बारीक छेद करके एक पतला तार उसके अन्दर डालकर सिटकनी से बाँध दिया था। इस प्रकार वह तार को खींचकर बाहर से ही सिटकनी खोल दिया करता था। पहले वह वातायन में से एक कागज का मुट्ठा फेंकता था, जिसमें बेहोशी की बुकनी रहती थी। जब उस बुकनी के प्रभाव से युवक बेहोश हो गया, तब वह सिटकनी खोलकर हाल में आया और उसकी जेब में से पिस्तौल निकालकर गोलियों के स्थान पर नकली गोलियाँ रख दीं। यदि उसे पता होता कि इन गोलियों के अतिरिक्त और भी कई गोलियाँ युवक की जेब में हैं तो वह उन्हें भी बदल देता।

बस शेष बातें तो स्पष्ट हैं।

सवेरे युवक उस माली को लेकर सेठ श्रीविलास के पास पहुँचा और उससे कहा कि नकली भूत तो यह तुम्हारा माली है, किन्तु असली भूत सेठ राम प्रकाश है। सेठजी ने सारी कहानी सुनकर युवक को 5,000 रुपये इनाम दिया और इसके अतिरिक्त उसे अपने पास नौकर भी रख लिया।

यह घटना तो शुद्ध धोखेबाजी की है। अब हम एक दृष्टांत भ्रमोत्पादित भय का देते हैं। इस दृष्टांत से यह कहावत चरितार्थ होती है।

'मन का भूत और शंका की डायन नहीं होती।

यह घटना भी सच्ची है, किन्तु व्यक्तियों और स्थानों के नाम काल्पनिक हैं, जैसा उपरिलिखित घटना में।

यह घटना कुशलपुर कस्बे की है। अच्छा बड़ा कस्बा था। पुराने ढंग का बना हुआ था और उसमें बहुत से खँडहर थे। मनोहरलाल कोतवाल की बदली कुशलपुर की हो गयी। बहुत वर्ष पहले मनोहरलाल इस कस्बे में जा चुके थे और वहाँ की गलियों से परिचित थे। जिस दिन उन्होंने कुशलपुर जाकर कार्यभार सम्भाला, उसी दिन संध्या समय घोड़े पर गश्त लगाने के लिए चल दिये। कांस्टेबल ने कहा 'हुजूर कस्बे में और कहीं जायें, किन्तु श्याम गली में न जायें। उस गली में खँडहर ही खँडहर हैं। गली बहुत लम्बी और सुनसान है और उसमें भूतों का वास है'।

मनोहरलाल बहुत निडर व्यक्ति थे। उन्होंने कहा कि 'यह क्या डरपोकों जैसी बातें करते हो। भला, किसी पुलिस वाले को इस प्रकार की बातें करनी चाहिए।'

कांस्टेबल ने कहा कि 'हुजूर आज उस गली में न जायें, दो-एक बार दिन में उस गली में हो आये, तब कभी रात में जाने का साहस करें।'

मनोहर मैं श्याम गली से परिचित हूँ। उसकी एक नुक्कड़ पर मेरे एक पुराने परिचित रामदास रहते हैं। तुम्हें ऐसा ही डर है तो तुम दूसरे रास्ते से गली के दूसरे

छोर पर जाकर खड़े हो जाओ। मैं इधर से जाकर गली पार करके तुम्हें उधर की नुक्कड़ पर मिल जाऊँगा।

कांस्टेबल लाचार हो गया। कोतवाल जी घोड़े पर चले। श्याम गली में गये। गली वास्तव में बहुत लम्बी थी और उसमें शुरू की नुक्कड़ पर ही दो-एक मकान थे, शेष खँडहर थे। सारी गली पार करके दूसरी नुक्कड़ तक पहुँचे तो कांस्टेबल को खड़ा पाया। उससे कहा, तुम लोग व्यर्थ ही डरते हो। गली में धरा ही क्या है? लो यह घोड़ा लो, अब मैं पैदल लौटूँगा।

कांस्टेबल ने बहुत अनुनय-विनय की 'बस आज बहुत हो चुका। बाजार के रास्ते से चले चलिए। कल दिन में इस गली में आ जाइयेगा। किन्तु कोतवाल साहब ने उसकी बात न मानी। पैदल उसी गली में लौट पड़े। तलवार उनकी कमर में लटक रही थी। थोड़ी-सी गली पार की थी कि ऐसा प्रतीत हुआ मानो जमीन पर एक सफेद चादर पड़ी हुई है। सोचा जाते समय तो यहाँ कोई चादर नहीं थी, यह चादर कहाँ से आयी। झुककर हाथ से चादर उठानी चाही, तो जमीन पर हाथ पड़ा। चादर का कोई अस्तित्व नहीं था। कोतवाल साहब स्तम्भित रह गये। सोचा, यह मेरा कोरा भ्रम था। गली बहुत संकरी थी और चारों ओर घुप्प अन्धेरा था। थोड़ा और आगे बढ़े तो देखा कि गली के बीचोबीच में सफेद कपड़े पहने एक औरत खड़ी है। सोचा, यह औरत कहाँ से आ गयी। उससे पूछा 'तू कौन है?' कोई उत्तर नहीं मिला। फिर पूछा, फिर कोई उत्तर नहीं। मन में थोड़ी-सी शंका हुई कि यह भी भ्रम ही न हो। उसे छूने के लिए हाथ बढ़ाया। खड़खड़ की आवाज हुई। मालूम हुआ कि पत्तों का ढेर पड़ा था, जो इनके हाथ लगने से छिन्न-भिन्न हो गया।

कोतवाल साहब का साहस लौट आया। थोड़ा और आगे बढ़े तो गली के बीचोंबीच एक बैल खड़ा दिखाई दिया। अब उन्हें वास्तव में शंका होने लगी कि वस्तुतः भूत-प्रेत की भी कोई सत्ता है या नहीं। म्यान में से तलवार निकाल ली और बैल पर वार किया। वहाँ कोई बैल नहीं था और तलवार केवल हवा को काट रही थी। कोतवाल जी ने सुन रखा था कि भूत-प्रेत लोहे से डरते हैं। अब उन्हें यह विश्वास हो गया कि वास्तव में बैल कोई भूत था, जो तलवार के लगते ही अदृश्य हो गया।

कोतवाल जी का साहस जवाब दे रहा था। गली के मध्य में पहुँच चुके थे। अतः पीछे लौटना निरर्थक था। सोचा साहस बटोर कर किसी प्रकार गली की नुक्कड़ वाले मकान में पहुँच जाऊँ और रामदास को आवाज दूँ। अशर्फी कदम रखते हुए धीरे-धीरे आगे बढ़े। देखा कि रामदास का मकान सामने है। जाकर कुंडा खटखटाया। किसी ने ऊपर से पूछा, 'कौन है?' उत्तर दिया, 'मैं हूँ मनोहरलाल।'

रामदास—अरे, मनोहरलाल, तुम कब आयें और इस समय रात के एक बजे यहाँ कैसे?

मनोहरलाल—आज ही बदली होकर यहाँ आया था। दरवाजा खोलो तो सारा हाल सुनाऊँ।

रामदास नीचे आयें और दरवाजा खोलकर कोतवाल जी को अन्दर ले जाकर बैठक में बिठाया। कोतवाल जी ने सारा हाल सुनाया, और अन्त में कहा कि 'बैल दीखने के बाद मुझे चारों ओर भूत दिखाई देने लगे। किसी प्रकार जान बचाकर यहाँ तक आया हूँ। रामदास ने कहा—'मनोहरलाल, तुमने भूत तो बहुत से देखे होंगे किन्तु ऐसा भूत नहीं देखा होगा' इतना कहकर रामदास ने अपना आकार बदला। देखते-देखते उनका शरीर इतना बड़ा हो गया कि उसने सारे कमरे को घेर लिया। बड़े-बड़े डरावने दाँत बाहर निकल आयें। हाथों के स्थान पर पंजे दिखाई देने लगे। पैर मालूम होता था पीछे की ओर मुड़े हुए हैं। मुँह इतना भयानक हो गया कि राक्षसों को मात करे।

यह शक्ल देखकर मनोहरलाल बेहोश हो गये। होश में आये तो देखा कि उसी गली में पड़े हुए हैं। न वह रामदास के घर तक पहुँचे थे, न उनसे कोई बात की थी। सब उनकी कल्पना-मात्र थी।

कोतवाल साहब की दशा दयनीय थी। बार-बार खड़े होते थे और गिर पड़ते थे। चारों ओर डरावनी शक्लें दिखाई दे रही थीं। सोचा 'एक बार खड़े होकर एकदम दौड़ कर सारी गली पार कर जाऊँ।' खड़े हो गये और दौड़ लगाई। देखा कि गली की नुक्कड़ पर पहुँच गये हैं। गली के सामने एक पनवाड़ी ने कुर्सी पर बैठाया और हालचाल पूछा। मनोहरलाल ने सारा किस्सा कह सुनाया—चादर, औरत, बैल और अन्त में रामदास से कल्पित भेंट आदि।

पनवाड़ी ने पूरी बात सुनकर कहा कि 'कोतवाल साहब, आपने भूत तो बहुत देखे होंगे, किन्तु ऐसा भूत नहीं देखा होगा।' इतना कहकर उसने विकराल रूप धारण कर लिया। यह रूप रामदास वाले से भी भयानक था। देखते ही कोतवाल साहब गश खाकर गिर पड़े। आँख खुली तो देखा कि उसी गली के बीच में पड़े हुए थे।

कोतवाल साहब सोच रहे थे कि 'हे भगवान, क्या आज यहीं मेरी इतिश्री हो जायेगी ? मेरे जैसा निडर आदमी और भूतों से डर जाये। नहीं, मैं एक बार फिर उद्यम करके दौड़ लगाऊँगा और सीधे घर जाकर ही दम लूँगा।

घर पहुँचे कुंडी खटखटाई और सब तो सो गये थे, बस नौकरानी खाना लिए बैठी थी। उसके सामने खाना खाने बैठ गये और सारी कहानी सुनाने लगे। चादर, औरत, बैल और अन्त में रामदास और पनवाड़ी वाले उपाख्यान भी सुनाए। सारी बात सुनकर नौकरानी बोली, 'कोतवाल साहब, आपने भूत तो बहुत देखे होंगे, किन्तु चुड़ैल आज तक नहीं देखी होगी।' ठहरिये मैं दिखाती हूँ।

इतना कहकर नौकरानी ने अपने बाल खोले और ऐसा भयंकर रूप धारण किया कि साक्षात् राक्षसी बन गयी। दीर्घकाल शरीर हो गया, बड़े-बड़े लम्बे दाँत बाहर

निकल आयें, मुद्रा अति विकराल हो गयी। कोतवाल साहब बेहोश होकर गिर पड़े। आँख खुली तो उसी गली में अपने आप को पड़े हुए पाया।

रात भर कोतवाल साहब गली में ही पड़े रहे। सवेरे उनकी खोज हुई। घरवाले और पुलिसमैन उसी गली में पहुँचे। कोतवाल साहब को पड़े हुए देख कर उनको पुकारा। कोतवाल साहब ने आँखें बन्द किये हुए ही कहा, 'मैं समझ गया। तू वही है। मैं आँखें नहीं खोलूँगा।'

लोगों ने बहुत समझाया, किन्तु कोतवाल जी ने आँखें नहीं खोलीं। उन्हें उठाकर अस्पताल ले गये। वहाँ दिन भर बक-झक करते रहते थे। बीच-बीच में कभी होश आ जाता था तो चादर, औरत, बैल, रामदास, पनवाड़ी आदि की बातें सुनाने लगते थे। उन्हीं टूटी-फूटी बातों को जोड़कर लोगों ने पूरी कहानी बना ली। पूरी कहानी सिलसिलेवार तो कोतवाल साहब कभी सुना ही न पाए, क्योंकि तीन चार दिन में ही उनका देहान्त हो गया। ऐसी होती है, भ्रम की शक्ति।

उपरिलिखित दोनों घटनाओं में से कोई भी 'आत्मा की कहानी' नहीं कहला सकती, क्योंकि इनमें आत्मा तत्व तो है ही नहीं। किन्तु ऐसी घटनाओं से यह सिद्ध नहीं होता कि इस प्रकार की सभी घटनाएँ अवास्तविक होती हैं। प्रत्येक व्यक्ति के घर में कुछ घटनाएँ भूत-प्रेत सम्बन्धी घटित होती हैं। हरेक के पास ऐसी घटनाओं की पोटली होती है। यदि यह मान लिया जाये कि उनमें से नब्बे प्रतिशत घटनाएँ झूठी अथवा अवास्तविक होती हैं तो भी शेष दस प्रतिशत का विज्ञान के पास क्या उत्तर है? संसार में यदि लाखों नहीं, तो हजारों व्यक्तियों के तो आत्मा सम्बन्धी अनुभव अवश्य हुए हैं और ऐसे लोगों में केवल अनपढ़ गँवार ही नहीं होते, बहुत से उच्च-शिक्षा प्राप्त विद्वान भी होते हैं और ऐसे व्यक्ति होते हैं, जो प्रत्यक्ष घटना के विषय में कुछ कहने से पहले उसे शुद्ध तर्क और विश्लेषण की कसौटी पर कस लेते हैं। क्या हम यह कह सकते हैं कि वह सब के सब झूठ बोल रहे हैं अथवा भ्रम में पड़े हुए हैं ? हम यहाँ इस प्रकार की दो छोटी-छोटी घटनाओं का उल्लेख करते हैं।

1) यह घटना 5 सितम्बर, 1954 की 'नार्दन इंडिया' पत्रिका में प्रकाशित हुई थी।

सन् 1951 की गर्मियों में हम लोग झाँसी गये थे। जिस मकान में हम लोग ठहरे हुए थे, उसमें थोड़े ही दिन पहले मेरी नव-विवाहित चाची का देहान्त हो चुका था। मृत्यु हृदय-गति के अकस्मात रुक जाने से हुई थी। उसका मुझसे बड़ा लगाव था। उम्र में बराबर होने के कारण हम दोनों में मैत्री भाव था। अतः मैं बहुधा उनके विषय में सोचती रहती थी।

मैं छत पर ठीक उस कमरे के सामने सोया करती थी, जिसमें उन्होंने शरीर छोड़ा था। मेरे बगल में ही मेरी माँ की चरपाई होती थी, अन्य लोग छत के दूसरे किनारे पर सैंते थे।

झाँसी में उन दिनों काफी ठण्ड पड़ रही थी, अतः हम लोग कम्बल ओढ़ा करते थे। एक रात मैं अपने बिस्तर पर कम्बल रखना भूल गयी। सवेरे के लगभग 5 बजे होंगे, जब मेरी आँख खुल गयी और मैं ठण्ड से काँपने लगी। मैं माँ से कहने ही वाली थी कि मुझे एक कम्बल दे दें, इतने में मैंने क्या देखा कि कोई मानव आकृति मेरी चारपाई के पास खड़ी है। मैंने तुरन्त पहचान लिया, वह मेरी वही चिर-परिचित चाची थीं, जो मेरे सामने खड़े थीं। वही मुस्कान, वही आकर्षक मुद्रा। मुझे काँपते हुए देखकर बोली 'दीदी (अर्थात् मेरी माँ) नीचे गयी हैं, मैं तुम्हें कम्बल दिये देती हूँ। मैं कोई उत्तर दे भी न पाई कि उन्होंने मुझे एक कम्बल दे दिया। मैंने उनकी ओर घूर कर देखा किन्तु वह तुरन्त अन्तर्ध्यान हो गयी। मैंने माँ की चारपाई पर दृष्टि डाली, वह सूनी पड़ी थी, उस पर माँ नहीं थी। बाद में पता चला कि वह नीचे गयी हुई थीं, मेरी छोटी बहन का रोना सुनकर, जो मेरी दादी के पास सो रही थी।

मैं सोचने लगी। डर तो मुझे बिल्कुल नहीं लगा क्योंकि मैं अपनी चाची को बहुत प्यार करती थी। पर यह समझ में नहीं आया कि यह सब हुआ क्या? इसे मतिभ्रम नहीं कह सकते क्योंकि मुझे पता ही नहीं था कि मेरी माँ नीचे गयी हुई हैं। इसके अतिरिक्त कम्बल अब भी मेरी चारपाई पर पड़ा हुआ था। मैं आधे घण्टे तक विचार-मग्न रही, फिर सो गयी।

उस दिन से मुझे दृढ़-निश्चय हो गया कि अच्छी आत्माएँ भी हुआ करती हैं, जो ऐसे व्यक्तियों की सहायता करती हैं, जिनसे उनका पिछले जीवन में लगाव होता है।

–कैलाशपति श्रीवास्तव

2) यह कहानी भी 'नार्दन इंडिया' पत्रिका में छपी थी। तारीख मुझे याद नहीं है।

श्री मुखर्जी राजकीय हाई स्कूल के प्रधानाध्यापक थे। उनका इकलौता लड़का बहुत ही शिष्ट और मृदुभाषी, किन्तु थोड़ा उदासचित्त था। उसकी अवस्था 17 वर्ष की थी उसे बचपन में ही मात-विछोह हो गया था। उसके पिताजी बड़ी धार्मिक प्रवकृत्ति के थे। उन्होंने दूसरा विवाह नहीं किया। लड़के ने हाई स्कूल की परीक्षा बड़ी विशेषता के साथ पास की, किन्तु थोड़े दिन बाद ही वह बीमार पड़ गया।

एक रात श्री मुखर्जी रोगी पुत्र की शय्या के पास बैठे थे। घर में कोई स्त्री नहीं थी। अतः लड़के की परिचर्या उनके कई छात्र ही किया करते थे। वह सब भी वहीं बैठे थे। जहाँ घड़ी ने आठ बजाये, एक महिला कमरे में आयी, जो गेरूए रंग की साड़ी पहने थे। उसके गले में सुमिरनी के दानों की माला पड़ी हुई थी और हाथ में संन्यासियों वाला लोहे का चिमटा था। श्री मुखर्जी और अन्य सब व्यक्ति उसके सम्मान में खड़े हो गये, किन्तु किसी के मुँह से एक शब्द भी न निकला। जब तक वह महिला वहाँ पर रही, सब के सब बुत बने खड़े रहे। श्री मुखर्जी ने पहचान लिया

कि महिला उनकी स्वर्गीया पत्नी थीं। वह रुग्ण बेटे के पास बैठ गयी, उसके माथे को छुआ और चल दी। इस समूची घटना में कठिनाई से दो मिनट लगे होंगे। जब सब लोग अपने होश में आयें तो देखा कि लड़का ब्रह्म में विलीन हो चुका है। माँ की आत्मा केवल उसे साथ ले जाने के लिए ही आयी थी।

—एम.ए. आजम

यदि अकेले श्री मुखर्जी ने ही उक्त महिला को देखा होता तो यह कहने की गुंजाइश होती कि यह कदाचित उनका भ्रम था, परन्तु क्या हम यह मान लें कि श्री मुखर्जी के साथ उनके सारे विद्यार्थी भी धोखा खा गये? और धोखा भी सब को एक ही प्रकार का हुआ।

मैंने यहाँ केवल दो घटनाएँ दृष्टांत के रूप में दी हैं। शेष घटनाएँ जो हम आगे देंगे, उन में से अधिकतर तो समाचार-पत्रों और पत्रिकाओं से संकलित की गयी हैं। यों तो ऐसी घटनाओं की संख्या सहस्रों में पहुँचेगी, किन्तु मैंने केवल वही घटनाएँ छांटी हैं जिन्हें विश्वसनीय समझा है। अधिकांश तो ऐसी हैं जिनमें जिस आत्मा के दर्शन हुए हैं, वह अपने आविर्भाव को कोई न कोई प्रमाण छोड़ गयी हैं।

सन् 1966-67 में, मैं सपरिवार कैलीफोर्निया (अमेरिका) में था। वहाँ हम लोग प्रातः प्रतिदिन दूरदर्शन (television) पर कार्यक्रम देखते थे। एक कार्यक्रम ऐसा होता है जिसका नाम हैं 'एक पग परे' (one step beyond)। इसमें सप्ताह में एक दिन इसी प्रकार की विलक्षण घटनाओं को बहुत ही अच्छे ढंग से दर्शाया जाता है। कार्यक्रम के आरम्भ में घोषणा कहता है— 'जो घटना हम दिखाने जा रहे हैं, वह कब घटी और कहाँ घटी, हम बता सकते हैं। किन्तु कैसे घटी, इसका हमारे पास कोई उत्तर नहीं है। किन्तु घटना सच्ची है, इसमें कोई सन्देह नहीं।' कुछ कहानियाँ मैंने उक्त कार्यक्रम से भी ली हैं।

मैंने यथा साध्य प्रत्येक घटना का उद्गम दे दिया है। जिन पत्रों और पत्रिकाओं की तारीख मेरे पास विद्यमान है, उनकी तारीख भी दे दी है। जब कभी मुझे इस प्रकार की घटना किसी समाचार-पत्र अथवा पत्रिका में मिलती थी, मैं उसकी कतरन लेकर अपने पास नत्थी कर लेता था। यदि याद रहता था तो पत्र का नाम और तारीख भी लिख लेता था। किन्तु कभी-कभी भूल भी जाता था। ऐसी स्थिति में मैंने केवल पत्र का नाम भर दे दिया है। किसी किसी घटना के विषय में तो मैं उद्गम का नाम भी देने में असमर्थ हूँ।

मैं उक्त समस्त समाचार-पत्रों और पत्रिकाओं के प्रति अपना आभार प्रकट करता हूँ।

जहाज को दूसरे मार्ग से ले गये

एक जहाज समुद्र में चला जा रहा था। अचानक कप्तान ने देखा कि जहाज गलत रास्ते पर जा रहा है। वह अपनी निर्दिष्ट दिशा से कई किलोमीटर हट कर चल रहा है। उसने जाकर नाविकों से पूछा, 'तुम किसकी आज्ञा से जहाज को इस दिशा में ले जा रहे हो? नाविकों ने कहा- 'यह आज्ञा तो उसी बोर्ड पर लिखी है जिस पर रोज सहायक कप्तान आज्ञाएँ लिखते हैं।' कप्तान ने बोर्ड पर जाकर देखा कि आज्ञा उसी विशेष चॉक से लिखी गयी थी जिससे रोज सहायक कप्तान लिखा करते थे। अतः यह काम सहायक कप्तान के सिवाय और किसी का नहीं हो सकता था।

कप्तान ने सहायक कप्तान को बुलाया और पूछताछ की। उसने साफ इनकार कर दिया कि वह आज्ञा उसने नहीं लिखी थी। उसकी जेब में से वह चॉक भी गायब था। जिससे आज्ञा लिखी जाती थी। कप्तान ने सहायक कप्तान को तो यह कहकर काम पर भेज दिया कि 'मैं तुम से बाद में समझूँगा।' फिर उसने सारे नाविकों को बुलाकर खड़ा किया ओर सबकी जेबों की तलाशी ली। किसी की जेब में चह चॉक नहीं निकला।

कुछ देर बाद कप्तान सब कमरों में खोज-खोज कर देखने लगा कि कहीं कोई आदमी तो लुका-छिपा नहीं बैठा है। एक कमरे में से कुछ आवाज सुनाई दी। वह फौरन उस ओर दौड़ा। उसने देखा कि एक दुबला-पतला आदमी कमरे में से दूसरी ओर निकल कर भागा जा रहा है। वह आदमी सफेद कपड़े पहने था। उसकी जेब में हाथ डाला तो वही चॉक हाथ में आ गया जिससे सहायक कप्तान आज्ञाएँ लिखा करता था। कप्तान ने उसे पकड़ लिया और पूछा, 'तुम कौन हो और यहाँ कैसे आयें?' उस आदमी ने कोई जवाब नहीं दिया। कप्तान ने कई बार कई प्रकार से पूछा पर वह व्यक्ति चुप्पी साधे रहा। कप्तान ने उसे जंजीरों से बाँध दिया और ऊपर डेक पर चला आया।

जहाज अपने मार्ग से बहुत दूर विचलित हो चुका था और ऐसी जगह आ पहुँचा था जहाँ अत्यधिक ठंडक थी और बर्फ के तूफान आया करते थे। इतमें में कई आदमियों की चिल्लाहट सुनाई दी। कप्तान ने डेक पर से देखा कि एक छोटी-सी नाव थोड़ी दूरी पर जा रही है। उसमें कई आदमी हैं। कप्तान ने जहाज रुकवा कर रक्षा नौका (life boat) उतरवाई। कुछ मल्लाह रक्षा-नौका को खेकर उस नाव पर ले गये।

उन्होंने देखा कि नाव खराब हो चुकी है। चलाने योग्य नहीं है और समुद्र की लहरों में हिचकोले खा रही है।

नाव पर चार-पाँच आदमी थे। उन्होंने बताया कि उनकी नाव तूफान में बिगड़ गयी थी। वे लोग कई दिन से भूखे-प्यासे उसी में पड़े थे। उनका एक साथी मर गया था। उन सबको उठा कर जहाज पर लाया गया। कप्तान क्या देखता है कि वह मरा हुआ आदमी वही था जिसे कप्तान नीचे जंजीरों से बाँध आया था।

कप्तान ने नीचे जाकर देखा कि जंजीर वैसे ही बँधी थी किन्तु आदमी गायब था। निश्चय ही वह मृत आदमी की आत्मा थी जिसने अपने साथियों की जान बचाने के लिए जहाज का रुख बदलवा दिया था जिससे जहाज उस नाव के पास पहुँच जाये और ये लोग उनकी जान बचा लें।

*(साभार, **One Step Beyond**)*

चाचाजी की आत्मा

यह घटना 1935 और 1940 के बीच की है और दैनिक लीडर में छपी थी। रामकिशेर अलीगढ़ के निवासी थे। उन्हें कार्यवश कभी-कभी आगरे जाना होता था। आगरे के मुहल्ले बाग मुजफ्फरखाँ में उनके चाचा जी रहते थे।

एक बार रामकिशोर आगरे गये और चाचा जी से मिलने बाग मुजफ्फरखां पहुँचे। उनके चाचा जी के मकान में बाहर की ओर बैठक थी। जाकर कुण्डी खटखटाई। चाचा जी ने उठकर दरवाजा खोला। बैठक में मेज, कुर्सी रखी हुई थी। मेज के एक ओर कुर्सी पर चाचा जी बैठ गये, दूसरी ओर की कुर्सी पर रामकिशोर। इस प्रकार बातचीत होने लगीः

चा– बेटा, इस बार बहुत दिन में आयें।

रा– हाँ, चाचा जी कई प्रकार के झंझटों में फँसा रहा।

चा– कहो, घर पर कुशल है?

रा– सब आप की कृपा है। एक आवश्यक विषय में आपसे राय भी लेनी है।

चा– हाँ, हाँ कहो।

रा– मैंने सुना है, इसी मुहल्ले के पास कोई जमीन बिकाऊ है। मैं उसे देखना चाहता हूँ।

चा– हाँ, हाँ मैं उस जमीन को अच्छी तरह जानता हूँ। उसके मालिक मेरे परिचित हैं। यदि लेना चाहोगे तो सौदा हो जायेगा।

रा– यदि आप इस समय खाली हों तो मैं जरा जमीन को देखना चाहता हूँ।

चा– मैं बिल्कुल खाली हूँ, चलो अभी चलते हैं।

दोनों चल दिये। मुहल्ले से थोड़ी ही दूर पर जमीन थी। उसके बीच में एक चबूतरा बना हुआ था। उस पर दोनों जाकर बैठ गये। चाचा जी ने बताया कि जमीन कहाँ से कहाँ तक है, किसकी है, लगभग कितना मूल्य होगा आदि। दोनों में बहुत देर तक बातें होती रहीं। तब उठकर बाग मुजफ्फरखाँ लौट आयें। रामकिशोर चलने लगे तो चाचा जी ने पूछा, 'क्यों चाची जी से नहीं मिलोगे?' रामकिशोर ने कहा–'नहीं चाचा जी, इस समय तो जल्दी में हूँ। संध्या को फिर आऊँगा, तब चाची जी से मिलूँगा।'

इतना कहकर रामकिशोर चल दिये। संध्या समय फिर उसी मकान में पहुँचे और कुण्डी खटखटाई। उनकी चाची जी ने दरवाजा खोला और उन्हें घर के अन्दर ले गयी। कुशल क्षेम पूछने के पश्चात् रामकिशोर ने पूछा, 'क्या चाचा जी कहीं गये हैं।'

चाची—अरे बेटा, तेरे चाचा जी को तो मरे एक महीना हो गया।

रा- यह आप क्या कह रही हैं। मैं सवेरे तो उनसे मिल कर गया हूँ।

चाची—अरे लड़के, तू पागल हो गया है। क्या मैं इस तरह का झूठ तुझसे बोलूँगी।

रामकिशोर हक्का-बक्का रह गया। बगल के पड़ोसियों से पूछा तो पता चला कि वास्तव में उनके चाचाजी को स्वर्गवासी हुए लगभग एक महीना हो गया था।

वह सब पड़ोसी उनके शव को श्मसान तक पहुँचाने गये थे। दाह-संस्कार, दसवाँ सब उनके सामने हुआ था।

पत्र के अन्त में रामकिशोर जी लिखते हैंः

'मैं पूर्ण रूप से एक प्रसम (Normal) व्यक्ति हूँ। पूरी तरह होश-हवाश में हूँ। न मेरे मस्तिष्क का सन्तुलन बिगड़ा हुआ है, न मुझे हाले आते हैं। इसमें तनिक सन्देह नहीं कि उस दिन सवेरे मुझे चाचा जी स्वयं मिले थे और घण्टों मेरे साथ रहे थे। मुझे कोई मतिभ्रम नहीं हुआ है।

अन्तिम दर्शन

एस. राम चौधरी

सन् 1944 की बात है। मैं बर्मा की लड़ाई से छुट्टी लेकर घर आया था। रात का समय था और हम लोग भोजन करके उठे थे। अत्यधिक गर्मी थी, अतः मैं बरामदे में इस विचार से बैठा था कि कदाचित् ठण्डी हवा का कोई झोंका मिल जाये।

बैठक की घड़ी में 12 बजे। मैंने देखा कि एक धुँधली आकृति बंगले के फाटक पर आकर खड़ी हो गयी। अन्धकार के कारण मैं थोड़ी देर में पहचान पाया। वह मेरा परम मित्र प्रताप था। प्रताप और मैं बचपन में साथ खेले और पढ़े थे। साथ ही साथ हम लोग फौज में भर्ती हुए। संयोग से फौज की एक टुकड़ी में हम दोनों नियुक्त हुए। प्रताप का घर मेरे घर से थोड़ी ही दूर था। मैंने सोचा कदाचित् यह भी छुट्टी लेकर आया हुआ है। इस विचार से मुझे बड़ी प्रसन्नता हुई।

मैंने आवाज लगाई, 'चले आओ प्रताप, वहाँ क्यों खड़े हो।' किन्तु वह नहीं आया, उसने अपने हाथ फाटक पर रखे, उसके होठ खुले, किन्तु ऐसा प्रतीत होता था कि उसकी बोलने की शक्ति समाप्त हो गयी है, मानो जोर की ठंड ने उसका गला पकड़ लिया है।

उसने कहा, 'सचिन मुझे जाना ही होगा। केवल तुम्हें देखने की प्रबल अभिलाषा थी।' आवाज बहुत महीन थी, मालूम होता था कहीं दूर से आ रही है। मुझे अचरज भी हुआ, झुंझल भी आयी।

मैंने कहा, 'अरे यार, मारो गोली। कम से कम एक सिगरेट तो पीते जाओ, ऐसा भी क्या कि आयें और चल दिये।'

किन्तु प्रताप ने गर्दन हिलाई। बहुत धीमी आवाज में मुझे कहा, 'नहीं यार, मुझे जाना ही है' और तब उसकी आकृति अँधेरे में विलीन हो गयी।

प्रताप के व्यवहार से मैं स्तम्भित रह गया और तब मुझे ध्यान आया कि वह पूरी फौजी वर्दी पहने हुए था, यहाँ तक कि सिर पर टीन का टोप भी लगाए था। मैंने सोचा, 'अब समझ में आ गया। बेचारा थका मांदा होगा। सीधा हवाई जहाज से आया था, कपड़े बदलने का भी समय नहीं मिला था। ऐसी दशा में सूरत दिखाने आ गया, इतना ही बहुत है।'

अगले दिन तड़के ही मुझे अपने गाँव जाना था। दो दिन बाद गाँव से लौटा।

आपराह्न में सोचा, आज की संध्या प्रताप के साथ बिताई जाये। अतः उसे टेलीफोन किया।

मैंने टेलीफोन का चोंगा उठाकर कहा, 'पया कप्तान बोस को बुलाइये।'

'कप्तान बोस? कोई रुन्धे गले से बोला। मैंने पहचाना वह प्रताप के बड़े भाई की आवाज थी।

कुछ क्षणों के लिए पूर्ण निस्तब्धता छा गयी और तब प्रताप के भाई फिर बोले- 'कप्तान राय चौधरी, हमें आज ही सन्देशा मिला है कि चार दिन पहले रात के 11 बजे प्रताप का स्वर्गवास हो गया।'

फिर पूर्ण निस्तब्धता, और तब चौंगा रखने की आवाज आयी।

यह वही रात थी जब मुझे प्रताप के अन्तिम दर्शन हुए।

(साभार, 'नार्दन इंडिया' पत्रिका)

चकिया के जंगल में

नारायणदत्त शर्मा

10 फरवरी, 1964 को छह मित्र साइकिलों द्वारा बनारस से चकिया गये। अगले दिन सवेरे कर्मनाशा का बाँध देखकर नगेसर का मेला देखने गये। लगभग दिन के 1 बजे चकिया के लिए वापस चल पड़े। निश्चय हुआ कि चकिया नौगढ़ सड़क छोड़कर जंगल के मार्ग से आमचुआं तक जायें और तब लौटें।

उक्त दल में दो व्यक्ति ऐसे थे, जिन्होंने जंगल देखा था और उसकी भयानकता से परिचित थे। रामलखन त्रिपाठी और रामहाश पाण्डेय। अतएव मार्ग में यही दोनों अगुआ बने और शेष चारों इनके पीछे-पीछे चलने लगे। लगभग 11-12 किलोमीटर जाने पर पता चला कि रास्ता भूल गये हैं।

रामलखन त्रिपाठी ने बताया कि इधर कहीं हनुमान जी का एक मन्दिर है। उसके पास एक ऊँचे पेड़ पर लाल झंडी टंगी रहती है। वह दिखाई दे तो काम बने। काफी देर इधर-उधर पहाड़ियों पर भटकने के बाद झण्डी पर निगाह पहुँची। मन्दिर पहुँचने पर मार्ग याद आ गया। सब लोग आमचुआं की ओर चल दिये, किन्तु वहाँ पहुँचते-पहुँचते सूर्यास्त हो गया।

इतने रास्ते में उन्हें कोई आदमी नहीं मिला। रामलखन त्रिपाठी ने कू-कू की कुछ विचित्र आवाज-सी की। जवाब में कुछ दूर से उसी प्रकार की आवाज सुनाई दी। उक्त आवाज का अनुसरण करते हुए यह लोग आगे बढ़ते गये। आमचुआँ से लगभग 3 किलोमीटर दक्षिण-पश्चिम की ओर डबही नाम की एक बस्ती है। उसमें ग्वालों के तीन-चार परिवार झोंपड़ियों में रहते हैं। बस्ती के बाहर ही बैजनाथ नाम के एक ग्वाले से इनकी भेंट हुई। इसी ने कू-कू की आवाज का जवाब दिया था।

बैजनाथ ने अपनी मढ़इया में एक तरफ इन लोगों के लिए पुआल बिछा दिया और कहीं से दूध मंगा पर पिलाया। यह लोग बुरी तरह थके हुए थे। दूध पीते ही लम्बी तानकर सो गये। ठण्डक बहुत थी। छहों व्यक्तियों में से एक नारायण दत्त शर्मा की आँख खुल गयी। उन्होंने देखा कि बस्ती के और सब लोग सो रहे हैं। एक तो वह जाग रहे हैं और दूसरा बस्ती का वह निवासी, जिसकी उस रात पहरा देने की बारी थी।

वातावरण में भयानक निस्तब्धता थी। एकाएक इस निस्तब्धता को चीर कर थोड़ी दूर से आते हुए कराह की एक दर्दनाक आवाज शर्मा जी के कान में आयी।

उन्हें लगा कि अब दिल की धड़कन रुकना ही चाहती है। कराह इतनी दर्दनाक थी कि उनका दिल उसे सहन नहीं कर सका। थोड़ी देर बाद एक और कराह, और फिर एक और। इसी प्रकार थोड़ी-थोड़ी देर बाद एक कराह सुनाई देती रही।

शर्मा जी के बगल में बजरंग देव त्रिवेदी सो रहे थे। शर्मा ने इन्हें जगाया। कराह की आवाज सुनकर हालत तो और भी बुरी हो गयी। किन्तु दोनों एक दूसरे के आगे बहादुर बनना चाहते थे। अतः बिना शेष चारों को जगाए, भाला, छड़ी और छुरा लेकर दोनों उस ओर चल पड़े जिधर से आवाज आ रही थी। यह हथियार उन लोगों ने रास्ते के एक गाँव से लिए थे। लगभग आधा किलोमीटर चले होंगे कि सितारों के प्रकाश में देखा कि एक अत्यन्त सुन्दर युवती औंधे मुँह पड़ी कराह रही है। उसकी उम्र 17 और 24 के बीच रही होगी। दोनों ने सहारा देकर उसे उठाया। उसका पूरा शरीर बुरी तरह चुटीला हो रहा था और उसकी जार्जट की साड़ी तथा रेशमी ब्लाउज खून से लथपथ थे।

युवती में बोलने की शक्ति बहुत कम बची थी। किसी प्रकार उसने पूर्व की ओर इशारा करके इन लोगों को समझाया कि थोड़ी दूरी पर उसकी मढ़इया है, जिसमें उसका पति सो रहा है। अतः इन दोनों ने उसे सहारा देकर उस ओर बढ़ाया जिधर उसने इशारा किया था। थोड़ी ही देर में यह लोग मढ़इया पर पहुँच गये। शायद इन लोगों की आवाज सुनकर उसका पति जाग गया था क्योंकि जब यह पहुँचे, वह मढ़इया के द्वार पर ही इन्हें मिल गया। अपनी पत्नी को इस दशा में देखकर वह बुरी तरह घबरा गया और 'आह कल्पना' कहकर भावावेश में उससे लिपट गया। दर्द से स्त्री बुरी तरह चीख उठी।

एकाएक युवक अन्दर गया और तुरन्त एक बन्दूक लेकर बाहर निकल आया। बन्दूक की नली बजरंगदेव के सीने से लगाकर वह दागना ही चाहता था कि बिजली के झटके के समान स्त्री ने उसके हाथ से बन्दूक छीनकर एक ओर फेंक दी। दूसरे ही क्षण युवती गश खाकर जमीन पर गिर पड़ी। वह दोनों झुक कर उसे उठाना चाहते थे किन्तु उसके पति ने इन्हें ऐसा नहीं करने दिया। युवक की भावभंगी देखने से इन लोगों ने इसी में अपनी सुरक्षा समझी कि वहाँ से तुरन्त खिसक जायें। किन्तु बैजनाथ की मढ़इया में लौटने के बाद यह लोग फिर सो नहीं सके।

सवेरा होते ही यह दोनों उस युवती की खोज खबर लेने चले। मगर तीन घण्टे तक जंगल की खाक छानने पर भी न उस मढ़इया का पता चला, न युवती का और न उसके पति का। हार कर हम लोग आमचुआं चले गये। वहाँ केवल इनका मित्र रामचन्द्र पाण्डेय मौजूद था। उसे इन दोनों ने रातवाली घटना सुनाई। सुनकर उसने एक मजे का ठहाका लगाया।

कोई विश्वास करे या न करे, किन्तु इसमें सन्देह नहीं कि रातवाली घटना कोई स्वप्न या भ्रम नहीं थी। रात में जब यह दोनों उस युवती को उसकी मढ़इया

में पहुँचाकर लौट रहे थे तब बजरंगदेव का कोट एक झाड़ी में फँस कर थोड़ा-सा फट गया था। वह फटा हुआ कोट जैसा का तैसा मौजूद है क्योंकि बजरंगदेव ने उसे रफू नहीं कराया है।

एक बात और भी है। दो दिन पहले वर्षा हुई थी। जगह-जगह पर उसका पानी इकट्ठा हो गया था। लौटते समय शर्मा का पैर ऐसे ही स्थान पर पड़ गया था, जहाँ पानी था और उसकी पतलून घुटने तक कीचड़ में सन गयी थी। एक का फटा हुआ कोट और दूसरे की कीचड़ से सनी पतलून, इन दोनों बातों का रामचन्द्र के पास कोई समाधान नहीं था, किन्तु फिर भी वह इन दोनों का मजाक उड़ाता रहा। अतः और साथियों को इस घटना का हाल सुनाने की इन दोनों की हिम्मत नहीं पड़ी।

(साभार, दैनिक 'आज' 21 मार्च, 1964)

एक रहस्य जो आज तक न खुला

टी.एस. लूथर

सन् 1947 के सितम्बर के अन्तिम दिन थे। देश विभाजन की प्रतिक्रियाएँ पूरे तौर से दबी भी न थीं कि पंजाब के तटवर्ती नगर फिरोजपुर पर एक और देवी प्रकोप हुआ। सतलुज और ब्यास नदियों में अभूतपूर्व बाढ़ आयी, यहाँ तक कि पानी नगर में घुस गया और उस पर पार पाना अधिकारियों के काबू से बाहर हो गया। उन्होंने अपने सभी भरसक प्रयत्न किये और अन्त में निवासियों को आज्ञा दी कि नगर छोड़ दें। नगरवासियों से भी जो कुछ बन पड़ा, किया, और अंत में नगर छोड़ ही दिया। केवल तीन-चार परिवार ही इतने जिद्दी थे कि वह वहीं रह गये। उन्हीं में से एक परिवार का जिक्र है।

खाद्य पदार्थ और थोड़ा-सा लटू पटू लेकर परिवार के सब सदस्य छत पर चले गये। तीन दिन तक पानी बढ़ता रहा और नगर के कुछ भागों में 2 मीटर से भी ऊपर पहुँच गया। दूसरे दिन मकान लड़खड़ाने लगा। चौथे दिन सबके पेटों में चूहे कूदने लगे। तब परिवार के मुख्य सदस्य श्री लूथर को अपना 'अभेद्य दुर्ग' छोड़कर भोजन की खोज में नीचे उतरना पड़ा।

पानी की सतह कुछ नीची हो चली थी, फिर भी लूथर की कमर तक तो थी ही। एक कर्मचारी की सहायता से वह किसी प्रकार सड़क तक पहुँच गया जो पानी में डूबी हुई थी। अकस्मात दो युवकों के शव पानी में तैरते हुए दिखाई दिये, जो बेचारे बाढ़ की चपेट में प्राण गँवा चुके थे। शवों में से बड़ी दुर्गन्ध आ रही थी। लूथर यह भूल गया कि वह स्वयं मौत के कगार पर खड़ा है, और उसने आँखें मीच लीं। वह तैरना नहीं जानता था, किन्तु चिल्लाना उसे खूब आता था।

एकाएक लूथर का पैर फिसल गया और वह अपना सन्तुलन खो बैठा और वह जोर से चिल्लाया और तभी उसे ऐसा प्रतीत हुआ जैसे उसे किसी ने कमर से पकड़ कर सहारा दिया हो। उसने अपने आप को सम्भाला और रूक्ष भूमि पर पैर रख दिये। उसने देखा कि उसके कालेज के घनिष्ठ मित्र सतीश ने उसकी जान बचाई थी। लूथर ने उसकी ओर कृतज्ञता भरी दृष्टि से देखा, उत्तर में सतीश मुस्करा दिया। लूथर ने उसके परिवार की कुशल-क्षेम पूछी। उसने बताया कि सब लोग मजे में हैं। लूथर बहुत प्रसन्न हुआ और उसने घर चलने के लिए कहा। सतीश ने यह कहकर

इनकार कर दिया कि यदि उसे देर हो गयी तो उसके घर वाले चिन्तित होंगे। अतः उसे तुरन्त ही जाना होगा। अतएव लूथर अपने रास्ते गया, सतीश अपने। इस गड़बड़ में लूथर भोजन वाली बात बिल्कुल भूल गया और सीधा मकान की छत पर पहुँच गया। वहाँ जाकर उसने सब घर वालों को वह किस्सा सुनाया।

सातवें दिन प्रकृति का प्रकोप समाप्त हुआ। लूथर परिवार छत से उतर आया और सोचने लगा कि क्या करना चाहिए। ये लोग इसी सोच विचार में थे कि सतीश का बड़ा भाई आ पहुँचा। वह बहुत ही शोकातुर था। इनके पूछने पर वह बच्चों की तरह रोने लगा और बोला कि 6 दिन पूर्व हृदय-रोग से सतीश का देहान्त हो गया। लूथर को मानो काठ मार गया। उसका भाई बराबर बोलता जा रहा था, 'सतीश इतना तरुण, इतना सज्जन, इतना परोपकारी था। अब वह हमें कभी नहीं मिलेगा। वह इस छल-कपट भरी दुनिया से सदैव के लिए चला गया।' हमने उसे सान्त्वना देने का भरसक प्रयत्न किया।

उसके जाने के पश्चात् सबने लूथर के ऊपर प्रश्नों की झड़ी लगा दी। 'तुमने तो कहा था कि तीन दिन पहले सतीश से मिले थे। उसने तुम्हारी जान बचाई थी। किन्तु तुम्हारे सामने उसका भाई बता गया है कि उसका स्वर्गवास 6 दिन पहले हो चुका था। यह किस प्रकार सम्भव है? लूथर ने उन लोगों से कहा कि 'जो मैं कह चुका हूँ, ध्रुव सत्य है। मेरी बात में शंका मत करो, मुझे वह वास्तव में मिला था। उसने मेरी जान भी बचाई थी। हम में थोड़ी-सी बातचीत भी हुई थी।

तत्पश्चात् लूथर विचार-मग्न हो गया 'यह किस प्रकार हुआ? क्या मुझे किसी भूत ने बचाया था? यदि ऐसा है तो वह बोल कैसे सका? और फिर उसने मुझे पकड़ा कैसे? वह हाड़-मांस के शरीर जैसा कैसे दिखाई दे रहा था?' लूथर के लिए यह समस्या पहेली ही बन कर रह गयी एक ही उत्तर उसकी समझ में आता था 'मित्र वही जो समय पर काम आयें। सतीश ने मरने के बाद भी अपने कर्त्तव्य का पालन किया।' और कोई उत्तर उसे सूझा ही नहीं।

(साभार, 'नार्दन इंडिया' पत्रिका)

पिता ने पुत्र के हाथ पकड़ लिए

बाप और बेटे सर्कस में ट्रेपीज का खेल दिखाया करते थे। दोनों एक-एक झूले पर लटक जाया करते थे। पहले तो दोनों बहुत प्रकार के झूले के खेल दिखाते थे। फिर उनमें से एक अपने झूले पर उल्टा लटक जाता था। दूसरा अपने झूले पर सीधा लटक कर पेंगे लगाता हुआ कलैया भरकर अपने झूले को छोड़कर ठीक नीचे पहुँच जाता था। दूसरा अपने हाथों से इसके हाथों को पकड़ लेता था। यदि इसमें जरा-सी भी चूक हो जाये तो वह जमीन पर गिर जायेगा और जिसकी हड्डी-पसली टूट जायेगी। कभी बेटा पहले झूले पर रहता था, बाप दूसरे पर, कभी बाप पहले पर, बेटा दूसरे पर।

एक दिन बाप-बेटे में किसी बात पर कहासुनी हो गयी। बाप ने बेटे को चांटा मार दिया। चांटा जोर से पड़ा था। बेटे के मुँह से खून निकलने लगा। बेटे ने खून तो पोंछ लिया, किन्तु रोष में भरकर बाप से कहा, 'पापा आज खून से मेरे हाथ गीले हो गये हैं। कहीं ऐसा न हो आज खेल दिखाते समय तुम्हारे हाथ मेरे हाथों से फिसल जायें।'

यह सुनकर बाप सहम गया। उसकी पत्नी भी पास ही खड़ी थी। उसने उसे समझाया—'अबे, कहीं यह लड़का ऐसा कर सकता है। आवेश में आकर बाप कह गया। सर्कस तक जाते-जाते वह यह सब बातें बिल्कुल भूल जायेगा।'

बाप-बेटे सर्कस पहुँचे। व्यवस्थापक ने कहा 'उपस्थित सज्जनो, अब आपके सामने दुनिया का सबसे भयंकर खेल दिखाया जायेगा। यह ट्रैपिज का खेल कहलाता है। दो व्यक्ति बाप और बेटे यह खेल दिखाते हैं। नीचे कोई जाल नहीं है, जो गिरने पर इन्हें बचा सके। अतएव आप साँस रोककर खेल देखें।

पिता और पुत्र अपने-अपने झूले पर चढ़े। पहले बेटे ने कलैया खाई और पिता के झूले के नीचे पहुँच गया। पिता ने उसके हाथ पकड़ लिए। दर्शकों ने तालियाँ बजाईं।

फिर पिता ने कलैया खाई और पुत्र के झूले के नीचे पहुँच गया। पुत्र ने हाथ बढ़ाकर पिता के हाथों को पकड़ा, किन्तु हैं, यह क्या? पिता के हाथ उसके हाथों में से छूट गये और पिता लगभग 15 मीटर नीचे जमीन पर आ गिरा। वह गिरकर

बेहोश हो गया, सिर फट गया और हाथ पैर की हड्डियाँ टूट गयीं। उसे उठाकर अस्पताल ले जाया गया। सेवा सुश्रूषा होने लगी।

पुत्र फटी आँखों से देखता हुआ झूले से नीचे उतरा। वह पूर्णतया अपने आप को दोषी समझ रहा था। अगले ही दिन उसने सर्कस में काम करना छोड़ दिया। सर्कस का मालिक स्वयं उसे बुलाने घर आया, बहुत कुछ ऊँच-नीच समझाया, किन्तु उसने सर्कस में काम करने से साफ इनकार कर दिया।

कुछ सप्ताह इसी प्रकार बीते। बाप का अस्पताल में ईलाज होता रहा, बेटा विक्षिप्त-सा इधर-उधर घूमता रहा। किन्तु अब आर्थिक कठिनाई उपस्थित होने लगी। आय नगण्य हो गयी थी, किन्तु व्यय बाप के ईलाज के कारण और भी बढ़ गया था। बेटा सोचने लगा कि अब क्या करना चाहिए। उसके मित्र ने राय दी कि फिर सर्कस में काम ले ले। उसे विश्वासथा कि सर्कस का मालिक उसे अब भी वापस ले लेगा। किन्तु अब एक कठिनाई यह भी थी कि उसका अभ्यास छूट गया था। उसे सन्देह था कि अब वह ट्रैपिज वाला खेल दिखा भी सकेगा या नहीं।

बेटा अब अपनी परीक्षा लेना चाहता था। एक दिन वह अपने मित्र के साथ दिन में सर्कस के हाल में गया, जिस समय कोई देखने वाला न हो, मित्र को बाहर छोड़ गया। हाल खाली पड़ा था। वह एक झूले पर चढ़ गया और झूलने लगा। पेंगे लेते-लेते वह जोर से बोला, 'पापा, आज तुम्हारी बारी है, चाहो तो तुम भी आज मेरे हाथ छोड़ देना।' इतना कहकर उसने कलैया ली और दूसरे झूले की ओर कूद गया। किन्तु यह क्या? दूसरे झूले पर से न जाने कहाँ से आकर दो हाथ बढ़े और बेटे को थाम लिया। बेटा गिरने से बच गया।

मित्र आवाज सुनकर हाल के अन्दर जाकर बोला, तुम किससे बात कर रहे थे।' लड़का बोला 'तुमने नहीं देखा। अभी पापा आयें थे। उन्होंने मेरे हाथ पकड़ लिए और मुझे गिरने से बचा लिया।' मित्र बोला, 'मालूम होता है आज तुमने अधिक पी ली है।' लड़का बोला, 'मैं नशे में नहीं हूँ। मैंने जो कुछ कहा है, वह बिल्कुल सच है।' मित्र ने देखा कि दूसरा झूला (जिसे लड़का छोड़कर आया था) जोर से हिल रहा है। अतः उसे मानना पड़ा कि उसी पर से झूलता-झूलता वह लड़का उस झूले पर कूदा है।

लड़का झूले पर से उतर आया और दोनों मित्र सीधे अस्पताल गये। वहाँ जाकर देखा कि बाप का बिस्तर खाली पड़ा है। पुत्र के मन में शंका हुई। उसने नर्स से पूछा 'पापा कहां हैं? नर्स ने कहा कि 'उन्हें परीक्षा के लिए नीचे ले गये हैं।'

पुत्र—उनका हाल क्या है?

नर्स–उनका मस्तिष्क तो बिल्कुल ठीक हो गया है किन्तु हाथ पैर हिला नहीं सकते। फिर भी एक बात बड़ी आश्चर्यजनक हुयी कि अभी थोड़ी देर पहले उन्होंने अपने दोनों हाथ ऊपर उठाए थे मानो किसी को पकड़ रहे हों, जबकि कई सप्ताह से वह हाथ हिला भी नहीं सकते थे।

पिता अन्दर लाये गये। पुत्र पिता के गले से चिपक कर रुन्धे हुए गले से बोला, 'पापा! बाप बेटे दोनों की आँखों से अश्रुधारा बहने लगी'।

(साभार, One step beyond)

बिना सिर का भूत

आर.एस.वी.

मुझे चाचा ऐल्विन के स्थान पर जाना था, जिसके दो मार्ग थे। बड़े मार्ग से दो चार मिनट अधिक लगते थे, किन्तु वह रास्ता बहुत ही सुन्दर था। दादी जी ने हठ किया कि मैं छोटे मार्ग से ही जाऊँ। कदाचित् वह 'बिना सिर के भूत' वाली बात जानती थीं और उन्हें यह भी पता था कि बड़े मार्ग में एक भ्रामक चौराहा पड़ता है।

मुझे पता नहीं कि छोटे मार्ग से जाने में मैं इतने बड़े घपले में पड़ जाऊँगा। मैं चचा ऐल्विन के घर पहली बार जा रहा था। अतः दादी जी ने कागज पर नक्शा खींचकर मुझे रास्ता अच्छी तरह समझा दिया था। दादी जी ने यह भी बता दिया था कि कौन-कौन से संकेत फलक मार्ग में पड़ेंगे और स्पष्ट रूप से कह दिया था कि नयी बस्ती में पहुँचने पर मैं चौड़ी सड़क न पकडूँ। मुझे यह भी बता दिया था कि उक्त सड़क के छोर पर एक भ्रामक चौराहा पड़ता है, जिस पर बड़े-बड़े रास्ता भूल जाते हैं, किन्तु यह नहीं बताया था कि उक्त चौराहे के पीछे कितना भयंकर अनुभव छिपा हुआ है। उन्होंने मुझे छटूलरा समझ रखा था और वह भूल गयी थीं कि मैं अब 15 वर्षा का हो चुका था।

अन्तिम रेलगाड़ी को गये कठिनाई से 10 मिनट हुए थे, फिर भी स्टेशन के समाने के बड़े मैदान में कोई चिड़िया का पूत भी दिखाई नहीं देता था। साधारणतः वहाँ बहुत से कुली, गाड़ियाँ और यात्री रहा करते थे। मैं रेलवे के प्रांगण से धीरे-धीरे बाहर आया और सोचने लगा कि दुराहे पर कौन-सी सड़क ली जाये। इतने में एक कुली दौड़ता हुआ आया। उसने बताया कि अब चार घण्टे तक कोई रेलगाड़ी नहीं आयेंगी, अतः वाहन मिलने की कोई आशा नहीं है। मुझे वाहन की तो ऐसी कोई चिन्ता नहीं थी क्योंकि मेरे पास केवल एक हल्का-सा बक्सा ही था, जिसे मैं चाचा जी के घर तक आसानी से ले जा सकता था। आकाश स्वच्छ था और पूर्णिमा का चाँद अपनी छटा बिखेर रहा था। इस पीठिका पर संगमरमर की सफेद अट्टालिकाएँ बड़ी ही भली लग रही थीं।

नयी बस्ती का इतना सुहावना दृश्य छोड़कर भला मैं छोटे मार्ग से क्यों जाता? मुझे क्या पता था कि इस मार्ग से जाने से मुझे ऐसा अनुभव होगा जो मेरे रौंगटे खड़े कर देगा और सम्भव है मुझे लात भी खानी पड़ जाये।

दादी जी का पूर्वानुमान ठीक निकला। दाहिनी ओर जो पहला मोड़ आया, उस पर मैंने ध्यान नहीं दिया, और मैं इमारतों की छटा निहारता हुआ सीधा भ्रामक चौराहे पर पहुँच गया। घड़ी पर दृष्टि गयी तो साढ़े 10 बज चुके हैं। मुझे निश्चय हो गया कि मैं मार्ग भूल गया था, अन्यथा 20 मिनट पहले ही मैं चाचा जी के घर पहुँच जाता। यदि मैं दाहिनी ओर की पहली संकरी गली में मुड़ गया होता तो चाचा जी के मकान के ठीक सामने पहुँच जाता। मैं चौड़ी सड़क से बायीं ओर मुड़ा, किन्तु वह गली बन्द थी। मैं चाहता था कि 11 बजे तक पहुँच जाऊँ। अन्यथा चाचा जी के नौकर मेरी खोज में निकल जायेंगे। मैं नहीं चाहता था कि मेरे पीछे एक बवंडर मच जाये। इसे सौभाग्य ही कहिये कि एक खाली तांगा सामने से आता दिखाई दिया, मैंने उसे ले लिया और जितने स्पष्ट रूप से समझा सकता था, अपने गंतव्य स्थान का रास्ता उसे समझा दिया। वह उस क्षेत्र के चप्पे-चप्पे से परिचित था। अतः उसने कहा कि वह सबसे छोटा मार्ग अपनाएगा।

अगले चौराहे पर तांगेवाला रुका और कुछ सोचने लगा। मैंने उससे पूछा कि वह क्यों समय नष्ट कर रहा है। उसे मानना पड़ा कि वह रास्ता भूल गया है। वह फिर लौटकर उस भ्रामक चौराहे पर पहुँच गया। उसने सोचा कि वहाँ कोई न कोई तो मिल ही जायेगा जो रास्ता बता सके।

कुछ पलों में ही वह एकदम से चमक उठा, मानो उसे कोई बढ़िया विचार आया हो। वह दाहिनी ओर की पहली इमारत की ओर दौड़ा। वह मकान सड़क से कठिनाई से 9-10 किलोमीटर दूर होगा। न तो उसके निचले खण्ड में कोई बत्ती जल रही थी न ऊपर के खण्ड में। और उस हाते में न आदमी दिखाई देता था न आदमजात। मैंने सोचा कि आखिर वह रास्ता पूछेगा भी तो किससे। वह जीने पर चढ़ गया, ऊपर के बरामदे में एक अस्पष्ट-सी आकृति दिखाई दे रही है, साहब!' वह सर्वथा असम्भव था, क्योंकि बगल की सफेद अट्टालिका पर इतनी चाँदनी पड़ रही थी कि आसपास की वस्तुएँ दिखाई पड़ रही थीं। तांगेवाले ने कहा, 'मैं जब जीने पर चढ़कर गया तो देखा कि ऊपर के बरामदे में कोई साहब फौजी अफसरों की भाँति कदम ताल से इधर से उधर टहल रहा है। सम्भव है वह 'दैनिक हटकारे' की बाट देख रहा है। चलिए इससे रास्ता पूछ लें, ऐसा न हो कि वह फिर अपनी ड्यूटी पर चला जाये। पता नहीं वह ठीक से हिन्दुस्तानी समझ पाता है या नहीं। आप उससे अंग्रेजी में पूछ लें।'

विचार बुरा नहीं था। मैंने सोचा यह भगवान की कृपा ही समझो। किन्तु न जाने क्यों मेरी अन्तःप्रेरणा ने मुझे ऊपर जाने से रोका। मुझे साहब के भारी भरकम कदम स्पष्ट रूप से सुनाई दे रहे थे। जहाँ हम दोनों खड़े थे, वह स्पष्ट रूप से दिखाई नहीं दे रहा था। अतः मैं सीढ़ी के दो डंडे नीचे उतर आया और तब मुझे वह छाया कृति दिखाई दी जो बराबर इधर से उधर चल रही थी। मैं चाँदनी में खड़ा था, अतः

बरामदे में से कोई मुझे स्पष्ट रूप से देख सकता था। मैंने सोचा कि वह मुझे देख स्वयं बात करेगा। मैं थोड़ी देर वहीं खड़ा रहा, किन्तु उसने मेरी ओर तनिक भी ध्यान नहीं दिया। और तब मैंने तांगवाले से काफी जोर से कहा कि ऊपर जाकर साहब से कहे कि मैं उनसे बात करना चाहता हूँ। मैंने सोचा कि इस प्रकार तो वह मेरी ओर अवश्य आकृट होगा किन्तु वह फिर भी उतना ही उदासीन दिखाई दिया। वह दीवार के बिल्कुल पास-पास चल रहा था, मुझे उसके शरीर का केवल कन्धे से घुटने तक का भाग दिखाई दे रहा था। उसका सिर बरामदे की महराबों की छाया में छिप जाता था, अतएव मुझे दिखाई नहीं दे रहा था।

जब इस प्रकार काम न बना तो मैंने तांगवाले से कहा कि जीने से ऊपर चढ़कर ऊपरी पौड़ी पर खड़ा होकर साहब से पूछे। वह ऊपर गया और जीने की ऊपरी पौड़ी पर खड़ा होकर कहने लगा, ''हुजूर एक साहब नीचे खड़े हैं; आप से बात करना चाहते हैं। यह कहकर वह उत्तर की बाट देखने लगा। जिस समय वह बात कर रहा था वह साहब बरामदे के दूसरे छोर पर था। वह बिना एक शब्द भी कहे लौट पड़ा और तांगवाले के पास आया। जब वह आधा बरामदा पार कर चुका तभी तांगेवाला तेजी से भागा और हाँफता हुआ मेरे पास आकर बोला, उस साहब के तो सिर ही नहीं है।'' यह सुनकर मेरे रौंगटे खड़े हो गये क्योंकि मैं भी उसका सिर नहीं देख पाया था। मैंने अपने भय को छिपाया और उसे समझाता हुआ बोला,'' बरामदे की महराबों की घनी छाया के कारण उसका सिर दिखाई नहीं दे रहा है और कोई बात नहीं है। वह भयभीत हो चुका था किन्तु फिर भी वह मेरी बात मानकर दोबारा ऊपर जाने को तैयार हो गया। मैं भी उसे नैतिक सहारा देने के लिए उसके पीछे-पीछे गया। इस बार वह जीने से कई पौड़ी नीचे ही खड़ा रहा, केवल उसका सिर बरामदे के समतल से ऊपर था।

तांगेवाले ने क्षण भर उस आकृति को देखा, फिर मुझे इशारा करके पास बुलाया। जब वह बिना सिर का व्यक्ति पास आया, मेरा ऊपर का साँस ऊपर और नीचे का साँस नीचे। जब वह 3-4 मीटर दूर रह गया, तांगेवाले ने फिर वही शब्द दुहराए। वह इतना डर गया था कि उसकी तरफ देखने का साहस उसमें नहीं था। वह बराबर मेरी ओर आँख लगाए था, यह देखने के लिए कि कहीं मैं चुपचाप न खिसक जाऊँ। मैं मूर्तिवत खड़ा उसकी ओर घूर रहा था और बराबर दादी जी और भ्रामक चौराहे के बारे में सोच रहा था। ऐसा प्रतीत होता था कि हमारे पाँव जमीन से चिपक गये हैं। वह व्यक्ति सीधा जीने की ओर आया और बिना एक भी शब्द कहे, उसने तांगेवाले को एक लात लगाई। उसने अपने बचाव के लिए हाथ बढ़ाये और पौड़ी पर औंधा गिर पड़ा। ठोकर उसकी बायीं हथेली पर पड़ी। बाद में तांगे को प्रकाश में देखने पर पता चला कि उसी हथेली पर लाल निशान बन गया था। तांगेवाला लात खाकर मेरी बांहों में गिरा।

इस बार मुझे उस आकृति को बहुत पास से देखने का अवसर मिला। यह बिल्कुल निश्चित है कि वह बिना सिर का शरीर था। तांगेवाले को सहारा देकर मैं तांगे तक लाया। मुझे इतना भारी धक्का लगा था कि न तो मैंने उससे रास्ते भर कोई बात की, न उसकी ओर देखा ही। हम लोग भौचक्के होकर तांगे में बैठ गये। हमारे हृदय बहुत जोर से धड़क रहे थे।

भाग्य की बात ! हमारे तांगे में बैठते ही दैनिक हटकारा दिखाई पड़ा हमने उसे तांगे में बिठा लिया और वह हमें रास्ता बताता चला। उसने हमें बताया कि वह बिना सिर का साहब प्रतिदिन रात के साढ़े 10 बजे से मध्यरात्रि तक इसी प्रकार टहला करता है। उसने लगभग एक दर्जन व्यक्तियों का उल्लेख किया जो इसी प्रकार उसकी लात खा चुके थे। उसे हमारी अनभिज्ञता पर अचरज हुआ क्योंकि यह घटना तो आसपास में विख्यात थी। अब मेरी समझ में आया कि दादी जी ने उस रास्ते से आने को मना क्यों किया था।

(साभार, 'नार्दन इंडिया' पत्रिका)

अस्थियों से मानव का निर्माण

विज्ञान श्रम दण्डी स्वामी का जन्म रायबरेली के एक ब्राह्मण परिवार में हुआ था। उन्होंने 16 वर्ष की अवस्था में ही घर छोड़ दिया। कुछ दिन सेना में नौकरी की। तत्पश्चात् संन्यास ले लिया। उत्तराखण्ड में उनका सम्पर्क एक महात्मा से हुआ जिन्होंने उन्हें योग सिखाया।

स्वामी जी ने कंकाल में प्राण फूँकने का प्रथम प्रदर्शन 16 जून, 1960 में अग्रसेन व्यायामशाला, कानपुर में किया। प्रदर्शन व्यायामशाला के संचालक श्री किशन केडिया और जनसमूह के सामने हुआ था और उसके समाचार अखबारों में भी छपे। कंकाल से जो व्यक्ति उत्पन्न हुआ, बिठूर का एक ब्राह्मण निकला। उसका मस्तिष्क विक्षिप्त-सा रहा। स्वामी जी के विचार से इसका कारण नरक की यातनाएँ थीं। फिर उस व्यक्ति का क्या हुआ यह स्वामी जी ने नहीं बताया।

दूसरा प्रदर्शन भी कानपुर में ही विशिष्ट अधिकारियों और डॉक्टरों की उपस्थिति में किया गया। केडिया जी की इच्छा थी कि उनका एक दामाद जो जयपुर में उन्हीं दिनों मरा था, उसके कंकाल में प्राण प्रतिष्ठा की जाये। किन्तु उसके फूल बहुत कम प्राप्त हुए। अतः स्वामी जी को सन्देह था कि उन्हें सफलता मिलेगी या नहीं। अतः उन्होंने एक दूसरा कंकाल भी मँगवा कर रख लिया। उन्होंने सोचा कि यदि ऐसा हुआ कि पूरा शरीर न बन पाया और आत्मा आ गयी तो वह कठिनाई में पड़ जायेंगे। ऐसी स्थिति में वह दूसरे कंकाल में प्राण प्रतिष्ठा कर देंगे। ऐसा हुआ भी। पहले कंकाल की अस्थियों से शरीर नहीं बन पाया और आत्मा आ गयी। अतएव स्वामी जी ने उस आत्मा को दूसरे कंकाल में प्रविष्ट कर दिया। फल यह हुआ कि इस नये जीव की स्मृतियाँ तो केडिया जी के दामाद की थीं किन्तु शरीर दूसरा था। वह व्यक्ति आज भी स्वामी जी के गुरु के पास विद्यमान है।

मीरजापुर से लगभग 32 किलोमीटर दूर नौगाँव नाम का एक ग्राम है। गंगा की एक ओर नौगाँव है, दूसरी ओर गोपीचन्द थाना है जिसमें एक गाँव बरहिनपुर है। स्वामी जी का तीसरा प्रदर्शन इसी गाँव में हुआ था, जिसे गोपीचन्द के थानेदार और सहस्त्रों अन्य लोगों ने देखा था।

स्वामी जी नौगाँव के शिवदुलारे पाठक के यहाँ आया-जाया करते थे। एक बार वह सदैव की भाँति आयें और सत्संग आरम्भ किया। उस सत्संग में कुछ युवकों ने हवन, यज्ञादि धार्मिक क्रियाओं और साधु-सन्तों की कटु आलोचना की। उससे प्रेरित

होकर स्वामी जी ने भारतीय दर्शन तथा सन्तों की मर्यादा की रक्षा के निमित्त उक्त प्रदर्शन का संकल्प किया और लोगों से मनुष्य का अस्थिपिंजर लाने को कहा गया। पहले पाठक जी केवल एक हड्डी लाये। स्वामी जी ने उसे अस्वीकार कर दिया। तब रामपुर मुर्दाघाट से एक दूसरा मानव कंकाल लाया गया। स्वामी जी ने उसे स्नान कराके एक दिन तक रखा और फिर बताया कि यह तो किसी महिला का अस्थिजाल है। इसमें प्राण प्रतिष्ठा करके मैं उसे कहां ले जाऊँगा? अतः दूसरे कंकाल की खोज आरम्भ हुई। इसी बीच उसी ग्राम के जत्तुलाल निकटवर्ती ग्राम गौरा के रेत से एक छिन्न-भिन्न कंकाल लाये। उसका निरीक्षण कर स्वामी जी ने उसे स्वीकार कर लिया। यह घटना 26 अप्रैल की है। प्राण प्रतिष्ठापन के लिए 21 अप्रैल को प्रातः 7 से 8 बजे तक का समय निर्धारित किया गया तथा स्वामी जी ने अपना योगाभ्यास आरम्भ कर दिया। 27, 28 की रात भर महामृत्युंजय का जप किया गया। प्रातः काल उस कंकाल को स्नान कराके गंगाजी के तट पर बालू में उस स्थान पर रखा गया जहाँ स्वामी जी जप-तप करते थे। स्वामी जी ने छिन्न-भिन्न हड्डियों को यथास्थान लगाया और उन्हें एक कपड़े से ढक दिया। बाद में उस स्थान को चारों ओर से एक मोटे कपड़े की कनात से घेर दिया।

न जाने उस स्थान के विषय में लोगों को क्या सन्देह हुआ कि उन्होंने कानाफूसी आरम्भ कर दी। जब स्वामी जी के कान तक यह बात पहुँची तब स्वामी जी ने उन लोगों से कहा कि कोई दूसरा स्थान चुन लें। कंकाल को उन लोगों की पसन्द के अनुसार दूसरे स्थान पर ले जाया गया और उसे भी ढक कर उसी प्रकार घेर दिया गया। घेरे के भीतर स्वामी जी ने 15-20 मिनट तक कोई क्रिया की। एक नींबू काटकर अस्थियों पर चढ़ाया। इसी बीच हड्डियों के टूटने की आवाज आयी। अब स्वामी जी ने बाहर आकर परदा उठवा दिया और कुछ मन्त्र-सा पढ़कर चावल के दाने उस पर फेंकने लगे। धीरे-धीरे कंकाल में स्पन्दन आरम्भ हुआ। फिर वास चलने लगा तथा कंकाल मनुष्य बन कर उठ खड़ा हुआ। उसे सन्तरा खिलाया गया। एक वैद्य ने उसकी परीक्षा करके बताया कि उसे तीव्र ज्वर है और अन्य सारी क्रियाएँ ठीक हैं। स्वामी जी ने कहा कि यह उसी स्थिति में है, जिसमें मरा था। अब दो दिन में बिल्कुल ठीक हो जायेगा।

अगले दिन पत्रकारों ने उस व्यक्ति को बिल्कुल ठीक दशा में पाया। लोग इस घटना से आश्चर्यचकित हैं और आँखों से देखने पर भी उन्हें विश्वासनहीं हो रहा है। अब लोग उसके आगे की क्रिया जानने को उत्सुक हैं। स्वामी जी ने उक्त मानव से सब लोगों से मिलने-जुलने पर रोक लगा रखी है। उन्होंने कहा कि अभी वे उसे अपने पास रखेंगे, फिर उत्तराखण्ड में अपने गुरु के पास भेज देंगे।

(साभार, दैनिक 'आज')

अँधेरी रात की माया सृष्टि

बल्वन्तु राय दोशी

1935 की बात है। राजकोट के कुछ युवकों ने 'रंगभूमि सुधार संघ' नामक संस्था की स्थापना की। 'जहरी सांप' नामक नाटक खेलना निश्चित हुआ। यह लोग सांगणवा चौक के पास एक पुराने मकान में पूर्वाभ्यास करने लगे। सभी कलाकार अवैतनिक थे। जलपान का खर्च भी अपनी गाँठ से करते थे। उन दिनों रमजान चल रहे थे। अतः मुस्लिम होटल प्रायः रातभर खुले रहते थे। यह लोग पूर्वाभ्यास के पश्चात् साइकिलों पर लौटते हुए किसी होटल में जलपान करके घर जाते थे। कभी-कभी पूर्वाभ्यास रात में बड़ी देर तक चला करता था। तिस पर भी इन लोगों का क्रम यही रहता था।

ऐसी ही एक रात का जिक्र है। लगभग एक बजा था। ये तीन मित्र बलूभाई, उमरभाई और हकुभाई होटल से जलपान करके साइकिलों पर घर लौट रहे थे। मार्ग में एक पुल पड़ता है जो नगर को सदर से मिलाता है। ये लोग वहाँ पहुँचे ही थे कि देखा एक औरत एक मकान की चौखट पर खड़ी रो रही है। बड़ा अचरज हुआ। उसे देख कर ये लोग साइकिलों से उतर पड़े। वह औरत बड़े ही कातर स्वर में बोली, मेरा इकलौता बच्चा बीमार है। घर में कोई मर्द नहीं है। क्या आप लोग मेरे ऊपर इतनी कृपा करेंगे कि किसी डॉक्टर को बुला लायें?''

उमरभाई तुरन्त डॉक्टर को बुलाने चल दिये। शेष दोनों उस औरत के पास रह गये। दो मिनट ही बीते होंगे कि औरत उन दोनों से बोली,'' मुझे नीचे उतरे देर हो गयी। बच्चा पालने में रो रहा होगा। यदि आप ऊपर चले चलें तो अच्छा है क्योंकि बच्चे के पास कोई है नहीं।''

बलूभाई औरत के साथ ऊपर चल दिये। हकुभाई साइकिलों की रखवाली के लिए नीचे रह गये। औरत और बलूभाई दरवाजे के अन्दर गये और फिर जीने पर चढ़कर ऊपर पहुँचे। एक कमरे के अन्दर पालना पड़ा था, जिसमें एक छोटा-सा बालक सो रहा था।

औरत ने बलूभाई से कहा जरा देखिए, अब इसका ज्वर कैसा है? बलूभाई ने सोचा कि कहीं बच्चे की नींद न टूट जाये। अतः बड़ी सतर्कता से उसकी नाड़ी की ओर हाथ बढ़ाया। किन्तु यह क्या? उँगलियों में बच्चे के शरीर का स्पर्श ही नहीं

हुआ। ऐसा प्रतीत हुआ कि उँगलियाँ हवा में टटोल रही हैं। बलूभाई के हृदय की धड़कन बढ़ गयी। उन्होंने मुड़कर देखा कि औरत बीच दरवाज़े में खड़ी हुई है। वह बहुत घबराये हुए थे। काँपते हुए स्वर में उन्होंने औरत से पूछा–

"बच्चे का शरीर ऐसा क्यों लग रहा है?"

औरत–"ऐसा तो होगा ही, क्योंकि बच्चे को मरे हुए वर्षों हो गये हैं?"

सुनते ही बलूभाई को मानो काठ मार गया। और कुछ कहने सुनने का साहस नहीं रहा। वह एकदम औरत को धक्का देकर नीचे की ओर दौड़े। नीचे पहुँच कर भी वह न रुके। उन्हें इस प्रकार बेतहाश दौड़ते हुए देखकर हकुभाई ने पूछा," कहो, क्या हुआ? किन्तु इन्हें तो कोई सुध-बुध न थी। सीधे दौड़ते हुए चले गये और धमेन्द्र रोड़ की नुक्कड़ पर बत्ती के खम्भे के चबूतरे से जा टकराए और बेहोश होकर गिर पड़े।

बलूभाई के पीछे हकुभाई दौड़े। दूसरी ओर से उमरभाई डॉक्टर साहब को लेकर पहुँचे। डॉक्टर साहब बलूभाई को होश में लाये। आँखें खोलीं, भीड़ को देखकर जान में जान आयी।

बलूभाई ने सारी बात डॉक्टर साहब को सुनाई। उनको तनिक भी विश्वास नहीं हुआ। सबकी राय हुई कि उसी मकान पर पहुँच कर पता लगाया जाये कि तथ्य क्या है? मकान पर पहुँच कर बलूभाई ने देखा कि जिस दरवाजे से वह अन्दर गये थे, उस पर एक बहुत बड़ा ताला पड़ा हुआ है। बलूभाई सन्नाटे में आ गये क्योंकि ताले में जंग लगी हुई थी और देखने से ऐसा मालूम होता था मानो वर्षों से खोला न गया हो।

डॉक्टर साहब को विश्वास नहीं हुआ कि बलूभाई उस दरवाजे से अन्दर गये होंगे। उन्होंने सोचा कि इनको भ्रम हुआ है किन्तु हकुभाई ने साक्षी दी कि बलूभाई इसी दरवाजे से अन्दर गये थे।

शोर-शराबा सुनकर कुछ पड़ोसी भी इकट्ठे हो गये थे। सबकी राय हुई कि मकान के मालिक से जाकर पूछा जाये कि मकान कब से नहीं खुला है।

पास ही की एक गली में एक नागर परिवार रहता था, जो उस मकान का मालिक था। नागरजी को जगाया और सारा वृत्तान्त सुनाया। उन्होंने बताया कि मकान दस बरस से यों ही बन्द पड़ा है। फिर उन्होंने उस मकान से सम्बन्धित यह करुणाजनक कहानी सुनाई।

"लगभग दस वर्ष पहले की बात है। उस मकान में एक विधवा अपने गोदी के बच्चे के साथ किराए पर रहती थी। बच्चा एकाएक बीमार पड़ा और एक ही दिन के रोग में चल बसा। इस शोक को विधवा सहन न कर सकी। वह विक्षिप्त हो गयी और एक दिन उसने आत्महत्या कर ली।

"इस दुर्घटना के बाद वह विधवा कई बार दिखाई दी। इसी कारण और किराएदारों ने भी वह मकान खाली कर दिया। तब से मैंने मकान में ताला डाला हुआ है, और एक बार भी कभी खोला नहीं। तब यह कैसे सम्भव है कि उसके अन्दर कोई घुसा हो?"

बलूभाई ने जोर देकर कहा कि वह अवश्य उस मकान के अन्दर गये थे। इतना ही नहीं, वह अपनी चप्पलें भी उस कमरे के बाहर छोड़ आयें हैं, जिसमें उस औरत के बच्चे को देखा था।

सब लोगों ने यह निश्चित किया कि मकान खोलकर उसके अन्दर जाना चाहिए। नागरजी के पास तालियों का एक गुच्छा था। उसमें से ढूँढ कर एक ताली निकाली गयी। जंग लगा ताला आसानी से नहीं खुलता, किन्तु फिर भी उसे किसी प्रकार खोला गया। सब कोई दरवाजे के अन्दर गये। जीने पर धूल जमी हुई थी किन्तु प्रत्येक सीढ़ी पर स्पष्ट रूप से पैरों के निशान बने हुए थे मानो अभी उसके ऊपर कोई गया हो। यह देखकर सब लोग चकित रह गये किन्तु यह मानना पड़ा कि बलूभाई जीने पर चढ़ कर वास्तव में ऊपर गये थे।

उस कमरे के दरवाजे पर पहुँचे जिसमें बच्चे को देखा था। चप्पलों की जोड़ी बाहर रखी हुई थी, किन्तु दरवाजे में ताला लगा हुआ था। यह ताला भी कुछ दिक्कत के साथ खुला। कमरे के अन्दर भी पैरों के निशान स्पष्ट रूप से बने हुए थे। किन्तु पालना खाली था, न वहाँ बच्चा था, न औरत।

(साभार, 'नवनीत' सितम्बर 1966)

लैवेंडर नाम की लड़की

न्यूयार्क नगर के उत्तर पश्चिम में, थोड़े ही किलोमीटर, दूर एक पहाड़ी बंजर है, जिसमें से रामोपी नदी बहती है। उक्त नदी के किनारे एक गाँव में एक पोस्ट मास्टर रहते थे। वह एक धार्मिक व्यक्ति थे और रविवार को एक गिरजा के स्कूल में बच्चों को पढ़ाया करते थे। स्कूल में एक लड़की पढ़ने आती थी, जिसकी कहानी हम कहने जा रहे हैं—

एक दिन बुधवार को न्यूयार्क नगर के गिरजा से गरीब बच्चों में बाँटने के लिए उस गाँव में कुछ कपड़े आयें हुए थे। ज्यों ही पोस्ट मास्टर ने कपड़े बांटने की घंटी बजाई, वह लड़की दिखाई पड़ी। वह नंगे पैर थी और थिगलीदार कपड़ा पहने थी, जो उसके लिए स्पष्ट रूप से बहुत छोटा दिखाई पड़ रहा था। इतने में कपड़ों में लैवेंडर (चमेली) के रंग का एक चमचमाता हुआ कपड़ा दिखाई दिया। और किसी बच्चे ने उस पर कोई ध्यान नहीं दिया किन्तु उस लड़की ने दौड़कर झपट्टा मारकर वह कपड़ा ले लिया और तीर की तरह दौड़कर गिरजा के बाहर निकल गयी।

उस दिन से उस लड़की ने उस वेष को छोड़कर और कोई कपड़ा पहना ही नहीं। सवेरे, दोपहर, संध्या, पहाड़ पर, स्कूल में, मैदान में हर कहीं वह लड़की उसी वेष में दिखाई देती थी।

दिसम्बर का मध्य था। कड़कड़ाती हुई ठण्ड पड़ रही थी। पोस्ट मास्टर ने दैनिक कार्य आरम्भ करने के लिए डाकखाने की खिड़की खोली। जो ग्राहक आ रहे थे, वह अपनी डाक लेने के लिए इतने उत्सुक नहीं थे, जितने उसे एक अशर्फी समाचार देने के लिए। उन्होंने बताया कि सड़क पर कुछ किलोमीटर ऊपर की ओर एक लड़की का शव बर्फ में जकड़ा हुआ पाया गया था। उसकी लैवेंडर पोशक ऐसे जाड़े के लिए पर्याप्त नहीं थी।

यह घटना 1939 की थी। लगभग 10 वर्ष बीत गये। इतनी अवधि में लोग उस लड़की को भूल भी गये। किन्तु 1949 के आसपास उसी लड़की के विषय में भान्ति-भान्ति के किस्से सुनाई पड़ने लगे। जितने मुँह, उतनी बातें और अचरज की बात यह है कि कहानियाँ न्यूयार्क के विश्वविद्यालयों में उत्पन्न होती थीं और उक्त गाँव से उनका सम्बन्ध नहीं होता था, जहाँ की वह रहने वाली थी।

एक दिन शनिवार की संध्या को हैमिल्टन कॉलेज के दो छात्र टुम्सेडो पार्क के लिए एक नाच में सम्मिलित होने के लिए मोटर में जा रहे थे। रामोपी नदी की घाटी

में उन्होंने देखा कि एक लड़की सड़क पर खड़ी है। लड़की से उन्होंने कहा कि यदि वह भी उसी दिशा में जा रही है तो वह उसे अपनी मोटर में पहुँचा देंगे। लड़की राजी हो गयी और मोटर में बैठ गयी। दोनों लड़के उसकी सरलता और मृदुभाषिता पर मुग्ध हो गये और उससे कहा कि वह भी उनके साथ नाच में चले। लड़की सहमत हो गयी। नाचघर में पहुँचने पर लड़कों ने अपने अतिथियों से उसका परिचय कराया। लड़की ने कहा, "आप मुझे लैवेंडर कह कर पुकार सकते हैं।"

नाच के बाद तीनों लोग घर की ओर लौटे। ठण्ड अत्यधिक थी, अतः दोनों लड़कों में से एक ने लैवेंडर को अपना ओवरकोट दे दिया। लड़की उनको रास्ता बताती हुई एक ऐसी झोपड़ी में गयी, जिसकी दशा बहुत ही जीर्ण थी। वह इन लड़कों को नमस्कार करके झोपड़ी में चली गयी और चलते समय कह गयी कि शीघ्र ही फिर मिलेंगे। जब लड़के काफी दूर निकल गये तब उस ओवरकोट वाले को याद आया कि उसने लड़की से अपना ओवरकोट तो वापस लिया ही नहीं था। सोचा, अगले दिन विश्वविद्यालय जाते समय ले लेंगे।

अगले दिन दोनों लड़के उक्त झोपड़ी में पहुँचे। अन्दर से एक बुढ़िया निकल कर आयी। उससे लैवेंडर के विषय में पूछा तो उसने कहा कि "कदाचित् तुम लोग उसके पुराने मित्र हो क्योंकि तुम्हें नहीं मालूम कि उसे मरे हुए दस वर्ष होने को आयें।" इन लड़कों ने कहा, "हम उस लड़की के विषय में नहीं पूछ रहे हैं। हम तो उस लड़की के विषय में पूछ रहे हैं जो कल संध्या हमें मिली थी। हमने उसे अपना ओवरकोट दिया था। वही वापस लेने आयें है"।

बुढ़िया बोली, कैसी अनहोनी बातें करते हो। लैवेंडर नाम की और कोई लड़की आसपास नहीं रहती। और जो लड़की मेरे साथ इस झोपड़ी में रहती थी, उसे मरे हुए दस वर्ष हो गये, चलो, मैं तुम्हें उसकी कब्र दिखाऊँ।"

बुढ़िया उन दोनों लड़कों को कब्रिस्तान ले गयी जो थोड़ी ही दूरी पर था। एक कब्र के पास ले जाकर बोली, "यही उस लड़की की कब्र है।"

कब्र पर लड़की का नाम लिखा हुआ था, और उसके ऊपर उस लड़के का ओवरकोट तह किया हुआ रखा था।

(साभार, Readers Digest, अप्रैल 1955)

भूतहा मैदान

आर.एम.बी.

चाचा जी ने मुझे न्योता दिया कि छुट्टियाँ उनके साथ पहाड़ पर बिताऊँ। यात्रा काफी लम्बी थी, जो 24 घण्टे में समाप्त हुई। अब केवल देहरादून से मसूरी तक की दूरी पार करनी थी। यह मार्ग इतना मोहक था कि समय का पता भी न चला।

पहाड़ी लोग बड़े सीधे और सच्चे होते हैं। समतल के निवासियों की तरह पग-पग पर धोखा नहीं देते। पहाड़ पर केवल दो ही बातों का डर रहता है। किसी प्रपात में न गिर पड़ें, अथवा किसी घाटी में उतर कर मार्ग न भूल जायें। इन दोनों बातों के विषय में चाचा जी ने मुझे आरम्भ में ही चेतावनी दे दी थी।

हमारे घर से थोड़ी ही दूरी पर एक मनोरम मैदान था—इतना बड़ा कि उसमें दो फुटबाल फील्ड समा जायें। यह मैदान मुख्य मार्ग से लगभग 35 मीटर की दूरी पर होगा, किन्तु सड़क और उसके बीच में एक घाटी थी। मैदान को देखने से ऐसा प्रतीत होता था मानो अभी घास काट कर उसे तैयार किया गया है। उसका हर रंग ऐसा सुहावना था जैसे मैंने कहीं समतली मैदानों में देखा ही नहीं था। पहले तो उसे देखकर हमने यह समझा कि पहाड़ी क्षेत्र में फिरंगियों के किसी खेल के लिए भूमि तैयार की गयी है। हमने छानबीन करके एक ऐसी पगडंडी खोज निकाली जो पक्की सड़क से टूट कर उस लॉन में जा मिली थी। पगडंडी हमारे मकान से लगभग आधे किलोमीटर आगे जाकर टूटी थी और कोई बहुत अच्छी दशा में नहीं थी, फिर भी उससे हमारा काम चल गया। हम मैदान में पहुँच कर लॉन के किनारों पर चक्कर काटने लगे क्योंकि हमें आशंका थी कि लॉन के ऊपर चलना कहीं वर्जित न हो।

अपराह्न में हमने लॉन की अच्छी तरह छानबीन की। उसमें एक भी पार, ढोका अथवा पौधा नहीं था। भूमि मखमली और मुलायम थी, जिसे देखकर हमने यह समझा कि यह किसी क्लब की सम्पत्ति है जो इसके रखरखाव पर काफी पैसा खर्च करता है। हमने यह भी देखा कि सारे लॉन की घास का रंग एक-सा नहीं था। हरे रंग की कई रंगतें एक दूसरे के साथ ही सुन्दर ढंग से सजाई गयी थीं। मन करता था कि वहाँ बैठकर उस कलापूर्ण कृति को घंटों निहारते रहें। हमारे जीवन में यह पहला अवसर था कि प्रकृति की इतनी सुन्दर छटा देखें। हमें उक्त स्थान से मोह हो गया। लॉन के चारों ओर स्पष्ट रूप से एक चौहद्दी-सी खिंची हुई थी। चौहद्दी

के बाहर बहुत से पत्थर और ढोक पड़े हुए थे। इनके अतिरिक्त इक्का-दुक्का ऊँचे पहाड़ी पेड़ भी थे। कई स्थान ऐसे भी थे, जहाँ लोग गोठ करने आ सकते थे और टीकम टीक पहाड़ी' अथवा 'दाई-बिछौना' जैसे छोटे-मोटे खेल भी खेल सकते थे।

हम लोग लगभग दो घण्टे उस मैदान में रहे किन्तु हमें वहाँ कोई माली दिखाई न दिया। पास में ही एक झरना था जिसमें स्वच्छ, शीलत जल बह रहा था, जो घाटी में एक ओर को निकल जाता था। किन्तु यह कोई प्रपात नहीं था, जिसमें गिर जाने का डर हो।

जब दिन ढलने लगा, हम लोग अपने घर लौट आयें। अपने पहले दिन के कार्यकलाप से हम लोग बहुत सन्तुष्ट थे। अब हम इस धुन में थे कि इस बात का पता लगाएँ कि उस लॉन का कौन उपयोग कर रहा है और कोई उसका चौकीदार अथवा रखवाला भी है या नहीं, ये बातें जानना हमारे लिए आवश्यक था ताकि हमें यह पता चले कि हम किसी समय उनका बेखटके उपयोग कर सकते हैं।

उस मण्डली में अकेला मैं ही पुरुष था, अतः यह अन्वेषण कार्य मुझी को सौंपा गया। मेरे घर से लॉन तक केवल दस मिनट का रास्ता था। इसके अतिरिक्त वह स्थान जहाँ से मैं उस मैदान को देखा करता था, उससे काफी ऊँचाई पर स्थित था। अतः मैं अपने घर से ही उस लॉन को भली-भाँति देख सकता था। मैंने यह नियम बना लिया कि प्रत्येक दिन सवेरे 6 बजे से निकल जाता और 8 बजे तक वहीं आसपास घूमता रहता। साढ़े आठ बजे तक घर लौटकर नाश्ता कर लेता। पास ही गिरजाघर था, जिसकी घड़ी के घण्टे से बड़ी सुविधा रहती थी। किन्तु तिस पर भी काम बना नहीं। यह कार्यक्रम पूरे एक सप्ताह चला, किन्तु न तो मुझे उस मैदान में कोई चौकीदार ही दिखाई दिया, न कोई माली। नाश्ते और लंच के बीच में हम जो गोठ किया करते थे, उनमें कोई व्यवधान नहीं पड़ा। मध्याह्न और अपराह्न के बीच के समय हम लोग उस मैदान के एकछत्र मालिक रहते थे। अचरज की बात है कि स्थान इतना सुरम्य होते हुए भी वहाँ कोई यात्री अथवा दर्शन तक न आया। संध्या समय भी वहाँ किसी की शक्ल दिखाई नहीं दी। सूर्योदय से सूर्यास्त तक हम ताकते रहे किन्तु समस्या का समाधान न हुआ।

अब हमने अपने मस्तिष्क पर जोर दिया, तो तुरन्त एक नया विचार दौड़ गया। हो न हो, यह मैदान एक खुले नृत्यघर का काम दे रहा हो। बात दिल में बैठ गयी। हमने सोचा कि अब हम रात के दस बजे तक बाहर रहा करेंगे। दस बजे लौटने पर तो उस मैदान में लोग इकट्ठे होते दिखाई देंगे। एक सप्ताह यह नया प्रयोग किया, फिर भी कुछ पल्ले न पड़ा। किन्तु मैंने स्कूल में ही यह शिक्षा पाई थी कि "बेटा, कभी हिम्मत मत हारना"। यह शिक्षा मैंने गाँठ बाँध ली थी।

और तब वह अविस्मरणीय पूर्णिमा की रात आ गयी। चाँद की शीतल किरणों ने तो उस मैदान की शोभा में और भी चार चाँद लगा दिये थे। उस दिन मैंने निश्चय कर लिया था कि 11 बजे तक चौकीदारी करूँगा। दस बजे के कुछ बाद ही दो चार छायाएँ ही चलती दिखाई देती रहीं, यह पता नहीं चल रहा था कि यह किसके शरीरों की छायाएँ हैं। यह सोच कर मैं सिहर उठा। मैं दुविधा में पड़ गया कि घर भाग जाऊँ या इस नाटक का अगला दृश्य भी देखूँ। अन्त में यह निश्चय किया कि थोड़ी देर यही तमाशा देखूँ।

प्रत्येक दिन के अनुभव से हमारा साहस बढ़ता जाता था। हम अपने सारे खेल उसी मैदान में खेला करते थे। उसी दिन अपराह्न में खेल ही खेल में हमने पत्थरों के कई घरौंदे बना डाले थे, जो अभी तक ज्यों के त्यों मौजूद थे। और अब नाटक का सबसे रोचक और अन्तिम दृश्य उपस्थित होने वाला था।

छायाओं के पश्चात् मैदान में कुछ विलक्षण आकृतियाँ आने लगीं जिनकी संख्या बढ़ती गयी। वह मैदान में कोई चीज खोज रही थीं। शीघ्र ही वह उस स्थान पर पहुँची जहाँ घरौंदे बने हुए थे। और हम क्या देखते हैं कि उन घरौंदों के पत्थर अपने आप उड़कर लॉन की चौहद्दी से बाहर जाकर गिर रहे हैं। मैं स्तम्भित होकर खड़ा था और यह सोच रहा था कि यह कोई जादू का खेल है या दैवों का चमत्कार। भगवान का शुक्र था कि मैं मैदान के बिल्कुल समीप नहीं था, नहीं तो न जाने मेरी दशा क्या होती। पत्थर इस प्रकार उड़ रहे थे मानो कागज के टुकड़े हों। वह मूर्तियाँ क्रोध में भरी तब तक खड़ी रहीं, जब तक कि वह स्थान पत्थरों से बिल्कुल साफ न हो गया। और तब वह मूर्तियाँ चलने-फिरने लगीं। उनमें से कुछ पुलिंग थीं और कुछ स्त्रीलिंग, किन्तु सब विलक्षण आकार कीं। उनमें भी कुछ बहुत ही लम्बी थीं। लम्बी आकृतियों की धजा छोटी आकृतियों से बिल्कुल भिन्न थी। ऐसा मालूम होता था कि मानो भूतों की प्रदर्शनी हो रही हो। मेरा मन चलने को हुआ किन्तु चलने से पहले मैंने फिर एक दृष्टि उस दृष्टि पर डाली। अब वह बड़ी फुर्ती से चल रही थी। सब की सब किसी वस्तु से उलझी हुई थीं, जो दिखाई नहीं दे रही थीं।

इस अन्तिम झलक से मेरे शरीर में सिहरन उत्पन्न हो गयी और मैं छोटे रास्ते से घर की ओर बढ़ा, जो बड़े और घने पेड़ों से घिरा हुआ था। अब जो मैंने मुड़कर देखा तो हक्का-बक्का रह गया। उन आकृतियों के स्थान पर अस्थिपिंजर थे, जो चल फिर रहे थे। मैं तीर की भाँति दौड़ा और घर जाकर अपने बिस्तर पर पहुँचकर ही साँस ली। मैं रातभर जागता रहा किन्तु कोई कुछ पूछ न बैठे, इस डर से नकली खर्राटे लेता रहा।

अगले दिन मैंने चाचा जी से उस मैदान के विषय में तरह-तरह के प्रश्न किये। उन्होंने बताया कि मैदान भूतहा था और उसके विषय में भाँति-भाँति की कहानियाँ प्रसिद्ध थीं। एक बात अवश्य थी। उस पर आज तक कोई इमारत नहीं बन सकी थी। जब कभी किसी ने कुछ बनाना आरम्भ किया, रातों रात उसकी दीवारें ढह जाती थीं। और अगले दिन सारा सामान ईंटें, चूना, मसाला आदि लॉन के बाहर फेंका हुआ पड़ा मिलता था। मुझे मानना पड़ा कि ऐसा ही होगा क्योंकि मेरा अनुभव भी तो यही कहता था।

(साभार, 'नार्दन इंडिया' पत्रिका)

छाया दर्शन

आयरलैंड के एक धनी परिवार में एक बहुत उदारचित्त व्यक्ति था। उसने एक बालक और एक बालिका को बचपन से ही पाल रखा था। बालक सुन्दर था और बालिका कोमलांगी। यद्यपि दोनों सगे भाई-बहन नहीं थे, तथापि साथ रहने के कारण उनमें भाई बहन जैसा ही प्रेम था। दोनों प्रायः दिनभर साथ रहते थे। साथ-साथ ही खाते-पीते, साथ-साथ ही पढ़ते-लिखते। आगे चलकर लड़का टाइरन कहलाया और लड़की बेरेस्फोर्ड। अतः इस कहानी में उन्हें नामों से सम्बोधित करना उचित होगा।

बच्चों का प्रतिपालक नाममात्र का ही आस्तिष्क था। उसके मन में ईश्वरत्व के प्रति सन्देह की भावना घुसी हुई थी। वही संस्कार दोनों बच्चों के मन में भी पैठ गये। किन्तु बालक चौदह वर्ष का ही था कि प्रतिपालक का स्वर्गवास हो गया। उसके मरने पर घर का भार एक बहुत ही धार्मिक व्यक्ति के कन्धों पर पड़ा। उसके सम्पर्क से दोनों बच्चे ईश्वरवादी तो हो गये किन्तु सन्देह की भावना जो उनके मन में जड़ जमा चुकी थी, पूर्ण रूप से निकल न पाई।

कई वर्ष बीत गये। दोनों बच्चों के विवाह हो गये। लड़की अब लेडी बेरेस्फोर्ड कहलाती है। वह स्वभाव से ही मिलनसार और उदार है। लार्ड टाइरन बड़े परोपकारी हैं। दोनों परिवारों में बड़ी घनिष्ठता है। समय-समय पर एक दूसरे से मिलते रहते हैं। दोनों में अब भी कभी-कभी धर्म सम्बन्धी चर्चा हो जाती है। परलोक के अस्तित्व के विषय में दोनों के मन में अब भी सन्देह है। एक दिन दोनों ने प्रतिज्ञा की कि दोनों में से जिसकी पहले मृत्यु हो जाये, वह दूसरे को आत्मा रूप में दर्शन दे और इस प्रकार प्रमाणित करे कि आत्माओं का अस्तित्व होता है या नहीं।

लार्ड टाइरन के एक पुत्री है और लेडी बेरेस्फोर्ड के दो पुत्रियाँ। दोनों के दिन बड़े सुख से बीत रहे हैं। कुछ समय से दोनों को एक दूसरे का समाचार नहीं मिला है।

एक दिन की बात है। रात सायं-सायं कर रही थी। लार्ड और लेडी बेरेस्फोर्ड अपने मकान में एक बड़े पलंग पर गाढ़ी नींद में सो रहे थे। कमरे में हल्का-सा प्रकाश था। सहसा लेडी बेरेस्फोर्ड की आँख खुल गयी। क्या देखती है कि उसके पलंग के पास लार्ड टाइरन बैठे हैं। वह हक्की-बक्की रह गयी। गहन रात में, जब पति-पत्नी सो रहे हों, किसी का शयूया के पास चले आना कहाँ की भलमानसत है। वह चीख तो न पाई, किन्तु एक हल्की-सी अस्पष्ट ध्वनि उसके मुंह से निकल कर रह गयी। उससे उसके पति की नींद न टूटी। अब उन्होंने दोबारा साहस बटोर

कर कहा,'' भाई टाइरन! यह तुम्हारा कैसा व्यवहार है। ऐसे अनुचित समय आना और वह भी चुपचाप, ऐसा क्यों?

लार्ड टाइरन बोले, "क्या तुम उस प्रतिज्ञा को भूल गयी जो हम दोनों ने की थी? मंगलवार को संध्या चार बजे मेरा देहान्त हो चुका है और मैं अपनी प्रतिज्ञा-पूर्ति के लिए आया हूँ। मैं तुम्हें बताने आया हूँ कि परलोक सत्य है और प्रत्येक प्राणी को अपने कर्मानुसार फल मिलकर ही रहता है।

थोड़ी देर चुप रहने के बाद लार्ड टाइरन फिर बोले, "तुम शीघ्र ही युवती होओगी और वह पुत्र मेरी कन्या के साथ विवाह करेगा। जब आया हूँ तो तुम्हारे भविष्य के विषय में और भी दो-चार बातें बताता जाऊँ, चाहे वह कितना ही दुःखदाई क्यों न हो। थोड़े ही दिनों में तुम विधवा हो जाओगी। उसके कुछ समय पश्चात् तुम दूसरा विवाह करोगी। तुम्हारा दूसरा पति शराबी और जुआरी होगा। उसके साथ तुम्हारा जीवन बहुत दुःखी हो जायेगा। उससे तुम्हारे दो कन्याएँ और अन्त में एक पुत्र होगा। तुम्हारा पुत्र जब उत्पन्न होगा, तुम्हारा सैंतालीसवां वर्ष आरम्भ होगा। उसके एक महीने के अन्दर तुम्हारा भी स्वर्गवास हो जायेगा।

ऐसी दुःखदायी भविष्यवाणी सुनकर लेडी बेरेस्फोर्ड काँप उठी। उसने कहा "क्या इस होनी को मैं किसी प्रकार टाल सकती हूँ।'' आत्मा बोली–"टालने का एक ही उपाय है-तुम दूसरा विवाह न करो। किन्तु तुम में इतना संयम नहीं है। तुम दूसरा विवाह करोगी और अवश्य करोगी। इतना और बताये देता हूँ कि अब कभी ईश्वर के अस्तित्व पर विश्वासमत करना, नहीं तो परलोक में तुम्हारी बड़ी दुर्गति होगी''।

लेडी-क्या परलोक में तुम सुखी हो?

छाया-अवश्य सुखी हूँ। अगर सुखी न होता तो तुम्हारे पास तक आ ही न पाता।

लेडी-मैं सवेरा होने पर यह कैसे समझूँगी कि तुम वास्तव में छायामूर्ति के रूप में मेरे सम्मुख आयें थे? मैं यह क्यों न समझूँगी कि यह सब स्वप्न था?

छाया-कल तुम्हें मेरी मृत्यु का समाचार मिल जायेगा।

लेडी-इससे क्या? मैं समझूँगी कि मैंने तुम्हें स्वप्न में देखा था। स्वप्न में ही तुमने मुझे अपनी मृत्यु का समाचार दिया और संयोग से बात सत्य हो गयी। कभी स्वप्न भी तो सच्चे हो जाया करते हैं।

छाया-अच्छा तो देखो।

इतना कहकर छाया ने पलंग की मच्छरदानी के एक छोर को पकड़ कर हाथ बढ़ा कर छत के कुंडे में टांग दिया और कहा यह देख कर तो सवेरे तुम्हें मानना पड़ेगा कि मैं ही आया था क्योंकि यह कार्य किसी मनुष्य द्वारा नहीं हो सकता।

लेडी-यह भी कोई बात नहीं है। कभी-कभी मनुष्य सोते में ऐसे काम कर जाता है जिन्हें वह जागते में नहीं कर पाता। सवेरे इसे देख कर मैं यह क्यों न समझूँगी कि

सोते-सोते उठकर मैंने स्वयं ही मच्छरदानी का छोर छत के कुंडे में टाँग दिया है।

छाया-पास ही तुम्हारी पुस्तिका और पेंसिल रखी हुई है। मैं इस पर अपना नाम लिख देता हूँ। तुम मेरे हस्ताक्षर पहचानती हो। सवेरे इसे देखकर तो तुम्हें मानना पड़ेगा कि वास्तव में मुझसे ही साक्षात्कार हुआ था। इतना कहकर छायामूर्ति ने पुस्तिका पर अपने हस्ताक्षर कर दिये।

किन्तु लेडी बेरेस्फोर्ड भी एक हठी महिला थीं। उन्हें इस पर भी सन्तोष न हुआ। उन्होंने कहा—मैं बचपन से तुम्हारी लिखाई देखती चली आयी हूँ। क्या यह असम्भव है कि मैं तुम्हारे जैसे हस्ताक्षर स्वयं बना लूँ।

छायापूर्ति कुछ रुष्ट होकर बोली—"मैं देखता हूँ कि तुम्हें किसी प्रकार विश्वास ही नहीं होता। मैं चाहूँ तो अभी तुम्हें छू सकता हूँ किन्तु मेरा स्पर्श तुम्हारे लिए अनिष्टकारी हो सकता है। मैं आत्मलोक में अभी उस स्थिति में नहीं पहुँचा हूँ, जब हमारा स्पर्श जीवित मनुष्यों के लिए लाभदायक हो। अतएव मेरे स्पर्श का जो चिह्न तुम्हारे शरीर पर बनेगा, कभी न मिटेगा।

लेडी- मुझे इसकी चिन्ता नहीं। किन्तु मैं पक्का प्रमाण चाहती हूँ।

छाया- अच्छा तो अपना हाथ बढ़ाओ।

लेडी- बेरेस्फोर्ड ने अपना हाथ बढ़ा दिया। छायामूर्ति ने उसके हाथ की एक उँगली की गाँठ को पकड़ लिया। स्पर्श से उसका शरीर रोमांचित हो गया। उन्हें ऐसा लगा मानो उसकी उँगली बरफ से लग गयी हो। उसी क्षण उँगली के उस भाग की नसें बिल्कुल सूख गयीं। छाया ने कहा-जब तक जीती रहो, चिह्न को गुप्त रखना अन्यथा अनर्थ हो जायेगा।

इतना कहकर लार्ड टाइरन अन्तर्ध्यान हो गये। बहुत देर तक लेडी बेरेस्फोर्ड विचारों में गोते खाती रही। तत्पश्चात् उन्हें नींद ने धर-दबोचा। सवेरे उठते ही मच्छरदानी पर ध्यान गया। जल्दी से सीढ़ी लाकर उसे उतार दिया। फिर उँगली को देखा तो बिल्कुल अस्थिपिंजर दिखाई पड़ी। जल्दी से उस पर काला फीता बाँध दिया। पति ने उँगली पर फीता बन्धा देखा तो शंका की। पत्नी ने नतमस्तक होकर कहा, "कृपया इस विषय में मुझसे कुछ न पूछना, अन्यथा अनिष्ट होगा।" पति ने फिर हठ नहीं किया।

लेडी बेरेस्फोर्ड बड़ी उत्सुकता से डाक की बाट देख रही थीं। पतिदेव ने पूछा, "क्या बात है, जो आज डाक के लिए इतनी उत्सुक हो? क्या कोई आवश्यक पत्र आने वाला है?"

लेडी- पत्र और क्या आयेंगा? यही अशर्फी संवाद आने वाला है कि मंगलवार को लार्ड टाइरन का स्वर्गवास हो गया है।

पति-मालूम होता है रात तुमने कोई भयानक स्वप्न देखा है, इसीलिए इतनी उद्विग्न हो रही हो। भला स्वप्न में भी कोई सच्चाई होती है।

इतने में ही डाक आ गयी, जिसमें वही हृदय-विदारक संवाद था। लेडी बेरेस्फोर्ड फूट-फूट कर रोने लगी। मृत्यु का दिन, तारीख और समय ठीक वही था जो छायामूर्ति ने बताया था।

यथासमय लेडी बेरेस्फोर्ड को पुत्र लाभ हुआ। पतिदेव तो बहुत प्रसन्न हुए, किन्तु लेडी बेरेस्फोर्ड को कोई हर्ष न हुआ। वह सोचने लगीं कि हो, न हो, अब छायामूर्ति की बताई हुई सभी बातें सत्य होकर रहेंगी।

होनी होकर रही। लेडी बेरेस्फोर्ड विधवा हो गयी। उनके दो कन्याएँ और एक पुत्र थे। सम्पत्ति की भी कोई कमी नहीं थी। उन्हें छायामूर्ति की सब बातें याद थीं, यथा

(भावी) टालने का एक ही उपाय है- तुम दूसरा विवाह न करो। किन्तु तुम में इतना संयम नहीं, तुम दूसरा विवाह करोगी और अवश्य करोगी।

पाश्चात्य देशों में अधिकतर प्रेम विवाह होते हैं। लड़के-लड़कियाँ एक दूसरे से कहीं गोष्ठी में, सिनेमा में नृत्यशाला आदि में मिलते हैं। परिचय होता है, घनिष्टता बढ़ती है। तब प्रणय होता है और अन्त में विवाह। लेडी बेरेस्फोर्ड ने सोचा कि "न मैं कहीं भोज, नृत्य अथवा सिनेमा में जाऊँगी, न किसी लड़के से भेंट होगी, न विवाह की नौबत आयेंगी। इस प्रकार मैं भावी को टाल दूँगी।

अतएव उन्होंने घर से बाहर निकलना ही छोड़ दिया। केवल, अपने पड़ौस के एक धर्मोपदेशक पादरी के घर जाती थीं। किन्तु हाथों की लकीरें नहीं मिटतीं। पादरी के एक युवा पुत्र था, जो सुन्दर और स्वस्थ था। लेडी बेरेस्फोर्ड भी अभी युवावस्था को पार नहीं कर पाई थीं। आँखें चार हुईं और दोनों एक-दूसरे के हो गये। थोड़े ही दिन बाद दोनों प्रणय-सूत्र में बन्ध गये। विवाह को कुछ समय बीता था कि उनको अपने इस नये पति के क्रूर स्वभाव का परिचय मिला। वह दिन-रात दुःखी रहने लगी।

दूसरे पति से लेडी बेरेस्फोर्ड के दो कन्याएँ और एक पुत्र हुए। पुत्र के जन्म के कुछ दिन पश्चात् उन्होंने हिसाब लगाया तो पता चला कि उनका 47वां वर्ष बीत चुका है। तब उन्होंने सन्तोष की साँस ली और सोचा कि छायामूर्ति की बताई अन्तिम बात गलत हो गयी।

पुत्र एक महीने का हो गया। लेडी बेरेस्फोर्ड ने अपना जन्मदिन मनाया। संयोग से उनके दीक्षागुरु पादरी भी आन पहुँचे। उन्होंने कुशल क्षेम पूछी। उत्तर में लेडी बेरेस्फोर्ड ने कहा–

"आप की कृपा से अच्छी हूँ। आशीर्वाद दीजिए। आज मेरा 48वां वर्ष आरम्भ हो गया है।"

पादरी बोले-तुम्हारा विचार गलत है। कुछ दिन हुए मैं तुम्हारे जन्म-स्थान गया था। वहाँ के जन्म रजिस्टर से मैंने पता चलाया है। आज वास्तव में तुम्हारा 47वां

वर्ष आरम्भ हो रहा है। लेडी बेरेस्फोर्ड काँप उठी। तब उन्होंने सारी कहानी उक्त पादरी और अपनी सखी 'लेडी कब' को सुनाई, जो उस समय उपस्थित थीं। फिर अपने पुत्र को भी जो उपदेश देना था, सो देकर कहा, "अब मैं थोड़ी नींद लूँगी। तुम बाहर बैठो।"

इसके डेढ़ घण्टे बाद पादरी और पुत्र उन्हें देखने गये। उनका शव कमरे में पड़ा हुआ था। लेडी कब ने उसकी उँगली का काला फीता खोला। जैसा बताया था, वैसी ही उँगली दिखाई दी।

माँ के उपदेशानुसार पुत्र ने लार्ड टाइरन की कन्या से विवाह कर लिया।

आँखों देखी घटना

श्रीमती शकुन्तला ब्रजमोहन
बी.ए. संगीत विशारद

भूत! चौंकिये मत। लेकिन कितना ही कहिये, आप अवश्य चौंकेंगे। बात कुछ ऐसी ही है। पहले मैं भी चौंकती थी पर अब विश्वास करती हूँ। क्योंकि आँखों देखी घटना का ही वर्णन कर रही हूँ, कोई कानों सुनी नहीं।

बीकानेर में मेरी एक रिश्ते की बहन थी। उसकी अवस्था लगभग 18 वर्ष की हो गयी थी। उस समय लड़कियों के लिए वरों का मिलना कठिन ही नहीं, वरन् दुरूह था। लड़की पढ़ी-लिखी भी नहीं थी। यथेष्ठ प्रयत्न के पश्चात् बंगाल के एक छोटे से गाँव में सम्बन्ध पक्का हुआ। लड़के के घर का साबुन का कारखाना था। केवल दो भाई और माँ थे। बड़े भाई का ब्याह हो चुका था। उसके बाल बच्चे भी थे। एक शुभ मुहूर्त देखकर बारात बीकानेर पहुँची लड़की चूँकि सबसे बड़ी थी इसलिए काफी लोगों को निमन्त्रण गया था। लड़की के पिता वहाँ के रईस व्यक्तियों में से थे। उनका एक भव्य बंगला एकान्त में था। जिस जगह बारात को ठहराया गया था, वह स्थान भी एकान्त में था। बंगले से, जहाँ बारात ठहराई गयी थी, लगभग एक कोस का रास्ता था। इस सुनसान रास्ते में ईसाइयों के कई कब्रिस्तान थे, जो बहुत ही जीर्ण-शीर्ण अवस्था में थे। शुभ मुहूर्त पर रात को प्रायः डेढ़ बजे विवाह की लगन पड़ी। अँधेरी रात थी। नींद में अलसाये लोग थे। बारात चली। चूँकि रात अँधेरी थी, इसलिए गैसों का अच्छा प्रबन्ध था। पंजाबियों में मर्द भी शादी में गाते हैं। खूब चहल-पहल मची। यह एकान्त स्थान भी शोभायमान हो गया था। वर इत्र में नहाया-सा प्रतीत होता था। 21 वर्ष का अत्यन्त सुन्दर और स्वस्थ लड़का था। पंजाबी यूँ ही स्वस्थ होते हैं पर इस लड़के का स्वास्थ्य और सुन्दरता दोनों ही बढ़-चढ़कर थे। लड़का अंग्रेजी बिल्कुल नहीं जानता था। वह भी अपनी ठेठ पंजाबी भाषा में मित्रों के आमोद-प्रमोद में योग दे रहा था। यकायक सभी गैसों की रोशनी खराब हो गयी। सभी घबरा गये। घबराने का कारण उन दिनों डकैतों का उपद्रव था। सबकी हँसी का स्थान डर ने ले लिया। लगभग 20 मिनट के पश्चात् सभी गैस अपने आप ही जल उठे। सभी चकित हो गये। लेकिन वह उत्साह जैसा कि चल रहा था जोर न पकड़ सका।

बारात बंगले तक पहुँची। सभी ने देर में जाने का कारण पूछा। किस प्रकार गैस खराब हो गये थे। चूँकि देर हो गयी थी इस कारण दुल्हे को सबसे पहले मंडप में पहुँचाया गया। वर की सुन्दरता और स्वास्थ्य ने सभी को मुग्ध कर दिया। लड़की के भाग्य की प्राशंसा होने लगी। कुछ रस्मों के बाद दुल्हा-दुल्हिन को मंडप से उठाकर लाया गया। उस समय वर से छेड़छाड़ होती है। वर भी बहुत हँसमुख था। वह अपनी पंजाबी भाषा में सभी को उत्तर दे रहा था। अचानक वर गिरकर बेहोश हो गया। सभी चकित थे कि आखिर बात क्या है। कोई ऐसी गर्मी भी नहीं है और वर भी इतना स्वस्थ है। उसी समय कई डॉक्टर आ गये क्योंकि बारातियों में डॉक्टरों की कमी नहीं थी। उनके लाख उपचार करने पर भी वर की बेहोशी नहीं टूटी।

कुछ लोगों ने ओझाओं को बुलाने को कहा। तुरन्त आदमी दौड़ पड़े। पर ओझाओं के आने से पहले ही वर शुद्ध अंग्रेजी में बोलने लगा। लड़की के चाचा आगे बढ़े। वह आजकल के पढ़े-लिखे लोगों में से थे। उन्हें भूत-प्रेत पर विश्वास नहीं था। वर को जब अंग्रेजी में बोलते हुए सुना तो चौकन्ने हो गये। क्योंकि वह वर से पहले बातें कर चुके थे और उन्हें यह ज्ञात था कि वह अंग्रेजी नहीं जानता था। उन्होंने वर से पूछा कि तुम कौन हो? अंगेजी में ही उत्तर मिला 'मैं मिस्टर जैक्सन हूँ।' उन्होंने पूछा, 'आप क्या चाहते हैं।' उत्तर मिला, 'पहले कुछ टोस्ट और चाय का प्रबन्ध करिये क्योंकि मैं भूखा हूँ।' उत्तर मिला, 'यह मेरी इच्छा पर है।' चाचा जी ने पूछा, आप किस स्थान पर रहते हैं? उत्तर मिला, 'एक पीपल का वृक्ष है मैं उसी पर रहता हूँ' आप सबके जाने से मुझे कष्ट मिला, पर सुगन्ध ने मुझे आकृष्ट किया। इसी कारण मैं चला आया।

एक वृद्ध ने कहा, 'टोस्ट और चाय देने पर यह और भी शक्तिशाली हो जायेगा। तब इसे भगाना कठिन हो जायेगा। उन्हीं वृद्ध ने कहा कि वर के बाल बाँधकर उन्हें काटकर दूर नदी के पार गाड़ देने से यह संकट दूर हो सकता है। तीन-चार व्यक्ति लड़के को पकड़ने आगे बढ़े किन्तु लोगों ने आश्चर्य से देखा कि उस वर में इतनी शक्ति आ गयी थी कि चारों व्यक्ति मुँह के बल गिर पड़े। लड़की के पिता घबरा रहे थे। कई बलिष्ठ व्यक्तियों के प्रयत्न से वर को वाश में किया गया। वह आदमी कहते थे कि जैसा बिजली के सम्पर्क से धक्का लगता है वैसा धक्का उन्हें लग रहा था।

बाल काट कर चार आदमी उसी समय गाड़ने गये। काम सरल नहीं था, किन्तु वधू के भविष्य के विचार से सभी इस कार्य के लिए तत्पर हो गये। लगभग दस मिनट के पश्चात् वर ने आँखें खोलीं और भीड़ देख चकित होकर अपनी पंजाबी भाषा में पूछने लगा, 'बात क्या है? तुम लोग इस प्रकार भीड़ क्यों लगाए हो? सबने उत्तर दिया कि 'तुम मूर्छित न हो गये थे।' वह उसी प्रकार चकित मुद्रा में बोला—'मूर्छित हो गया था। यह आप क्या कह रहे हैं? मुझे तो कुछ चक्कर-सा आया। तदनन्तर

मैं आप सबको इस प्रकार देख रहा हूँ। लड़का डर न जाये इस भय से किसी ने उसे पूरी घटना नहीं बताई। किसी प्रकार विवाह समाप्त हुआ और लड़की की विदाई का समय आया। एक अशुभ आशंका से सभी का हृदय घबरा रहा था क्योंकि मिस्टर जैक्सन ने जाते-जाते यह भी कहा था कि 'आप मुझे कितनी भी दूर ले जायें, मैं इसे छोड़ूँगा नहीं'। बारात विदा हो गयी और फिर कोई नयी घटना नहीं घटी।

ससुराल आने पर लड़की का चित्त प्रायः तीन-चार माह तक अशान्त रहा पर अपने हृदय की बात उसने पति पर कभी प्रकट नहीं की। छः मास तक जब वैसी कोई घटना नहीं घटी तो लड़की निश्चिन्त हो गयी कि अब कुछ नहीं होगा, क्योंकि यदि कुछ होना भी होता तो इन छः महीनों में हो जाता।

पति-पत्नी का गृहस्थ-जीवन पर्याप्त सुखमय था। पति, पत्नी की कोई बात नहीं टालता था। इस प्रकार साल भर होने को आया, विवाहोपरान्त पहली होली थी। यह त्योहार बड़ी धूमधाम से मनाया जाता है। पति, पत्नी के लिए भाँति-भाँति की वस्तुएँ लाया। रात को पति, पत्नी से बोला 'मैं बहुत दिनों से तुमसे कुछ कहना चाहता था, किन्तु तुम उसे मेरे मन की दुर्बलता समझ कर हँसोगी इसलिए कह नहीं पाया।' पत्नी, हँसकर बोली—'आखिर कहो भी तो क्या बात है?' पति ने उत्तर दिया, 'मुझे कभी-कभी ऐसा प्रतीत होता है कि कोई अदृश्य शक्ति मुझे कह रही हो कि तुझे छोड़ूँगा नहीं। पता नहीं यह मेरा कैसा भ्रम है? पति ने यह भी कहा कि इस जीवन की क्या आशा। मैंने अपना बीमा पहले ही करवा लिया है। मुझे कुछ हो गया तो तुम दुःखी मत होना, यह रुपये कदाचित् तुम्हारी कुछ सहायता कर सकें। पत्नी की आँखों के आगे विवाह का चित्र खिंच गया और मिस्टर जैक्सन के शब्द बार-बार उसके कानों में गूँजने लगे। 'मैं इसे छोड़ूँगा नहीं'। ऊपरी मन से पत्नी ने कहा, 'यह सब निरा भ्रम है। तुम तो कभी नशा नहीं करते। फिर ऐसी बहकी-बहकी बातें क्यों करने लगे। तुम्हें कुछ भी नहीं होगा। अपने हृदय से इस भ्रम को निकाल दो।' पर पति बार-बार कहने लगा, 'तुम मुझे कितना ही कहो, मैं यह नहीं मान सकता कि यह भ्रम है।' पत्नी रोते-रोते बोली, 'कल होली है और आज तुम इस प्रकार की अशुभ बातें कर रहे हो। उस समय तक पति स्वस्थ था। उसे एक दिन साधारण ज्वर भी नहीं आया था। कम से कम शरीर देखकर तो पत्नी, पति के प्रति कुछ भी चिन्तित नहीं थी।

दूसरे दिन प्रातः कुछ मित्र आकर लड़के को अपने साथ होली खेलने के लिए लिवा गये। दिन भर लड़के ने गाने बजाने और रंग खेलने में अपने मित्रों का साथ दिया। किसी मित्र के यहाँ भोजन का भी प्रबन्ध था, जहाँ अन्य मित्रों के साथ उसने भी भोजन किया। भोजन में विशेष पदार्थ भांग की बर्फी थी, जो उस दिन अधिकतर लोग खाते हैं। भोजनोपरान्त सबने अपने-अपने घर जाने का विचार किया। संध्या हो गयी थी। वह लड़का भी अपने घर पहुँचा। पत्नी उसकी बाट जोह रही थी।

घर आने पर वह बोला-'मेरा सिर कुछ दर्द कर रहा है, तनिक बाम लगा दो'। पत्नी बोली, दिन भर इधर-उधर घूमोगे तो और क्या होगा। अस्तु परिहास करते-करते वह बाम लगाने लगी। इसी समय वह लड़का मूर्छित हो गया। पत्नी घबरा गयी और जिठानी, जेठ सबको बुला लाई। सबने कहा, 'अरे आज भांग-वांग खाई है। उसी का नशा है। इतना घबराना अच्छा नहीं होता। पर पत्नी का जी नहीं माना। पड़ौस से नौकर को भेजकर डॉक्टर को बुलाया। डॉक्टर ने कहा, नाड़ी इत्यादि तो सब ठीक है। स्वयं घण्टे आधे घण्टे में ठीक हो जायेंगे।

कुछ समय पश्चात् पति ने आँखें खोलीं। संकेत से पत्नी को पास बुलाया और आँखों में आँसू भरकर संकेत में ही कहा 'मैं जा रहा हूँ।' उसकी बोलती बन्द हो गयी। पत्नी की रोते-रोते हिचकियाँ बन्ध गयीं। रात भर बड़े-बड़े डॉक्टरों के रहते भी वह 22 वर्ष का युवक चल बसा। सभी डॉक्टर एक दूसरे का मुँह देखते रहे क्योंकि रोग का पता कोई लगा नहीं सका।

लड़की ने जैसे ही यह देखा वह अपने घर के कुएँ में कूद पड़ी। घर वाले एक ओर मुर्दा पड़ा देख रहे थे। किसी ने आकर कहा कि छोटी बहू का पता नहीं है। अभी कुएँ में किसी के कूदने की आवाज आयी है। जेठ कुएँ की ओर दौड़े और देखा कि छोटी बहू कुएँ में है। पानी यद्यपि कुएँ में यथेष्ठ था पर वह लड़की डूबी नहीं थी। जेठ जिठानी के बहुत अनुनय विनय करने पर लड़की ने कहा कि यदि उसे मत पति के साथ सती होने दिया जाये तभी वह निकलेगी, अन्यथा वहीं अपने प्राण त्याग देगी। उस समय अंग्रेजों का राज था और सती होना अपराध समझा जाता था। पर उस लड़की को दोनों ने आश्वासन दिया। तब वह ऊपर आने को तैयार हुई।

चमड़े का ढोल पानी में डाला गया। लड़की आधी दूर आ पाई होगी कि रस्सी टूट गयी और वह फिर कुएँ में गिर पड़ी। दूसरी रस्सी फेंककर तब वह लड़की बाहर निकाली गयी। बाहर आने पर सबने देखा कि दो बार गिरने पर भी लड़की के शरीर में खरोंच तक नहीं लगी थी। लड़की को सती होने से तो रोक लिया गया।

अब आप ही कहिये यह सब क्या था। यदि आप इसे भूत या आत्मा नाम से नहीं कहेंगे तो क्या कहेंगे। आखिर इसका कुछ तो नाम अवश्य होगा।

(साभार, दैनिक 'आज' 2 अप्रैल, 1953)

लैप्लैंड का जिन्न

स्वीडिश लैप्लैंड के नॉरबोटेन नगर का एक निवासी था, गॉटफिंड। एक पहाड़ी की ढाल पर उसका छोटा-सा झोंपड़ा था। वह गाय, भेड़ पालता था और उसकी पत्नी अवकाश के समय जूते बनाया करती थी। उससे किसी ने पूछा, 'इस क्षेत्र के विषय में कोई दन्त-कथाएँ प्रचलित हैं? उसने कहा, 'नहीं, यहाँ तो केवल एक जिन्न दिखाई पड़ता है।'

प्रश्न—जिन्न कैसा होता है?

उत्तर—वह भिन्न-भिन्न रूपों में प्रकट होता है। कभी-कभी जंगल में भी दिखाई देता है। किन्तु मैंने स्वयं उसे कभी नहीं देखा।

प्रश्न—किन्तु क्या तुम ऐसे व्यक्ति को जानते हो जिसने उसे देखा हो?

इस पर गॉटफिंड कुछ गम्भीर हो गया। थोड़ी देर रुककर उसने यह कहानी सुनाई।

एक बार मेरे पिता जी कुछ बोरे अनाज लेकर मिल को जा रहे थे। गाड़ी में उनका एक मित्र जॉन भी था। अँधेरी रात थी और उन्हें जंगल में होकर जाना था।

एकाएक घोड़ा रुक गया। कितना ही चलाया, वह हिला नहीं। पिता जी ने उसे बहुत चाबुक मारे, किन्तु उसने अपने चारों पैर बरफ में गढ़ा दिये और जम कर खड़ा हो गया। एक बार वह चला भी, किन्तु ऐसा प्रतीत होता था मानो वह किसी विशेष स्थान को बचाकर उसके बगल से होकर जाना चाहता है। किन्तु जंगल में यह सम्भव नहीं था। अतः वह फिर खड़ा हो गया। तब पिता जी ने समझा कि उस स्थान पर कोई विलक्षण बात अवश्य है। अतः वह गाड़ी से उतरे, अपनी कुल्हाड़ी हाथ में ली, और घोड़े के सामने जाकर दो-चार बार हवा में घुमाई। इसने जादू का सा असर किया और घोड़ा चल पड़ा।

उनका साथी जॉन इतना भयभीत हो गया था कि उसके मुँह से एक शब्द भी नहीं निकला। जब वह मिल पहुँचे तब उसने जुबान खोली और बताया कि उस स्थान पर उसने जमीन पर एक शव देखा था। और ज्यों ही पिता जी ने अपनी कुल्हाड़ी घुमाई, शव अन्तर्ध्यान हो गया। हम सुनते आयें थे कि जिन्न केवल फौलाद से डरते हैं। इस घटना से इस बात की पुष्टि हो गयी। बाद में पता चला कि उसके एक दिन पहले कोई व्यक्ति उसी स्थान पर बरफ में दब कर मर गया था।

तुम जानते हो कि मैं इन बातों में विश्वास नहीं करता किन्तु सबसे विलक्षण

बात यह थी कि घोड़े ने भी भूमि पर कोई न कोई वस्तु अवश्य देखी थी। जॉन के विषय में तो हम कह सकते हैं कि उसे दृष्टि भ्रम हुआ था किन्तु जो व्यवहार घोड़े ने किया, उसकी उपेक्षा नहीं हो सकती। इतना निश्चित है कि उस स्थान में कोई विलक्षणता अवश्य थी, किन्तु क्या थी, यह कहना कठिन है। अब गॉटफिंड से एक मर्मभेद प्रश्न किया गया, 'किन्तु कोई ऐसी घटना तो बताओ जो स्वयं तुम्हारे ऊपर बीती हो।

इस प्रश्न ने अपना काम किया। गॉटफिंड ने कहना आरम्भ किया।

हाँ, एक बार उससे मेरा भी सामना हुआ था और मैं बुरी तरह डर गया था। एक बार मैं अपने पहाड़ी खेत पर गया था। पहुँचने में संध्या हो गयी और मेरे आदमियों ने कहा कि रात-भर मैं वहीं पर रुक जाऊँ।

मैं ऊपर की अटरिया में सोया हुआ था। कई घण्टे सो चुकने के बाद मेरी आँख खुली। देखता क्या हूँ कि एक व्यक्ति मेरे बिस्तर पर झुका हुआ है। उसने अपनी दोनों बाहें मेरी कमर के नीचे डाली हुई थी और मुझे इस प्रकार जकड़े हुए था कि मैं हिल भी नहीं सकता था। सबसे विलक्षण बात तो यह थी कि यद्यपि कमरे में प्रकाश हो रहा था, फिर भी वह मुझे दिखाई नहीं दे रहा था। मुझे इसका केवल आभास हो रहा था।

किन्तु वह मेरे बिस्तर पर उपस्थित था। इसमें कोई सशंय नहीं। मुझे उसकी साँस तक सुनाई दे रही थी। और वह पुरुष था, यह भी निश्चित है क्योंकि पुरुष और स्त्री की साँसों का भेद मैं जानता हूँ।

उस समय मैं सचमुच डर गया था। जरा सोचो, वह कैसी भयंकर स्थिति थी। मैं देख रहा था कि कोई व्यक्ति मुझे कष्ट पहुँचाने के विचार से जकड़े हुए है। किन्तु मैं कुछ भी करने में असमर्थ हूँ। मुझे कंपकंपी आ गयी और पसीना छूट गया। काफी समय तक यही स्थिति रही। प्रतिक्षण मुझे यह आकांशा हो रही थी कि वह अपना चाकू मेरे कलेजे के पार करने ही वाला है। किन्तु हुआ कुछ नहीं। उसने मुझे छोड़ दिया और बन्द दरवाजे से बाहर निकल गया।

उस समय मेरी फुर्ती देखने योग्य थी। मैं उछल कर दौड़ा किन्तु कमरा बिल्कुल खाली पड़ा था। उसके अन्दर कोई आया अवश्य था किन्तु फिर भी कोई नहीं आया था। इस घटना की व्याख्या मैं कैसे करूँ, समझ में नहीं आता। लोग कह सकते हैं कि मुझे दृष्टिभ्रम हुआ था। इतना निश्चित है कि मैं नशे में नहीं था, क्योंकि मैंने पिछली रात कोई नशीली चीज नहीं पी थी।

(साभार, World Digest' Sept, 1952)

कुमार प्रेत

एस.पी. नाग

बात सन् 1942 की है, जब कलकत्ते से बहुत से लोग भाग रहे थे। गौर मोहन मुखर्जी गली, कलकत्ता-6 में मेरा एक प्रेस था। उक्त स्थान स्वामी विवेकानन्द के जन्म-स्थान के बहुत समीप है। हाते के अन्दर तीन इमारतें थीं, किन्तु फाटक सामान्य था। एक छोटे से गलियारे के अंत में 10 कमरों वाला एक मकान था, जिसमें मैं रहता था। इमारत के दाहिने पक्ष के पहले ही कमरे में मेरा कार्यालय था। बगल के कमरे में एक मुद्रण यंत्र था। मैं परिवार सहित मकान के पहले खण्ड में रहता था। कार्यालय के सामने एक दरवाजा और था, जिसमें से केवल मेरे परिवार के सदस्य ही आया करते थे।

एक दिन सवेरे के कोई नौ बजे होंगे। मैं अपने कुछ मित्रों से बात कर रहा था कि मैंने देखा कि एक बहुत ही सुन्दर लड़का बहुत तेजी से उसी दरवाजे में से अन्दर घुसा। मुझे अच्छी तरह याद है कि उसके घुँघराले बाल थे, गोलमटोल मुँह और बहुत ही साफ रंग था। वह रहा होगा कोई 11-12 साल का और खाकी पतलून पहने हुए था। मैंने सोचा कि वह हमारे पड़ोसियों में से ही किसी के घर का होगा। अतः उस पर विशेष ध्यान नहीं दिया। किन्तु जब मैं दोपहर के भोजन के लिए घर गया तो सबसे पूछा कि वह लड़का कौन था। उन सब ने कहा कि ऐसा तो कोई लड़का आया ही नहीं था। मैंने बात वहीं ठप्प कर दी क्योंकि न तो मुझे भूत-प्रेत पर विश्वास ही था, न मुझे उस समय भूत-प्रेत का ध्यान ही आया।

कलकत्ते पर बमबारी होने लगी और मुझे भी अपने परिवार को कलकत्ते से हटाना पड़ा और तब मैं मकान में अकेला रह गया। एक रात जब मैं सो रहा था, मुझे अपने टाँगों में ठण्डा-ठण्डा-सा स्पर्श लगा। मैं उठकर बैठ गया तो एक छोटे से लड़के का धुँधला-सा चित्र दिखाई पड़ा। लड़के के बाल घुंघराले थे, और वह शीघ्र ही अन्तर्ध्यान हो गया। मुझे तुरन्त कई महीने पहले की घटना याद आ गयी। मुझे स्पष्ट दिखाई दिया कि उस लड़के और इस लड़के में बहुत कुछ समानता है। मैंने कई बार परमहंस रामकृष्ण का नाम लिया और अपने आपको सम्भाला। शेष रात मैंने जागते ही काट दी।

बड़े अचरज की बात यह थी कि इसी ढंग का अनुभव अगली रात और कई

और रातों को हुआ। प्रति बार मुझे ऐसा प्रतीत होता था कि दोनों हाथों से मेरी टांगों को कोई हल्के-हल्के सहला रहा है। मैं बड़ी सोच में पड़ जाता था कि आखिर इसका मतलब क्या है। वह आकर मेरे पैरों की मालिश क्यों करता है? मेरी समझ में कुछ भी न आया।

एक ब्राह्मण ज्योतिषी थे जिनका हमारे परिवार में बड़ा मान था। एक दिन वह हमारे घर ठहरे हुए थे। हम दोनों एक ही बिस्तर पर सो रहे थे। मध्यरात्रि के समय कोई ध्वनि मेरे कानों में पड़ी और मैं जाग उठा। देखा कि ब्राह्मण महोदय बुरी तरह चिल्ला रहे हैं। मैंने उन्हें बुरी तरह झकझोर डाला, तब कहीं वह उठे। मैंने बत्ती जलाकर उनसे पूछा कि बात क्या है? उन्होंने कहा कि कोई उनकी गरदन दबा रहा था। मैंने कहा कि उन्होंने कोई स्वप्न देखा होगा। किन्तु ज्योतिषी महोदय का भय दूर न हुआ। वह आँखें फाड़-फाड़ कर बैठे देखते रहे और दुबारा सोने को तैयार न हुए। तब मैंने उनसे कहा कि वह कुछ बतायें कि किस ढंग का व्यक्ति था जो उनकी गरदन दबा रहा था। उन्होंने बहुत ही स्पष्ट रूप से वर्णन किया कि कोई 11-12 वर्ष का बहुत ही सुन्दर लड़का था, जिसके बाल घुँघराले थे। तब मैं सब समझ गया। किन्तु उनको शान्त करने के लिए मैंने कहा—'किन्तु वह भूत तुम्हारी गरदन क्यों दबा रहा था? वह तो प्रतिदिन आकर मेरी टांगों की मालिश करता है। उसने तो आज तक कभी अनिष्ट नहीं किया है। मैं बहुत देर तक उन्हें समझाता-बुझाता रहा किन्तु उन्हें फिर नींद न आनी थी, न आयी। और मैं पाँव पसार कर सोता रहा।

कई महीने बीत गये। मेरी आर्थिक दशा बिगड़ गयी और मैंने अपना व्यापार समेट लिया। एक वर्ष के पश्चात् मेरे एक मित्र ने मुझे हावड़ा की निधि राम माझी गली में एक मकान किराए पर दिला दिया। वह एक दुमंजिला मकान था, जिसका हाता बहुत बड़ा था किन्तु किराया कोई विशेष नहीं था। वहाँ मैंने अपना प्रेस फिर चालू किया और मेरा मित्र मेरा सहायक हो गया। पहले खण्ड पर उसने एक कमरा ले लिया और मैंने दो। एक महीने के अन्दर परिवार के सब सदस्य बीमार पड़ गये। मैंने अपने माता-पिता को मिदनापुर से बुला लिया। आसपास के लोगों ने बताया कि वह मकान भूतहा था, किन्तु मुझे तो घोर रात में भी कोई भूत दिखाई न दिया। मैंने सोचा कि कुमार प्रेत वाला उपाख्यान कलकत्ते में ही समाप्त होगा।

एक दिन मेरे पिता जी ने आदेश दिया कि मैं मकान तुरन्त खाली कर दूँ। मैंने पूछा कि बात क्या है। उन्होंने बताया कि पिछली रात वह लगभग दो बजे शौचालय गये थे। वह वहीं पर बैठे थे कि किसी ने पीछे से उनका कपड़ा पकड़ कर खींचा। उन्हें क्रोध आया। मुड़कर देखा तो एक छोटा-सा लड़का, जिसके घुँघराले बाल थे, उनकी ओर देखकर मुस्करा रहा था।

मेरे पिता जी, श्री एम.एन.नाग 'मेदिनीपुर हितैषी' के सम्पादक थे। वह 'मोहिनी

विद्या' के अधिकारी माने जाते थे और भूत-प्रेत विद्या में भी उन की जानकारी थी। अतः उन्होंने अपने ही ढंग से उक्त आत्मा से कहा कि माया मोह का बन्धन तोड़ दे और किसी को भी तंग न करे। तुरन्त वह आत्मा अन्तर्ध्यान हो गयी।

उसी रात मेरे मित्र को भी विचित्र अनुभव हुआ। पौ फटने वाली थी, वह जाग उठे थे और नीचे जा रहे थे कि एक छोटा-सा बालक उनके पास से गुजरा। उसने भी लड़के का वही विवरण दिया—सुन्दर मुखड़ा, घुँघराले बाल, 11-12 वर्ष की अवस्था। मुझे निश्चय हो गया कि यह वही कलकत्ते वाला लड़का है। मैंने सोचा कि मुझे फिर अपना कारोबार बन्द करना पड़ेगा और एक महीने के अन्दर ही ऐसा हुआ भी। अब मैं 1944 से फिर कलकत्ते में रहता हूँ, किन्तु उस ढंग की अनुभूति फिर कभी नहीं हुई, जिस स्थान पर मैंने सबसे पहले उस लड़के को देखा था, वहाँ एक तख्ती थी जिस पर मकान के सबसे पहले मालिक का नाम लिखा हुआ था। मैंने आसपास के लोगों से उनके विषय में पूछा तो पता चला कि वह सारी इमारतें किसी समय एक ब्राह्मण बैरिस्टर की सम्पत्ति थी। उक्त परिवार के सभी सदस्य एक के बाद एक, हैजे से मर गये। परिवार में 11-12 वर्ष का एक लड़का बहुत ही सुन्दर था, वह भी मर गया।

मैं कह नहीं सकता कि जिस कुमार प्रेत को मैंने कई बार देखा, उक्त बैरिस्टर का वही लड़का था या नहीं। किन्तु एक बात अभी तक समझ में नहीं आयी। दो बार उनके आगमन के समय मेरे जीवन में भारी उथल-पुथल हुई, फिर भी उसने मेरे प्रति इतने सौजन्य का व्यवहार क्यों किया?

(साभार, 'नार्दन इंडिया' पत्रिका)

माँ ने बेटी को बचाया

एक दम्पति थे, जिनकी एक छोटी लड़की थी। एक दिन पति-पत्नी में कहा-सुनी हो गयी। पत्नी रूठ कर लड़की को साथ लेकर चिड़ियाघर चली गयी। वहाँ उन दोनों ने कुछ समय बिताया। लौटकर वह दोनों कार पर आ रही थीं कि कार एक पहाड़ी के नीचे पहुँची। कार के वहाँ पहुँचते ही एक चट्टान गिरी, जिसने कार को चकनाचूर कर दिया।

इधर पति घर में बैठा हुआ था कि अचानक उसे अपनी पत्नी दिखाई पड़ी। पत्नी बोली–

'मैं लड़की सहित मोटर में आ रही थी कि कार की दुर्घटना हो गयी। एक चट्टान कार पर गिर पड़ी। मैं मर चुकी हूँ, किन्तु लड़की में अभी जान बाकी है। यदि तुरन्त उक्त पहाड़ी पर पहुँच जाओ तो उसकी जान बच सकती है।'

पति ने यह सुनते ही पुलिस को फोन किया और घटना का वृत्तान्त दिया। साथ ही वह तुरन्त कार पर बैठा और घटनास्थल की ओर चल दिया। वहाँ जाकर उसने देखा कि पुलिस बहुत पहले से पहुँची हुई है और मलबा हटाने में लगी हुई है। उसके नीचे से उसकी पत्नी का शव और लड़की का शरीर निकाला गया। लड़की में जान बाकी थी। तुरन्त उसे अस्पताल पहुँचाया गया। उसकी जान बच गयी।

इसके बाद पति डॉक्टर के पास पहुँचा। उसे सारी कहानी सुनाकर बोला–

'मेरी समझ में नहीं आता कि जब मेरी पत्नी मर चुकी थी, तब उसने किस प्रकार मुझे बताया कि दुर्घटना हो गयी है।'

डॉक्टर बोला–

'यह तुम्हारा भ्रम है। तुमने देखा कुछ नहीं था। तुम कहा-सुनी से उद्विग्न हो चुके थे। तुमने स्व्यं ही यह कल्पना कर ली कि दुर्घटना हो गयी है। तुम अनुमान से उस पहाड़ी की ओर चल दिये। लो यह दवा पी लो, कुछ दिन में ठीक हो जाओगे।

पति दवा लेकर आ गया और पीने लगा।

कुछ दिन बाद पति एक पुलिस इंस्पेक्टर से बात कर रहा था। डॉक्टर भी समीप ही खड़ा था। उसने इंस्पेक्टर से पूछा–

'इंस्पेक्टर तुम्हें मैंने कार्यालय में फोन किया था। किन्तु फोन करते ही मैं घटनास्थल की ओर चल पड़ा। वहाँ जाकर मालूम हुआ कि तुम बहुत पहले से वहाँ पहुँच कर मलबा हटवा रहे थे। आखिर, तुम्हें कैसे मालूम हुआ कि वहाँ दुर्घटना हो गयी है?

इंस्पेक्टर ने कहा, 'मुझे तुम्हारा कोई टेलीफोन नहीं मिला था। उस समय वहाँ कोई दूसरा अधिकारी रहा होगा जिससे तुमने फोन पर बात की होगी। मेरे पास तो एक सफेदपोश औरत घबराई हुई आयी थी और उसने कहा था कि उसकी लड़की पहाड़ी के नीचे दबी पड़ी है। उसकी बात सुनते ही मैं कुछ आदमियों को लेकर पहाड़ी की ओर चल दिया।'

इंस्पेक्टर ने उस औरत का जो विवरण दिया वह बिल्कुल उसकी पत्नी का ही था।

बगल में डॉक्टर खड़ा था। उसने सारी बात सुनकर पति से कहा, 'अब मुझे निश्चय हो गया कि वह तुम्हारी पत्नी की आत्मा ही थी, जिसने दोनों स्थानों पर पहुँच कर घटना की सूचना दी थी।'

पति ने दवा की शीशी निकाल कर डॉक्टर के आगे बढ़ा दी और कहा— 'अब मुझे इसकी आवश्यकता नहीं है।'

(साभार, One step beyond)

अन्धविश्वास या कुछ और?

शिवप्रसाद 'कमल'

25 वर्षीया श्रीमती चौधरी मुंगेर जनपद की रहने वाली हैं और सम्पन्न डॉक्टर की पत्नी हैं। पति द्वारा बार-बार उपेक्षित और प्रताड़ित होने के कारण, तीन-चार वर्षों से अपने पति से अलग रहती हैं। साथ में उनका छः वर्षीय पुत्र भी है।

श्रीमती चौधरी इकहरे बदन, लम्बे चेहरे और गौर वर्ण की आकर्षक महिला हैं। सदैव हँसती रहती हैं किन्तु स्वभाव की बहुत जिद्दी हैं। भोगे हुए जीवन को न सँभाल पाने के कारण मायका छोड़कर मिर्जापुर जिले में आ गयीं। वह राजकीय सेवा में रत हैं। गत तीन-चार वर्षों में अनेक तूफान उनके जीवन को उद्वेलित करते रहे और सुख-दुख की आँख-मिचौली चलती रही। भोगे हुए क्षण आज भी, जब तक रुला जाते हैं और बीता हुआ जीवन आवाज देता है किन्तु प्रतिध्वनि के अतिरिक्त कुछ हाथ नहीं लगता। व्यवहार कुशल और आधुनिक होने पर भी इस रोग ने चिड़चिड़ा बना दिया है। इस रोग के आरम्भ होने से पहले इनके एक देवर इनके साथ रहते हैं। लड़का कई मास से अपनी ननिहाल में है।

रोग का आरम्भ

घटना का आरम्भ 15 दिसम्बर, 1969 से होता है। हल्का-सा अंधियारा हो चला था। श्रीमती चौधरी बस द्वारा मिर्जापुर से लौटीं और घर आने के लिए एक इक्के पर बैठ गयीं। इक्के पर दो तीन महिलाएँ और भी थीं। इक्का कठिनाई से चौथाई किलोमीटर आगे बढ़ा था कि एक निर्जन स्थान पर श्रीमती चौधरी को ऐसा प्रतीत हुआ कि कोई उनका नाम लेकर पुकार रहा है। आवाज तीन बार आयी। उन्होंने अपनी दृष्टि दौड़ाई और कोई दिखाई नहीं दिया। इक्के पर बैठी अन्य महिलाओं को वह आवाज सुनाई नहीं दी थी। श्रीमती चौधरी ने लौट कर मुझे बताया। मैंने उन्हें आश्वस्त करते हुए कहा कि यह भ्रम-मात्र है। चिन्ता की कोई बात नहीं है।

दूसरे दिन श्रीमती चौधरी ने कहा, 'आज घर में फिर वही आवाज आयी, तो मैं मुख्यद्वार पर चली गयी, पर कोई मिला नहीं।' मैंने उन्हें समझाया कि जब आवाज आया करे तो वह अपने स्थान से उठा न करें। किन्तु होता यह रहा कि वह सदैव आवाज की दिशा में चली जातीं। आवाज आने का समय सायंकाल 5 से 6 बजे के

बीच का था और वह क्रम 25 दिन तक चलता रहा। मैंने इसी बीच दुर्गा सप्तशती के पाठ की व्यवस्था करा दी, किन्तु जब पंडित जी श्रीमती चौधरी को अपने समक्ष बैठाकर पाठ करते तो उनकी हार्दिक इच्छा होती कि वह पंडित जी को मारने लगे। इस अशान्ति के कारण उन्होंने पाठ अधूरा छोड़ दिया।

15 दिसम्बर वाली घटना से ही श्रीमती चौधरी डर-सी गयी थीं और मानसिक रूप से अशान्त रहने लगी थीं। इस घटना के दो-तीन दिन बाद से उनकी यह मनोवृत्ति हो गयी कि कहीं बिष्ठा देखतीं तो उसे उठा लेने की इच्छा होती। किसी प्रकार न ही वह अपने को नियंत्रित कर पातीं। आगे चलकर उन्हें कमरे में डरावनी सूरतें दिखाई पड़ने लगीं और लगता जैसे कोई हँस रहा है। रास्ते में और कमरे में श्रीमती चौधरी को एक दाढ़ी वाला लम्बा भयानक आदमी लाल-लाल आँखों से घूरता दिखाई पड़ता। कभी-कभी रास्ते में अथवा कमरे में ऐसा लगता जैसे कि ताजे गुलाबों की सुगन्ध फैल गयी हो। उनके कथनासुार वह जिन्न अत्यन्त शुभ्र वस्त्रों में होता और उसके बाल बिखरे हुए होते। वह जब भी उसे देखती बहुत डर जातीं और उनका शरीर पीला पड़ जाता। उन्हें यह भी अनुभव होता कि कोई उनकी देह पर या बगल में आकर लेट गया है।

मैं श्रीमती चौधरी को मनोवैज्ञानिक ढंग से प्रभावित करने की पर्याप्त चेष्टा कर रहा था किन्तु उनके अन्तस्तल में बैठ गये रोग और भय को निकाल नहीं सका। इन घटनाओं के कारण उनका स्वास्थ्य निरन्तर गिरता जा रहा था। आवाज का आना तो रुक गया किन्तु जिन्न का दिखाई पड़ना नहीं रुका।

घटनाओं की गम्भीरता

घटना 19 जनवरी की है। सर्दी काफी पड़ रही थी, बाहर घना कोहरा छाया हुआ था। सवेरे के 6 बज चुके थे और श्रीमती चौधरी सो रही थीं। उनके देवर दैनिक कार्य से निवृत्त होकर, कमरे को बाहर से ताला लगाकर दूध लेने चले गये। जब वह दूध लेकर लौटे और ताला खोलकर कमरे में घुसे तो देखा कि श्रीमती चौधरी बिस्तर पर नहीं थीं। दूसरा दरवाजा देखा, वह पहले की भाँति अन्दर से बन्द था। वह बहुत घबराये और आँगन से निकल कर आवाज देने लगे। कुछ क्षणों बाद श्रीमती चौधरी स्नानागार से निकलीं, तो आश्चर्य से देवर ने पूछा, 'आप वहाँ कैसे चली गयीं?'

श्रीमती चौधरी ने कोठे पर जाने वाली सीढ़ी की ओर संकेत करते हुए बताया 'आप ही तो मुझे सीढ़ी के पास छोड़ गये थे।'

जब उनके देवर ने गम्भीरतापूर्वक कहा कि वह बाहर से ताला बन्द करके गये थे तो श्रीमती चौधरी भयभीत हो गयीं। जब मुझे यह घटना सुनाई गयी तो मैं भी चकित रह गया। मैंने उन लोगों को आश्वस्त किया और कहा मैं स्वयं इस मामले की जाँच करूँगा।

दूसरे दिन 20 जनवरी को सवेरे मुझे उनके यहाँ जाना था किन्तु रात से ही वर्षा हो रही थी। अतः मैं आलस्य के कारण न गया। उधर उनके देवर ने श्रीमती चौधरी को भीतर सोता छोड़ा और बाहर ताला डाल दिया। 7 बजे के लगभग उन्होंने उसी मकान के एक किरायेदार सरदार जी को साथ लिया और दूध लेने चल दिये। दूध लेकर जब दोनों लौट रहे थे तो मार्ग में ही श्रीमती चौधरी मिल गयीं। वह घबराहट के कारण नंगे पाँव, भीगती हुईं, जल्दी-जल्दी आ रही थीं। सरदार जी ने उन्हें देखा तो बहुत डर गये क्योंकि ताला उनके सामने ही बन्द किया गया था।

कमरे में लौटने पर देवर ने पूछा-'आज आप फिर कैसे बाहर आ गयीं?

श्रीमती चौधरी बोली-मैं छत पर भीग रही थी। मुझे जब इसका ज्ञान हुआ तो मैं घबराकर नीचे आ गयी। कमरे में ताला बन्द देखा तो मैं समझ गयी कि आप दूध लेने गये हैं। मैं भी भागी-भागी पहुँची। किन्तु मुझे बिल्कुल याद नहीं कि मैं कब और कैसे छत पर पहुँची थी?

दूसरे दरवाजे का निरीक्षण हुआ। वह पहले की तरह अन्दर से बन्द था। मैं पूजा करके उठा तो वे लोग आ गये। सारी घटना मुझे सुनाई। मैं स्वयं हैरान था कि यह सब क्या हो रहा है। मैंने निश्चय किया कि आज दिन भर उन लोगों के साथ रहकर हर गतिविधि पर कड़ी दृष्टि रखूँगा। प्रायः सारे दिन साथ रहा, न तो कोई घटना घटी और न श्रीमती चौधरी में ही असामान्यता दिखाई दी। रात के 8 बजे जब उनके यहाँ से चलने को हुआ तो वे लोग मुझे दरवाजे तक छोड़ने आयें। जैसे ही हम तीनों दरवाजे से निकले, श्रीमती चौधरी जोर से चीखीं और अचेत-सी होन लगीं।

मैंने उनकी लड़खड़ाती देह को सम्भाल लिया और कमरे में ले जाकर बिस्तर पर गिरा दिया। पानी के छींटे मार कर होश में लाने का प्रयत्न करने लगा। कुछ देर बाद जब उनकी आँख खुली तो मैंने सहारा देकर उन्हें बिठा दिया। वे विचित्र ढंग से हम दोनों को देख रही थी और पहचानने में असमर्थ थीं। मैंने बार-बार उनका नाम पूछा किन्तु वे चुप रहीं। मैंने ओझाओं की तरह उनके कोश खींचे तथा एक थप्पड़ मारा। उन्हें कोई अनुभूति नहीं हुई, उल्टे भयानक ढंग से हँसने लगीं और उन्होंने अपने देवर को एक करारा चपत लगा दिया।

जब श्रीमती चौधरी इधर-उधर भागने का प्रयास करने लगीं, तब उनके देवर ने कहा–'इन्हें लहसुन मसल कर सुँघाया जाये।'

मैंने पूछा–इससे क्या होगा?

उन्होंने बताया कि हम लोगों ने अमेरिकी लेखक की भयानक पुस्तक 'ड्राकुला' में शैतानी बाधा से मुक्ति पाने के लिए लहसुन और हींग सुंघाने तथा बाँह में बाँधने का विधान पढ़ा है।

मैंने अपनी स्वीकृति दे दी। जब लहसुन सुंघाया जाने लगा तो वे अपना मुँह

हथेलियों से ढकने लगीं। जब लहसुन काफी देर तक सुंघाया जा चुका तो सचमुच उनकी सामान्य चेतना लौट आयी। मैं दंग रह गया। चीखने का कारण पूछने पर श्रीमती चौधरी ने कहा, 'जैसे ही मैं आप लोगों के साथ दरवाजे से निकली, उस जिन्न ने मेरे गाल पर जोर से थप्पड़ मारा। भय और पीड़ा से मैं चीख पड़ी। इसके बाद क्या हुआ मैं नहीं जानती।'

सुरक्षा की दृष्टि से उनके देवर ने लहसुन और हींग कपड़े के एक टुकड़े में बाँधकर उनकी बाँह में बाँध दी। मैंने रात में उन लोगों को वहाँ छोड़ कर जाना उचित नहीं समझा और अपने घर पर लिवा लाया। तब से अब तक वे दोनों मेरे ही घर सोते हैं किन्तु कमरे से गायब होने की घटना फिर नहीं घटी। हाँ, उन्हें अकेला नहीं रहने दिया जाता, कोई न कोई सदैव उनके साथ रहता है। मेरे घर भी उन्हें वह जिन्न कभी-कभी दिखाई पड़ता है। जिस कमरे में वे दोनों सोते हैं, उसके बन्द दरवाजे और खिड़की की चिटखनी एक दिन अवश्य खुल गयी थी, इसके अतिरिक्त कोई घटना नहीं घटी।

उपचार

21 जनवरी को विचार-विमर्श के द्वारा तय हुआ कि मिर्जापुर चलकर शाह नूर मुहम्मद साहब को दिखाया जाये, जो इस प्रकार की बाधा शान्त कर देते हैं। यद्यपि भूत-प्रेत में मेरा तनिक भी विश्वास नहीं है, और न तान्त्रिक उपचार में ही मुझे कोई रुचि है, फिर भी मैं मिर्जापुर गया और मैंने पूरा विवरण शाह जी को दिया। उन्होंने कुछ मन्त्र कागजों पर लिखकर दिये और उन्हें गले तथा बाँह पर बाँधने को कहा। इसके अतिरिक्त एक अन्य कागज पर कुछ लिख कर दिया और उसे रूई में लपेट कर बत्ती बनाकर सरसों के तेल में दीपक जलाने को कहा। इसी दीपक के सामने रात में तीन घण्टे हाथ जोड़कर बैठने की विधि भी बताई।

22 जनवरी को पूजा आरम्भ हुई। दीपक जला दिया और फूल-माला रख कर आग में दसांग छिड़का गया। पूजा पर बैठने के कुछ देर बाद श्रीमती चौधरी की सामान्य चेतना लुप्त हो गयी और वह उपद्रव करने लगीं। वह जो कुछ उस समय कहती, अपने को पुरुष समझ कर कहती। श्रीमती चौधरी ने लाल माला की जगह सफेद माला चाही, इत्र और दसांग के स्थान पर लोबान सुलगाने को कहा। मैंने दोनों वस्तुएँ तुरन्त मंगा दी। वह बड़ी प्रसन्न हुईं। माला पहन ली, इत्र अपने कपड़ों पर लगा लिया और सारा का सारा लोबान एक ही बार में आग के हवाले कर दिया। थोड़ी देर बाद वह शाह जी को अपशब्द कहने लगीं और बोली कि वह उनसे निपट लेगी। बार-बार दीप जलाने पर उन्हें घोर आपत्ति थी। वह हम लोगों से कहती-तुम लोग हमारे रास्ते से हट जाओ। मैं इसे ले जाऊँगा। नहीं मानोगे तो जला दूँगा। गंगा में फेंक दूँगा। मैं भगवान को नहीं मानता।'

इसी तरह वे बकती-झकती रहती। वह कई बार हम दोनों पर आग फेंक देती। पूजा के समय वह बराबर आग से खेलती रहीं, मगर आश्चर्य है कि उनका हाथ नहीं जला। जब अधिक उपद्रव करतीं तो हम उन्हें लहसुन सुंघाकर होश में ले आते, और दीपक के सामने हाथ जोड़कर 'हरि ओम्', 'हरि ओम्' कहलवाते। ऐसा वह कर तो देती किन्तु दो-तीन मिनट बाद फिर 'हरि ओम्' कहना बन्द कर देतीं और हाथ न जोड़ती। जब चेतना में आती तो लोबान की गन्ध हटा देने को कहतीं। किन्तु पुनः अर्द्धचेतना में होने पर उस गन्ध की माँग करतीं तथा आग उठा कर सूँघने लगतीं। किसी तरह तीन घंटे बीते तो उन्हें लहसुन सुंघा कर चैतन्य किया गया। उन्हें बहुत कमजोरी हो रही थी।

शाह साहब के कथनानुसार पूजा के बाद मुक्ति मिल जानी चाहिए थी किन्तु कोई लाभ नहीं हुआ। अब जिन्न लाल-लाल आँखें किये हुए, यहाँ-वहाँ सर्वत्र दिन हो या रात, दिखाई पड़ता है। वह कभी कन्धे पर हाथ रख देता है कभी हाथ पकड़ कर खींचता है। इस सन्दर्भ में एक उल्लेखनीय बात यह है कि हम दोनों ने जिन्न को कभी नहीं देखा, हाँ उनके देवर को कभी-कभी गुलाब की सुगन्ध अवश्य आती है।

एक दिन मैं श्रीमती चौधरी के देवर को लेकर मिर्जापुर गया था। दिन का समय था। उनके देवर अपने दूसरे किराये के मकान में उपस्थित थे। तब बन्द दरवाजा अपने आप खुल गया था और गुलाबों की खुशबू फैल गयी थी। अभी 13 फरवरी की बात है। रात के 10 बजे जब मैं अपने कमरे का दरवाजा बन्द करके सोने जा रहा था, तब मुझे भी सुगन्ध की अनुभूति हुई। मेरे साथ ऐसी घटना पहली बार घटी थी।

जब कभी श्रीमती चौधरी की बाँह से लहसुन हटा दिया जाता है, वह उपद्रव करने लगती है।

(साभार, 'आज', 26 जुलाई 1971)

सोने की चूड़ी

एस.एस.

मैं रेल में यात्रा कर रहा था। एक सज्जन उसी खाने में कोने के आसन पर बैठे हुए थे। उन्होंने अपना समाचात्र-पत्र नीचे करके मुझसे पूछा–

'कभी भूतों के विषय में कुछ सुना है?'

मैं प्रश्न सुन कर कुछ अचकचा गया क्योंकि उस समय मध्यरात्रि थी। ऐसे कुसमय में ऐसा प्रश्न! उस खाने में हम दोनों के अतिरिक्त और कोई नहीं था। बाहर अँधेरा-घुप्प था और रेलगाड़ी एक सुरंग में से जा रही थी। और तो और मेरा सहयात्री स्वयं एक भूत-सा दिखाई दे रहा था। वह लगभग चालीस वर्ष का रहा होगा। उसका सिर गंजा था, जिस पर बाल का नाम भी नहीं था। तिस पर, उसकी चाँद के बीचोबीच एक गमूटा था मानो कोई दूसरा सिर उग आया हो।

मैंने कहा, 'नहीं, मैंने भूतों के विषय में कभी कुछ नहीं सुना, मैं तो विज्ञान का विद्यार्थी हूँ।'

उसने कहा, 'यदि विज्ञान ने भूतों के विषय में कुछ जानने का प्रयत्न ही नहीं किया तो वह उसी का दोष कहा जायेगा, न कि भूतों का।'

उसका उत्तर इतना मौलिक और जानदार था कि मुझे उक्त विषय में रुचि आने लगी और मैं उठ कर बैठ गया।

मैंने कहा, 'तो मालूम होता है, आपको इस विषय की जानकारी है।'

उसने अपनी चाँद पर हाथ फेरा और कहा, 'क्यों न होगी? बात ठीक दस वर्ष पहले की है। मुझे इस प्रकार याद है मानो कल की ही घटना हो। मैं सैन टोम के बंगले में रहता था, जो समुद्र के ठीक सामने था।

'मेरा सबसे घनिष्ठ मित्र पड़ौसी कृष्णकान्त था। बड़ा सुन्दर युवक था। बड़ा धनी और शिष्ट था, मेरे पास के ही बंगले में रहता था। उसका प्रेम बिमला बाई से था जो एक बहुत ही सुन्दर दुबली-पतली लड़की थी।

'बिमला भी कृष्णकान्त पर मुग्ध थी और उसने अपने माता-पिता से कह दिया था कि वह विवाह करेगी तो उसी से। कृष्णकान्त का व्यापार बहुत फैला हुआ था। उसके लिए मद्रास छोड़कर जाना दुस्तर था। उसने लड़की के माता-पिता को लिखा कि वे स्वयं मद्रास आ जायें और विवाह कर जायें। उन लोगों ने सहर्ष इस प्रस्ताव

को स्वीकार कर लिया।

'विवाह रविवार को होना था। केवल तीन दिन रह गये थे कि कृष्णकान्त को अपनी लंका वाली शाखा से एक अप्रिय समाचार मिला। उक्त शाखा के प्रबन्धक ने पैसे का गोलमाल किया था और शाखा की स्थिति डावांडोल हो गयी थी। कृष्णकान्त ने अपने भावी ससुर से परामर्श किया और उन्हें बताया कि उसका तुरन्त लंका जाकर अपने व्यापार को ठीकठाक करना अत्यावश्यक है। दोनों की सहमति से विवाह एक सप्ताह के लिए टाल दिया गया।

'किन्तु कृष्णकान्त अपने वचन के अनुसार अगले शुक्रवार को नहीं लौटा। न उसका कोई समाचार ही मिला। दकन के पश्चिमी तट पर उन दिनों एक भयानक तूफान आया हुआ था। ऐसे मौसम में कोई जहाज यात्रा कर सकेगा, यह बड़ी संदिग्ध बात थी।

'किन्तु रविवार को तूफान कुछ शान्त हो गया था। विवाहोत्सव में सम्मिलित होने के लिए और सब लोग उपस्थित हो गये किन्तु वर का पता नहीं था। वधू की आँखों से आँसू नहीं थमते थे, वह विक्षिप्त-सी होती जा रही थी।

सवेरे के कोई दस बजे होंगे। कृष्णकान्त के मद्रास वाले कार्यालय का एक क्लर्क दौड़ा हुआ आया और बड़े उद्वेग से बोला कि लंकावाली शाखा से एक समाचार आया है।

विमला के पिता ने बड़ी बेसब्री से पूछा, 'कृष्णकान्त का क्या समाचार है?

क्लर्क ने उत्तर दिया, 'उसने आत्महत्या कर ली।'

हरेक के मुँह से निकला, 'हे भगवान यह क्या हुआ!'

सारे अतिथि स्तम्भित रह गये। दुख से लड़की के पिता का बुरा हाल हो गया। और जानते हो विमला का क्या हुआ? वह सुनते ही धड़ाम से गिरी और उसके प्राण-पखेरू उड़ गये।

फिर जो हुआ उसका वर्णन करना कठिन है। उस क्लर्क को तो मानो काठ मार गया, जब उसने समझ लिया कि उसी की मूर्खता से विमला की जान चली गयी।

मैंने अपने सहयात्री से पूछा, 'किन्तु यह सब हुआ कैसे?'

उसने बताया कि लंकावाली शाखा के प्रबन्धक का नाम भी कृष्णकान्त ही था और उसी ने आत्महत्या की थी, न कि बिमला के भावी वर ने। कैसी विडम्बना है कि कभी-कभी नामों की समानता से इतने बड़े कांड हो जाते हैं।

अपराह्न में बिमला की अंत्येष्टि क्रिया हो गयी और संध्या के 6 बजे तक सारी मंडली मद्रास से प्रस्थान कर गयी। बंगले में कोई चिड़िया भी नहीं थी जब कृष्णकान्त एक टैक्सी से उतरा।

उक्त दुःखद समाचार मैंने उसे दिया। उसने बड़ी शान्ति से सुना, अन्दर गया और दरवाजे की सिटकनी चढ़ा दी। उस दिन से तो उसकी काया-पलट हो गयी। दिन

में तो वह अपना व्यापारिक कार्य करता था। संध्या समय बंगले में लौट आता था, फिर सवेरे तक बाहर नहीं निकलता था, किसी को अन्दर आने नहीं देता था।

किन्तु वह मेरे ऊपर विशेष रूप से दयालु था। एक रात जब मैंने उसका द्वार खटखटाया, वह बाहर आकर मुझे अन्दर ले गया और घण्टे-भर मुझसे बातें करता रहा। मैं चाहता था कि वह मेरे एक युवा भतीजे को नौकरी दे दे। मैं उससे बातें कर रहा था। किन्तु मेरी आँखें इधर-उधर दौड़ रही थीं।

जिस हाल में हम लोग बैठे थे, एक छोटे कमरे में खुलता था जो कई प्रकार के सामान से सज्जित था। एक पलंग पड़ा था, जो एक व्यक्ति के लिए बहुत बड़ा था। उसके समीप एक छोटी मेज थी जिसके दोनों ओर एक-एक कुर्सी रखी हुई थी। और उस मेज पर बहुत स्वादिष्ट भोजन के साथ-साथ दो प्याले दूध और एक फलों की टोकरी रखी हुई थी।

मुझे बड़ा अचरज हुआ और मैं उसके विषय में पूछने ही वाला था कि घड़ी ने दस बजाये। कृष्णकान्त चौंक पड़ा और उसकी आँखें चमकने लगीं। वह बोला, 'अब मेरी पत्नी के आने का समय हो गया एकाएक उसे याद आया कि मैं कमरे में बैठा हूँ। उसने जीभ को दाँत से काटा और मुझ पर चिल्लाया, 'अब तुम बाहर निकल जाओ।' इतना कहते ही उसने मुझे धक्का देकर बाहर निकाल दिया।

इस अपमान को तो मैं भूल गया, किन्तु जो कुछ मैंने देखा और सुना था, उससे मेरी उत्कंठा इतनी बढ़ी कि मैं घर नहीं गया। मैं जमीन पर रेंग कर छोटे कमरे की ओर गया और उसकी खिड़की के बाहर एक बड़े फूलदान के पीछे छिप कर बैठ गया। कमरे के अन्दर का दृश्य मुझे दिखाई दे रहा था। बंगले की सब बत्तियाँ बुझा दी गयी थीं किन्तु हल्की चाँदनी में मुझे एक-एक वस्तु स्पष्ट दिखाई दे रही थी।

'कृष्णकान्त और एक अतीव सुन्दरी एक-दूसरे के सम्मुख बैठे हुए भोजन कर रहे थे। मैंने कृष्णकान्त को कहते सुना, 'प्रियतम', मेरे जीवन के सबसे मधुर क्षण यही होते हैं, जो तुम्हारे साथ बीतते हैं। किन्तु हम लोग कब तक एक-दूसरे से अलग रहेंगे? क्यों न मुझे अपने पास आ जाने दो?'

'सुन्दरी बोली, 'प्रियतम', थोड़ा धैर्य रखो। हम नहीं जानते कि विधि का विधान क्या है। किन्तु मुझे पूरा विश्वासहै कि वह दिन दूर नहीं है।

कृष्णकान्त बोला- 'मुझे भी ऐसी ही आशा है, बिमला।'

अच्छा तो वह कृष्णकान्त की भूत पत्नी बिमला थी। मेरा कलेजा मुँह को आ गया। मैंने उस लड़की को आँख भर देखा, यह जाँचने के लिए कि वह वास्तव में बिमला ही थी या कोई और। इसमें सन्देह नहीं कि वह बहुत ही ओजस्वी और शालीन थी। जब वह मुस्कराती थी तो मानों संसार का सौन्दर्य उसके होठों में समा जाता था और बोलती थी तो मानो फूल झड़ते थे। उसका रोम-रोम पारलौकिक दिखाई पड़ता था। कृष्णकान्त भी उसके सामने घबरा-सा गया था।

एकदम से वह उठ खड़ी हुई और बोली, 'प्रियतम', मुझे ऐसा लग रहा है कि कोई हम लोगों को देख रहा है। वह दौड़ कर कमरे से बाहर निकल गयी और कृष्णकान्त पुकारता ही रह गया। उसकी आवाज वायु में गूँज रही थी। जब वह विमला को पकड़ने दौड़ा, कहीं मेज उलट गयी, कहीं प्याले गिर कर चूर-चूर हो गये। जहाँ एक घण्टा पहले घोर निस्तब्धता छाई हुई थी, वहाँ अब गड़बड़ घोटाला हो गया था।

मैं यह दृश्य बड़े गौर से देख रहा था कि एकाएक किसी ने पीछे से मेरे सिर पर एक थप्पड़ लगाया। मैं बड़ी फुर्ती से पीछे घूमा और मारने वाले का हाथ पकड़ लिया। किन्तु उतनी ही फुर्ती से उक्त व्यक्ति ने अपना हाथ छुड़ा लिया और अदृश्य हो गया। मैं इतना ही देख पाया कि हाथ बहुत ही सुन्दर था। हाथ तो छूट गया किन्तु मेरे हाथ में यह सोने की चूड़ी रह गयी।

इतना कहकर मेरे सहयात्री ने अपने कोट की जेब में से एक चूड़ी निकाली और उसने कहा, 'हाथ छुड़ाते समय यह चूड़ी मेरे हाथ में रह गयी। देखो इस पर उसका नाम खुदा हुआ है।

काँपते हुए हाथ से मैंने चूड़ी ले ली और उसे शौक से देखने लगा। उस पर खुदा हुआ था 'बिमला बाई'। मुझे मानो काठ मार गया। सहयात्री ने अपना सिर हिलाया।

'ए लो, यह तो बम्बई आ गयी। किन्तु अब मुझे कुछ विशेष नहीं कहना है। मैंने चूड़ी सम्भाल कर रख ली और घर का रास्ता लिया। किन्तु जब मेरी पत्नी ने घर का दरवाजा खोल कर मुझे देखा तो देखते ही गश खाकर गिर पड़ी। मैंने उसे बिस्तर पर लिटा दिया किन्तु उसके होश में आने से पहले मेरी दृष्टि दर्पण पर पड़ी तो मैं भी स्तम्भित रह गया। मेरे सिर के सारे बाल उड़ गये थे। जब मैं कृष्णकान्त के घर गया था तो मेरे सिर पर बालों का अच्छा खासा झौआ था। भूत ने मुझे गंजा कर दिया था।'

मैंने पूछा, 'आओ सिर पर यह गूमरा कहाँ से आया?'

उसने उत्तर दिया, 'यह उस भूत के चपेड़ का फल है।'

और फिर कृष्णकान्त का क्या हुआ? मैं बोला।

उसने उत्तर दिया, 'उसने उसी रात उसी कमरे में फाँसी लगा कर आत्हत्या कर ली, जिसमें बिमला मरी थी। कभी-कभी मैं सोचता हूँ कि क्या वह वास्तव में कोई सत्य घटना थी, अथवा कोरा भ्रम? किन्तु मेरे गंजे सिर और इस चूड़ी का क्या रहस्य है?'

(साभार, 'नार्दन इंडिया' पत्रिका)

लन्दन की मीनार

कोई 100 वर्ष हुए होंगे जब नौरमंडी के विलियम ने इंग्लैंड पर आक्रमण करके अधिकार कर लिया था। तंत्पश्चात् उससे पहली कृतियों में यही किला था, जो लन्दन की मीनार के नाम से प्रसिद्ध है और नगर के पूर्वी भाग में स्थित है।

किले के एक ओर टेम्स नदी बहती है। दो दिशाओं में जीर्ण-शीर्ण दीवारें हैं जो प्राचीन आक्रमकों (रोमनों) के पदचिह्नों के भग्ना शेष हैं।

मीनार कोई संग्रहालय नहीं है। वह एक महल भी है, सैनिक छावनी भी है, राजकीय भण्डार भी है, राज परिवार के रत्न उसी में रखे हुए हैं-और कम से कम सैद्धान्तिक रूप से तो एक राजकीय कारागार भी है।

एक नया रत्न-गृह बनाने के लिए उक्त किले में उतखनन कार्य चल रहा है, जिससे पता चल रहा है कि विजेता विलियम अपनी राजधानी का संचालन किस प्रकार करना चाहता था।

कुछ लोग, जिन्होंने मीनार का एक अध्ययन किया है, यह कहते हैं कि यह मीनार संसार की सबसे अधिक भूतही इमारत है। इसमें सन्देह नहीं कि इसमें ऐसी सामग्री भरी है, जिससे बहुत सी भूत-प्रेत की कहानियों का आविर्भाव हो सकता है।

इन इमारतों में 1067 ईसवी के बाद का इंग्लैंड का इतिहास बड़े नाटकीय ढंग से सुरक्षित है। इन्हीं इमारतों में बहुत से ऐसे व्यक्ति मौत के घाट उतार दिये गये, जिन्होंने या तो राजा के विरुद्ध विद्रोह किया था या किसी अन्य प्रकार से उसके कोपभाजन बन गये थे। और यहीं बहुत से राजा बन्दियों ने अनेक प्रकार की यातनाएँ सही थीं।

गुप्तचरों की जेल

प्रथम विश्वयुद्ध के दिनों में, कुछ वर्षों की शान्ति के बाद, लन्दन की मीनार में गुप्तचर भेजे जाने लगे। वहाँ पहुँचने पर उन्हें गोली मार दी जाती थी।

मीनार के दर्शकों की संख्या बढ़ती ही जाती है। सन् 1964 में प्रवेश शुल्क से राज्य को लगभग एक लाख पौंड की आय हुई। दर्शक प्राचीन कोठरियों और गहरे तहखानों में घूम-घूम कर पारलौकिक घटनाओं का पेटभर मनन और मन्थन कर सकते हैं।

हेनरी अष्टम् की एक पत्नी एनीबोलीन थी। सन् 1507 में उसका जन्म हुआ

था और इसी किले के टावर ग्रीन पर 1536 में उसका सिर काट दिया गया था। यह असम्भव है कि कोई यात्री लन्दन कभी मीनार देखने जाये और एनीबोलीन का नाम न सुने।

न जाने कितनी पीढ़ियों के चौकीदार कसम खाते हैं कि उन्होंने कई-कई बार एनीबोलीन की आत्मा को देखा है। उनमें से बहुत से कहते हैं कि वह आयें दिन दिखाई पड़ती है। आज से 50 वर्ष पहले वह दिखाई दी थी, जब किसी को फाँसी लगने वाली थी। उसी का वर्णन यहाँ दिया जा रहा है।

सन् 1914 की बात है। मीनार में कुछ जर्मन जासूस बन्द थे जो अपनी मौत की बाट देख रहे थे। एक सैनिक सार्जेंट उनकी पहरेदारी कर रहा था। उसे एक ऐसी स्त्री दिखाई दी जो सिल्क का ऐसा वेश पहने हुए थी जो अति प्राचीन समय में पहना जाता था। जब वह उसके समीप आयी, हवा में ठंडक आ गयी-इतना ही नहीं, एक शीत लहरी का आविर्भाव हो गया।

सार्जेंट और उसके सिपाही सब भौचक्के रह गये जब वह महिला उनके पास से होकर एक 6 फुट दीवार में घुस गयी। उन्हें विश्वासन हुआ और वह आँखें मल-मलकर देखते रह गये।

अन्य कहानियाँ

एनी का दर्शन एक बार 19वीं शताब्दी के मध्य में एक सिपाही को हुआ था। मध्य रात्रि का घंटा बजा और उसने एक औरत को सफेद कपड़े पहने टावर ग्रीन में से आते देखा। उसने पूछा, 'कौन है?' कोई उत्तर न मिला। वह भयभीत हुआ। उसने अपनी किर्च से उस पर आक्रमण किया, किन्तु हथियार केवल हवा में घूम कर रह गया।

सिपाही बेहोश हो गया। उस पर नशे का अभियोग लगाया गया, किन्तु कई अन्य सन्तरियों ने गवाही दी कि उन्होंने भी उक्त भूतनी को देखा था। अभियोग वापस ले लिया गया।

एनी सम्बन्धी सबसे बढ़िया कहानी रक्षकों के एक कप्तान ने बहुत वर्ष हुए सुनाई थी। एक सिपाही को साथ लेकर वह गश्त कर रहा था कि उसे मीनार के गिरजा में से प्रकाश आता हुआ दिखाई दिया।

उसे अचरज हुआ, क्योंकि वहाँ तो बिल्कुल अंधियारा होना चाहिए था। कप्तान एक ऊँची खिड़की पर चढ़ गया और चौखट पर किसी प्रकार सन्तुलन बनाकर अन्दर झाँकने लगा। जो उसने देखा उससे अवाक् रह गया। वह अपना सन्तुलन खोकर गिर क्यों नहीं पड़ी, यही आश्चर्य है। गिरजा एक भयानक नीले-सफेद प्रकाश से जगमगा रहा था, किन्तु यह पता नहीं चलता था कि यह प्रकाश कहाँ से आ रहा है। और बीच के गलियारे में स्त्रियों और पुरुषों का एक जुलूस चल रहा था जो

ऐसे वेष पहने हुए थे जैसे हेनरी अष्टम् के समय में पहने जाते थे।

जुलूस के आगे एक स्त्री, जिसका चेहरा परिचित मालूम पड़ रहा था, बहुत भड़कीले कपड़े पहने हुए चल रही थी। कप्तान को याद आया कि कई दिन पहले वह बेचारी एनी का एक तैल-चित्र देख रहा था, इस स्त्री का चेहरा उसी से मिलता-जुलता था।

अलौकिक प्रकाश

कप्तान के देखते-देखते अलौकिक प्रकाश धुँधला पड़ता गया और फिर गायब हो गया और वहाँ पूर्ण अन्धकार का साम्राज्य हो गया।

कुछ लोगों ने कप्तान की कहानी पर विश्वासकिया, कुछ ने उसकी खिल्ली उड़ाई। किन्तु कम से कम एक व्यक्ति ऐसा है जो उसे सोलह आने सच मानता है। और वह है सन्तरी जॉन्स, जो सात वर्ष पहले सॉल्ट टावर पर पहरा देता था।

जहाँ वह खड़ा था, उसके ऊपर किसी खटके की आवाज आयी। उसने आँख उठाई तो देखा कि लगभग 40 फुट ऊपर एक 'आकृतिहीन सफेद प्रेत' खड़ा है।

वह चिल्लाया। पहरेदारों का मुखिया और कई अन्य व्यक्ति दौड़े चले आयें। उन्होंने चारों ओर खोजा किन्तु कुछ हाथ न लगा।

(साभार, 'लीडर', 16.3.1964)

सुरंग-रेल का भूत

टॉम टेरिस

कुछ दिन हुए जब लन्दन की सुरंग रेल के भयभीत यात्रियों और रात के कर्मचारियों ने बताया कि उन्होंने कोवेंट गार्डन के स्टेशन पर मेरे पिता विलियम टेरिस के भूत को देखा है तो मुझे कोई अचरज नहीं हुआ।

मेरे पिता वृतानी नाटक के गिने-चुने अभिनेताओं में से थे। इस शताब्दी के आरम्भ में उसी स्टेशन पर उनकी हत्या हुई थी। उनकी आत्मा की कार्यवाही कौतुहलपूर्ण हुआ करती थी। जिन्होंने उनके भूत को आँखों देखा था, कहते थे कि उक्त व्यक्ति लम्बा, सुन्दर और चपल है, अतः मुझे मानना पड़ा कि वह मेरे पिता की प्रेतात्मा ही होगी।

कोवेंट गार्डन का भूत पुराने ढंग के कपड़े पहने रहता था। वह गाड़ियों की बाट में देर तक बैठा रहता था और जब गाड़ी आती थी, उसके अन्दर जाकर गायब हो जाता था। लोग उसे गाड़ी पर चढ़ते देखते थे किन्तु गाड़ी के अन्दर का कोई यात्री उसे गाड़ी के अन्दर घुसते नहीं देख पाता था। उसी प्रकार लोग उसे नीचे से जीने पर चढ़ते तो देखते थे, किन्तु किसी ने भी उसे जीने के ऊपर तक पहुँचते नहीं देखा।

सुरंग रेल के एक कर्मचारी ने, जो कुछ-कुछ परामनोवैज्ञानिक भी था, एक बार स्टेशन के प्रतीक्षालय में स्याँस किया जब रेलों की आवाजाही चल रही थी। अभी स्याँस चल ही रहा था कि एक कर्मचारी चिल्लाया, 'अरे! वह तुम्हारे ही ऊपर झपट रहा है।'

और उसी समय उक्त स्याँस प्रदर्शक को ऐसा प्रतीत हुआ मानो कोई रहस्यमयी आवाज में पुकार रहा है 'टेर...'

उक्त कर्मचारी ने भय के मारे उक्त स्टेशन से अपनी बदली करा ली।

यों तो उस जमाने में बहुत-सी विलक्षण घटनाएँ हुईं, किन्तु मैं केवल अपने पिता का ही उल्लेख करूँगा, जो मेरे लिए आज भी कल की सी बात है यद्यपि उक्त घटना को आज 58 वर्ष होने को आ गये।

विलियम टेरिस में भूतों जैसी कोई विलक्षणता नहीं थी। वह बहुत ही हँसमुख, फुर्तीले और चपल व्यक्ति थे। शेक्सपियर के नाटकों में अभिनय किया करते थे

और इसी सम्बन्ध में नाटक कम्पनी के साथ देश का दौरा करते थे। किन्तु नाटकीय व्यवसाय अपनाने से पहले भी उनका जीवन रंगीनियों से भरा पड़ा था।

आरम्भ में मेरे पिता जी भेड़ें चराया करते थे। तत्पश्चात् वह अश्वपालक बन गये। फिर वह एक खान में काम करने लगे। यहाँ भी वह स्थाई न रहे और नौसेना में मल्लाही करने लगे। इस व्यवसाय में उन्होंने नाम भी कमाया।

बड़ी उमंग और उत्साह के साथ उन्होंने अभिनय के क्षेत्र में पदार्पण किया और शीघ्र ही सारे देश में उनके नाम का डंका बजने लगा। शेक्सपियर के कई नाटकों में उन्होंने नायक का काम किया और उनके अभिनय-कौशल को लोग आज तक नहीं भूले हैं। पुरुष उनके भक्त थे और स्त्रियाँ उनके पीछे पागल थीं। मैं उस समय 17 वर्ष का बालक था। पिता जी की उम्र 41 वर्ष थी और उस समय वह अपनी कला के उच्च शिखर पर थे, अतः मुझे उन पर जितना भी गर्व होता, थोड़ा था।

किन्तु मुझे पता नहीं था कि सिरफिरा मेरे पिता की हत्या का षड्यंत्र रच रहा था और उनके कुछ अभिन्न मित्र उन्हें इस जघन्य कार्य में सहयोग दे रहे थे।

मेरे पिता उन दिनों ऐडल्फी थियेटर में एक रोमांचक भूमिका निभा रहे थे। शौर्य का अभिनय था और सर्वथा उनके योग्य था। किन्तु उसी नाटक कम्पनी में एक नीच प्रकृति का छोटा-सा अभिनेता रिचर्ड प्रिंस नाम का था, जिसे अपने अभिनय कला के विषय में बड़ा भ्रम था।

प्रिंस जिससे भी मिलता, उससे यही कहता कि नायक का काम तो वह टेरिस से कहीं अच्छा कर सकता है किन्तु टेरिस अपने स्वार्थ के कारण उसे चमकने ही नहीं देता।

यह बातें सुन-सुन कर अन्य अभिनेता मज़ा लिया करते थे और उसे प्रोत्साहन देते थे। वह उसे उकसा कर शेक्सपियर के नाटकों के सम्वाद सुना करते थे और कहते थे कि उसमें अभिनय की विलक्षण प्रतिद्धा है, जिससे समाज को लाभान्वित होने का अवसर नहीं मिल रहा है।

वह लोग यह समझ नहीं रहे थे कि इस प्रकार वह आग में घी डाल रहे हैं।

पिता जी का एक छाया-अभिनेता था चार्ल्स लेन। एक दिन जब वह रंगभूमि में आयें बहुत उदास था। उसने बताया कि रात मैंने एक भयंकर स्वप्न देखा। मैंने देखा कि टेरिस की हत्या हो रही है। यह बात 15 दिसम्बर, 1898 की थी।

रंगमंच के कर्मचारी स्वभावतः बड़े अन्धविश्वासी होते हैं किन्तु यह बात उनके भी गले न उतरी। उन्होंने लेन की बात हँसी में उड़ा दी। किन्तु 24 घण्टे बाद घटना ठीक उसी प्रकार घटी, जैसे लेन ने बताई थी।

16 दिसम्बर की रात को पिता जी ने एक मित्र के साथ सिम्सन रेस्टरां में भोजन किया और रंगभूमि की ओर चल दिये।

दर्शकगण मुख्यद्वार से प्रेक्षालय में आने लगे थे। जब दोनों मित्र पिछवाड़े की

गली में पहुँचे, जिसमें प्रकाश नाममात्र का ही रहा करता था। पिता जी के आने का एक निजी द्वार था। उन्होंने उसके ताले में ताली डाली ही थी कि अँधेरे में से एक काली आकृति निकली और उन पर झपट पड़ी।

यह वही लघु अभिनेता रिचर्ड प्रिंस था। उसे उसी रात नाटक में हत्यारे का अभिनय करना था। अन्ततः वह हत्यारे के ही वेश में था। वह काले कपड़े पहने था और उसके हाथ में एक खड्ग थी। उसने कोई गाली बकी और दो बार वह खड्ग पिता जी की पीठ में घुसेड़ी। जब पिता जी अपना बचाव करने के लिए पीछे घूमें तो उसने खड्ग का तीसरा वार सीधे उनके हृदय पर किया।

पिता जी का मित्र डर के मारे भाग गया। किन्तु अपनी कायरता का अनुताप उसे बहुत दिन सताता रहा और अन्त में उसने आत्महत्या कर ली। प्रिंस भी भागा किन्तु शीघ्र ही पकड़ लिया गया। उसने अपने दिन पागलखाने में काटे और अन्त समय तक कहता रहा कि 'वह संसार का सर्वश्रेष्ठ अभिनेता है।'

पिता जी को और अभिनेताओं ने सँभाला। उनमें अपार-शक्ति थी इसी बात से स्पष्ट है कि यद्यपि खड्ग उनके हृदय को भेदकर गयी थी फिर भी वह 20 मिनट तक जीवित रहे और मरने से ठीक पहले उन्होंने कहा, 'मैं लौट कर आऊँगा'।

किन्तु कदाचित् यह तो उनकी स्वभाविक प्रतिक्रिया थी क्योंकि उन्होंने दर्जनों बार नाटकों में मृत्यु के दृश्यों का अभिनय किया था। मुझे इस बात का पता बहुत देर में लगा। किन्तु इससे भी विलक्षण घटना मिलों दूर हमारे घर पर हो रही थी।

मैं अपने छोटे भाई के साथ शतरंज खेल रहा था। हमारी माँ उसी कमरे में आराम कुर्सी पर बैठी हुई कुछ पढ़ रही थी। उनकी गोदी में हमारा छोटा-सा कुत्ता था। वह इतना नम्र और दब्बू जानवर था कि उसने भौंकना तो कभी जाना ही नहीं था।

आठ बजे से कुछ मिनट बाद अर्थात् ठीक उसी समय जब पिता जी के प्राण निकल रहे थे, कुत्ता माँ की गोद से कूद पड़ा। कमरे के चक्कर काटने लगा और बुरी तरह भौंकने लगा और तब वह मेज के नीचे बैठ गया। वह बुरी तरह काँप रहा था, कभी आँखें खोलता था, कभी बन्द कर लेता था।

हमने समझा कि कुत्ता अकस्मात पागल हो गया है। वह आधे घण्टे में शान्त हो पाया और तभी किसी ने द्वार खटखटाया और हमें उक्त हृदय-विदारक समाचार दिया।

बहुत कम अभिनेता ऐसे होते हैं, जिनके निधन पर इतना व्यापक शोक मनाया जाता है। सारे संसार से संवेदना के सन्देश आने लगे। महारानी विक्टोरिया ने भी सान्त्वना का पत्र भेजा।

'हँसमुख बिल' (लोग इसी नाम से सम्बोधित करते थे) के शोक को तो दफना दिया गया, किन्तु उसका नाम अमर है। लन्दन के एक समाचार-पत्र ने एक स्मारक निधि स्थापित की, जिसमें पिता जी के भक्तों ने दिल खोलकर दान दिया। दान की

राशि 10 लाख डालर हो गयी। उन्हें समुद्र से बड़ा प्रेम था। बहुत दिन तक नाविक रहे थे और कतिपय नाटकों में उन्होंने मल्लाह का अभिनय किया था। अतएव उस निधि में से उनके नाम पर एक रक्षा नौकागृह स्थापित कर दिया गया। उक्त गृह वर्षों तक संचालित रहा।

और अब कोवेंट गार्डन की उपरिलिखित घटना फिर हमारे सम्मुख आती है। मैं नहीं कह सकता कि मैं उसका ठीक-ठीक तात्पर्य समझता हूँ। मुझे तो केवल शेक्सपियर की एक पंक्ति याद आ रही थी, जो पिता जी को बहुत ही प्रिय है।

'होरेशियो, संसार में बहुत-सी घटनाएँ इतनी विलक्षण होती हैं, कि उनके आगे तुम्हारे सारे दर्शन-शास्त्र धरे ही रह जाते हैं।

(साभार, 'वर्ल्ड डाइजेस्ट', नवम्बर 56)

तीन गुड़ियों वाली लड़की

किसी परिवार में पति-पत्नी और एक लड़की थी। सारा परिवार छुट्टियों में एक नयी जगह आकर ठहरा। वह जगह एकदम सुनसान थी। अतएव लड़की का वहाँ मन नहीं लगता था।

कुछ दिन पीछे लड़की बड़ी प्रसन्न और प्रफुल्ल दिखाई देने लगी। माँ-बाप ने कारण पूछा तो उसने कहा कि तीन लड़कियाँ उसके साथ आकर खेला करती हैं। उन्हें बड़ा अचरज हुआ क्योंकि वहाँ तो कभी कोई बच्चा आता ही नहीं था। अन्ततः उन्होंने बात टाल दी।

और कुछ समय बीतने पर एक दिन लड़की ने पिता से कहा, 'मेरी सखियों का कहना है कि अमुक कमरे में अलमारी के ऊपर एक बाजा रखा है। तुम उसे खोजो।' पिता जी को बड़ा आश्चर्य हुआ किन्तु बच्ची के हठ पर और उस कमरे में जाकर उक्त अलमारी के पास एक स्टूल रखकर उस पर चढ़ गया, तो क्या देखता है कि व्रास्तव में अलमारी पर एक पुराना बाजा रखा हुआ है। लड़की अलमारी पर चढ़ ही नहीं सकती थी। तब उसे बाजे का पता कैसे चला? पिता जी वास्तव में घबरा गये।

फिर रोज लड़की अपने माता-पिता से कहा करती थी, 'मुझे वे तीन लड़कियाँ नाचना और गाना सिखाती हैं। मैं काफी नाचना सीख भी गयी हूँ। एक दिन पति-पत्नी ने लड़की से बाहर घूमने के लिए चलने को कहा किन्तु उसने यह कह कर मना कर दिया, 'मैं तो अपनी सखियों के संग खेलूँगी।'

आखिर वह दिन भी आ गया, जब उन सबको अपने घर लौटना था,' जरा ठहरो, मैं अपनी सखियों से विदा ले आऊँ।' वह ऊपर गयी और उसका पिता भी उसके पीछे गया।

कमरे में गया तो क्या देखता है कि वह बाजा एक कोने में अपने आप बज रहा है और लड़की उसके सामने नाच रही है। जमीन पर तीन गुड़ियाएँ पड़ी थीं, जिनके साथ वह खेला करती थी।

पिता जी ने आसपास से पूछताछ कराई तो पता चला कि उसके मकान में

पहले तीन लड़कियाँ रहती थीं, जिन्हें उनकी माँ सदैव घर में छोड़कर चली जाती थी और बहुत दुःख देती थी। वे तीनों उस बाजे से खेला करती थीं। एक दिन घर में गैस भर जाने से उन तीनों की मृत्यु हो गयी थी। उन्हीं तीन लड़कियों की आत्माएँ उन तीन गुड़ियों में आकर लड़की से खेलती थीं।

(साभार, One step beyond)

माँ की ममता

सचिन चौधरी

यह जून 1942 की बात है जब कलकत्ते पर दिन-रात जापानी बमबारी की आशंका रहती थी। मेरे माता-पिता और अन्य सगे सम्बन्धी 24 परगने के अपने पुराने गाँव में चले गये थे। मेरी छोटी बहन बहुत दिन से बीमार थी। उसकी सेवा करने के लिए उसके पति और मैं कलकत्ते रह गये थे। हम कॉलेज स्ट्रीट में किराए के एक मकान में रहते थे। दिनभर लड़ाई की उल्टी सीधी खबरें उड़ा करती थीं। रात में बाहर अन्धेरा-घुप्प रहता था। बहन के शरीर में रक्त की कमी थी। प्रसव हो चुका था। उसका जिगर भी ठीक काम नहीं कर रहा था। दिन पर दिन उसके जीवन की आशा क्षीण होती जाती थी।

हम तीनों के अतिरिक्त एक छोकरा (नौकर) भी हमारे साथ रहता था जो बड़ी तन्मयता के साथ रोगिणी की परिचर्या करता था। बारी-बारी से हम तीनों रात-भर जागकर काटा करते थे। किन्तु दिन पर दिन उसकी दशा बिगड़ती ही जाती थी। डॉक्टरों के निर्देशानुसार हम लोग सभी अपने भरसक प्रयत्न कर रहे थे और भगवान का आसरा लगाए बैठे थे।

दीवार पर छाया-मूर्ति

संध्या का समय था, बड़ी गर्मी पड़ रही थी। मैं और मेरा बहनोई दोनों बहन की शय्या के निकट बैठे थे। उस दिन उसकी दशा बहुत गिरी हुई थी। कमजोरी अत्यधिक थी, शरीर ठण्डा पड़ा हुआ था, कभी-कभी साँस लेने में भी कठिनाई हो रही थी। उसके बचने की तनिक भी आशा नहीं रह गयी थी। स्पष्ट दिखाई दे रहा था कि उसकी जीवन-ज्योति बुझने ही वाली है। हम लोग दम साधे उस घड़ी की बाट देख रहे थे। कमरे के अन्दर बहुत धुँधला प्रकाश था और बाहर घोर अन्धकार। लड़के को डॉक्टरों को बुलाने के लिए भेज दिया था।

डॉक्टर आयें और उन्होंने निश्चय किया कि रोगिणी को ऑक्सीजन दी जाये। रोगिणी को बाई आ गयी थी। डॉक्टरों के निर्देशानुसार ऑक्सीजन के सिलेण्डर पहले से ही मंगा कर रख लिए थे। उसे ऑक्सीजन दी गयी। इतने में ही क्या देखते हैं कि दीवार पर एक छाया-मूर्ति दृष्टिगोचर हो रही है। यह किसी मनुष्य

की छाया-मूर्ति थी जो मेरी माँ के चित्र के ठीक नीचे दृष्टिगोचर होती थी और अदृश्य हो जाती थी। पहले तो मेरी समझ में कुछ न आया, किन्तु बार-बार ऊपर फुसफसाहट की आवाज सुनाई देती थी और उसके तुरन्त बाद छाया-मूर्ति दिखाई पड़ जाती थी। कभी छाया सिकुड़ जाती थी, कभी बढ़ जाती थी और वायु में कोई मसालेदार सुगन्ध उड़ रही थी।

रहस्यमय भय

डर के मारे हमने कमरे की बड़ी बल्ब जला ली और तुरन्त छाया-मूर्ति गायब हो गयी। थोड़ी देर बाद हमने उस बल्ब को बुझा दिया और छाया-मूर्ति फिर दृष्टिगोचर हो गयी। और अबकी बार आकृति बहुत स्पष्ट थी। मैंने प्रत्यक्ष रूप से देखा कि मेरी माँ की छाया-मूर्ति अपनी बच्ची को आरोग्य का आशीर्वाद देने आयी है। हम लोगों को मानो काठ मार गया। अचरज इस बात का था कि उस समय तक मेरी माँ जीवित थीं फिर वह छाया के रूप में किस प्रकार प्रकट हो गयीं। मेरा मस्तिष्क चक्कर खाने लगा। एक अज्ञात भय और आशंका मुझे सताने लगी। मैं सारी घटना पर सोच-सोच कर बहुत उदास हो गया।

रात हमने बहन की मृत्यु-शय्या पर बैठ कर ही काट दी। सवेरा हुआ और मैं बहन का हाल डॉक्टर को सुनाने चला गया। वहाँ से लौटा ही था कि पिता जी का तुरन्त एक तार मिला जिसमें लिखा था कि पिछली रात 8.45 बजे मेरी माँ का स्वर्गवास हो गया। और पिछली रात ठीक 8.45 बजे ही हम लोगों को वह छाया-मूर्ति दिखाई पड़ी थी। मैं कलेजा थाम कर रह गया। मालूम होता था मानो संसार शून्य हो गया है।

चमत्कारिक आरोग्य

प्रतिदिन की भाँति डॉक्टर आयें। बहन की देखभाल करके बोले कि उसकी दशा सुधर रही है। अब यह आशा होने लगी कि सम्भव है कि वह बच ही जाये। निरन्तर तीन रातों तक रात के ठीक 8.45 बजे मेरी माँ की छाया-मूर्ति दिखाई देती रही। किन्तु उन तीनों रातों के बाद फिर कभी दृष्टिगोचर नहीं हुई।

मेरी बहन की दशा सुधरती ही गयी। डॉक्टरों को बड़ा अचरज हो रहा था क्योंकि वह तो उसकी ओर से बिल्कुल निराश हो चुके थे। हम सबका यह विश्वास है कि हमारी माँ की पवित्र आत्मा ने ही यह चमत्कार दिखाया कि बहन जमीन छू कर उठ बैठी। आधुनिक विज्ञान के पास इस चमत्कार का कोई स्पष्टीकरण नहीं है। किन्तु प्रत्यक्ष को प्रमाण की क्या दरकार?

पीछे मुड़कर मत देखना

बनारस की पुरानी बस्ती में एक पक्का मुहाल है रामघाट। उसके 68 न. के मकान में कई पीढ़ियों से 'बेरी' परिवार रहता है। लगभग चालीस वर्ष पहले की बात है कि उक्त परिवार के एक सदस्य ला॰ नन्द किशोर रहते थे। उनकी पत्नी थी, बच्चे थे। एक छोटे भाई थे, जिन्हें लोग चिन्दू बाबू कहते थे। इन्होंने विवाह नहीं किया था, और जीवन पहलवानी में ही बिताया था।

एक बार ला॰ नन्द किशोर रोग-ग्रस्त हुए। गठिया का रोग तो था ही एक फोड़ा भी निकल आया। फोड़े में से बराबर पस जाया करता था। उक्त मकान के बगल में एक खँडहर था। पस पोंछ कर गन्दा कपड़ा उक्त खँडहर में फेंक दिया जाता था।

एक दिन ला॰ नन्द किशोर विक्षिप्त हो गये। बकने-झकने लगे। ऐसा प्रतीत होता था कि कोई ऊपरी बाधा उनके सिर पर आ गयी थी। ओझा बुलाए गये। उन्होंने तान्त्रिक उपचार किया और उक्त देवता का (या जो कोई भी वह हों, उनका) आह्वान किया। थोड़े प्रयत्न के पश्चात् ला. नन्द किशोर के मुख से यह शब्द निकले–

मैं सैयद हूँ। बगल के खँडहर में मेरा आला है। रोज इसके (अर्थात् ला॰ नन्द किशोर के) फोड़े का गन्दा कपड़ा मेरे आले के पास डाल दिया जाता था। अतएव मैं इसे लेने आया हूँ, लेकर ही जाऊँगा।

तत्पश्चात् रोगी के मुँह से बहुत से अरबी के वाक्य निकलने लगे। यह उल्लेखनीय है कि ला॰ नन्द किशोर अरबी भाषा बिल्कुल नहीं जानते थे।

'सैयद बाबा' की बहुत देर खुशामद की गयी। बड़ी कठिनाई से वह रोगी को छोड़ने को राजी हुए। साथ में यह शर्त रखी–

एक उतारा तैयार किया जाये, जिसमें तेल, बत्ती, लइया, मिठाई रखी जाये। कोई व्यक्ति ठीक रात के बारह बजे उतारे को कबीरचौरा की चौमुहानी पर रख कर लौट पड़े। फिर पीछे मुड़कर न देखे, सीधा घर चला आयें। यदि पीछे मुड़कर देखा तो उसका भारी अनिष्ट होगा।

स्वाभाविक था कि रोगी की सहधर्मिणी उक्त प्रक्रिया करने को तैयार हो जाती। किन्तु चिन्दू बाबू ने कहा कि 'भाभी तुम रह जाओ। मैं तो निहंग हूँ, आगे नाथ न पीछे पगहा। मैं इस कार्य का सम्पादन करूँगा। यदि मुझे कुछ हो भी जायेगा तो किसी का क्या बिगड़ेगा।

उतारा तैयार किया गया। चिन्दू बाबू उतारा लेकर पहुँचे और रात के बारह बजे चौराहे पर रख कर लौट आयें। किन्तु लौटते-लौटते उनकी दशा बिगड़ गयी। अगले दिन उनसे पूछा गया तो कठिनाई से इतना बता पाए।

जब मैं उतारा रख कर लौटने लगा तो पीछे से घोड़ों की टापों की आवाज आने लगी। मैं दौड़ कर थोड़ी दूर आया। तब ऐसा प्रतीत हुआ कि घोड़े मेरे सिर

पर ही आयें जा रहे हैं। तब मैंने मुड़कर देखा कि इतना कहते-कहते उनकी जबान ऐंठने लगी, गला सूखने लगा, बोली रुक गयी।

कई बार उनसे विस्तारपूर्वक वही प्रश्न किये गये। अन्त में वह इस वाक्य पर आते कि

'मैंने मुड़कर देखा कि तुरन्त गला सूख जाता, जबान ऐंठ जाती और बोलती बन्द हो जाती।

ला॰ नन्द किशोर उसी दिन से अच्छे होने लगे और चिन्दू बाबू गिरने लगे। दो चार दिन बाद ला॰ नन्द किशोर ने चारपाई छोड़ दी और चिन्दू बाबू पंचतत्व में मिल गये।

आज भी उक्त बेरी परिवार के कुछ सदस्य उसी मकान में रहते हैं। जो उनमें से वयोवद्ध हैं, उन्हें अब भी उक्त घटना की, कल की सी याद है। शंकालू पाठक उनसे पूछ कर घटना की सत्यता की जाँच कर सकते हैं?

(साभार, 'नार्दन इंडिया', पत्रिका)

कार धीमी करो

कीर्ति स्वरूप रावत

एक अमेरिकन सिनेमा अभिनेता ने अपना एक अनुभव इस प्रकार सुनाया। कुछ समय पूर्व मैं अपनी पत्नी के साथ कार में सैनफ्रांसिस्को जा रहा था। हमें वहाँ निश्चित समय पर पहुँचना था। रात काफी हो चुकी थी और मैं लगभग 125 किलोमीटर की गति से जा रहा था।

अचानक मुझे ऐसा लगा कि कोई मेरे कान में कह रहा है, 'अरे जरा धीरे।' मैंने अक्सेलेटर से पैर उठाया और जैसे ही मैं अपनी पत्नी की ओर उन्मुख हुआ, उसने मुझसे पूछा, 'क्या तुमने भी अभी कुछ सुना?' असमंजस में डूबे हुए मैंने कहा, 'हाँ, मैंने सुना है, लेकिन मैं फिर गाड़ी तेज करता हूँ।'

जैसे ही कार की चाल फिर 125 पर पहुँची, पुनः वही आवाज आयी, इस बार जोर से चिल्लाते हुए–'बेटे आहिस्ता चला।' मैं भौचक्का रह गया। मैंने अपनी सहधर्मिणी से कहा, 'यह तो मेरे पिता जी की आवाज है और उनका भी यही अनुमान था।'

हमारी कार से केवल लगभग 100 मीटर की दूरी पर ही सड़क पर एक टूटी हुई ट्रेलर पड़ी थी। स्पष्ट ही वह कुछ ही क्षण पहले किसी कार से खुल कर वहाँ छूट गयी होगी। ठीक समय से उसे देख लेने के कारण मैंने अपनी गाड़ी दबा ली। यदि हम लगभग 125 की चाल से जा रहे होते तो अवश्य ही अनन्त पथ के गामी हो जाते।

उक्त सिनेमा अभिनेता के पिता जी का स्वर्गवास उक्त घटना के कई वर्ष पहले हो चुका था।

(साभार, दैनिक 'आज')

अपनी मृत्यु का सन्देशा

राजस्थान के एक राजकीय महाविद्यालय में समाज-शास्त्र की एक प्राध्यापिका हैं– श्रीमती सुशीला चौहान। उन्होंने अपनी सास की मृत्यु के समय की घटना इस प्रकार बतलाई–

मेरी सास उस समय इन्दौर थीं। एक दिन अचानक तार आया कि उनकी तबीयत बहुत खराब हो गयी है। मेरे पतिदेव तुरन्त इन्दौर रवाना हो गये। मेरी सास बच न सकीं। किन्तु जिस दिन प्रातः उनका स्वर्गवास हुआ-जिसकी अभी तक हमें यहाँ (जयपुर) में खबर नहीं मिली थी। उसी शाम को मेरी ननद चादर ओढ़ कर सो रही थी और मैं खिड़की के पास बैठी कोई पुस्तक पढ़ रही थी। अचानक मेरी ननद ने चादर से झाँक कर कहा, 'भाभी मेरी चादर क्यों खींच रही हो?' मैंने कहा, अरे कहाँ? मैंने तो तुम्हारी चादर नहीं खींची।

वास्तव में मेरी सास सोने के लिए जाने से पूर्व सदैव सब बच्चों की चादर आदि सँभाल दिया करती थीं। इस घटना का वैसे कोई महत्व नहीं होता किन्तु हमें बाद में पता चला कि उसी दिन मेरे देवर ने, जो उस समय नेपाल में थे। स्पष्ट सुना कि मेरी सास उन्हें आवाज दे रही हैं। मेरी दूसरी ननद को भी, जो उस समय रीवां में थी, उसी दिन मेरी सास की उपस्थिति का अनुभव हुआ।

उन दोनों को तो इस बात की भी कोई खबर नहीं थी कि मेरी सास की तबीयत अचानक खराब हो गयी थी।

इस प्रकार मेरी सास ने अपनी मृत्यु की सूचना 24 घण्टे के अन्दर-अन्दर तीनों बच्चों को दे दी, जिनमें से एक जयपुर में थी, एक रीवाँ में, एक नेपाल में और मृत्यु इन्दौर में हुई थी।

(साभार, दैनिक 'आज')

दुर्गन्धयुक्त आत्मा

एक भद्र परिवार की लड़की अपनी माँ के पास आकर बोली, 'मैं उक्त कमरे में नहीं सो सकती।' संयोगवश उन्हीं दिनों उस घर में एक अतिथि आया हुआ था। परिवार के सदस्यों ने उस अतिथि को उसी कमरे में ठहरा दिया, जिसमें उस लड़की को भय लगता था तथा विभिन्न प्रकार के दृश्य दिखाई देते थे।

बीस दिन लगातार वह अतिथि उस कमरे में रहा, किन्तु उसे किसी उत्पात का अनुभव नहीं हुआ। आश्चर्य की बात है कि इक्कीसवें दिन उसका भी वही हाल हुआ जो उस लड़की का हुआ करता था। वह रात्रि तो उसने किसी प्रकार बिताई किन्तु सवेरे ही भाग खड़ा हुआ।

एक दिन परिवार के सब सदस्य भोजन करने बैठे ही थे कि किसी के जीने से उतरने की आवाज आयी। उस आवाज से पता चला कि कोई भारी भरकम आदमी ऊपर से उतर रहा है। जीने से उतर कर वह भोजन के स्थान पर आ गया। उसके आते ही तमाम घर सड़ने लगा, किन्तु परिवार के किसी भी सदस्य को वह दृष्टिगोचर नहीं हुआ।

एक दिन उक्त परिवार ने एक अन्य परिवार को अपने यहाँ भोजन के लिए आमंत्रित किया। भोजन आरम्भ होने से पूर्व वह दुरात्मा फिर आ गयी तथा उत्पात मचाने लगी। इन उत्पातों से परेशान होकर उस परिवार ने मकान छोड़ने का निश्चय कर लिया।

एक बार फिर इसी परिवार के एक वयोवृद्ध सदस्य ने उक्त आत्मा से पूछा 'आप कौन हैं और क्यों आते हैं? क्या हम आपकी कोई सेवा कर सकते हैं?' किन्तु उस आत्मा ने कोई उत्तर नहीं दिया। अभी तक वह केवल एक ही कमरे में आता था किन्तु अब वह सभी कमरों में आने लगा। सारा घर दुर्गन्ध से भर जाता था। उस नगर में इस मकान के विषय में एक अजीब कहानी प्रसिद्ध थी। कहा जाता था कि पहले इस मकान में एक बहुत मोटा आदमी रहता था। मकान का दरवाजा इतना छोटा था कि उसकी लाश निकालने के लिए दरवाजा तोड़ना पड़ा था। इस कारण लाश के निकालने में एक दिन की देर हो गयी और वह सड़ गयी। इतने दिन के बाद भी अभी तक दुर्गन्ध क्यों आती है? यह बात केवल रहस्य बनकर रह गयी है।

(साभार, साप्ताहिक 'हिन्दुस्तान')

ईंजन पानी ले रहा था

7 नवम्बर, 1931 की बात है। रात का समय था। एक चालक सवारी गाड़ी चला रहा था। धुँध इतनी अधिक थी कि कोई भी सिग्नल 150 मीटर से अधिक दूरी से दिखाई नहीं दे सकता था। जब वह एक ऐसे स्टेशन से-जहाँ कि गाड़ी को रुकना नहीं था-लगभग 2 किलोमीटर की दूरी पर था, उसे एक आवाज सुनाई दी, 'धीरे चलो।' उसने समझा कि वह फायरमैन की आवाज थी। किन्तु फायरमैन ने उसे विश्वास दिलाया कि वह तो बोला ही नहीं था।

फिर वही बात—"धीरे-धीरे चलो।" इस बार तेज आवाज में सुनाई दी, तो चालक ने गाड़ी की गति धीमी कर दी। बाहरी सिग्नल यह संकेत दे रहा था कि स्टेशन से गाड़ी तक लगभग 800 मीटर लाइन खाली है। और अन्दरूनी सिग्नल भी यही बात बता रहा था। किन्तु ज्योंही गाड़ी अन्दरूनी सिग्नल के पास से गुजरी, चालक ने देखा कि एक इंजन स्टेशन पर खड़ा पानी ले रहा है।

धन्य है वह रहस्यमयी आवाज! चालक ने समय रहते गाड़ी रोक दी, अन्यथा एक भीषण दुर्घटना हो जाती। सिग्नलमैन ने शंटिंग इंजन को स्टेशन पर आने दिया था। और फिर यह बात उसके ध्यान से उतर गयी। अतः उसने गाड़ी को भी उसी लाइन पर से जाने का संकेत दे दिया।

(साभार दैनिक 'आज')

हांगकांग में भाई की मृत्यु

यह अनुभव क्वीन्स टाउन, आयरलैंड की श्रीमती कॉक्स का है। वे अपने पीहर देवनपोर्ट में थी जहाँ उसका छोटा भतीजा उनकी देखभाल में था क्योंकि उनका भाई, जो नौसेना में कोई अफसर था, उस समय हांगकांग में नियुक्त था।

एक शाम, 8 और 9 बजे के बीच, बच्चे को उसके कमरे में सुलाकर लौटने में थोड़ी देर बाद ही श्रीमती कॉक्स ने देखा कि उनका भतीजा भागा हुआ उनके कमरे में आया और डरी-सी आवाज में बोला, 'ओह, बुआ जी, मैंने अभी-अभी अपने बिस्तर के पास पिता जी को चलते हुए देखा है।'

श्रीमती कॉक्स ने उत्तर दिया, 'धत्! तुम अवश्य कोई स्वप्न देख रहे होंगे।'

लड़के ने कहा, 'नहीं, मैं स्वप्न नहीं देख रहा था' और उसने कमरे में लौटने से इनकार कर दिया। श्रीमती कॉक्स के बहुत समझाने-बुझाने पर भी जब बालक नहीं माना तो उन्होंने उसे अपने पास सुला लिया।

श्रीमती कॉक्स लिखती हैं, 'दस और ग्यारह बजे के बीच मैं स्वयं भी विश्राम करने लगी। मेरे विचार से लगभग एक घंटे बाद, अंगीठी की ओर देखते समय, मैंने एक दम स्पष्ट रूप से देखा कि मेरे भाई कुर्सी पर बैठे हैं। मुझे बड़ा आश्चर्य हुआ। विशेषकर मैं उनके चेहरे का मुर्दानी पीलापन देखकर स्तब्ध रह गयी।

इस अनुभव के कुछ घंटे पूर्व-जैसा कि बाद में पता चला हांगकांग में श्रीमती कॉक्स के भाई की अचानक मृत्यु हो गयी थी।

(साभार, दैनिक 'आज')

लेफ्टिनेंट रॉस का अनुभव

रॉस महोदय सेना में लेफ्टिनेंट थे। बहुत धीर, गम्भीर और मेधावी थे। अवस्था 35 के आसपास। संयुक्त राष्ट्र अमेरिका की सैनिक परिषद् के स्नातक थे और उन दिनों उनकी नियुक्ति एक सैनिक निर्माणमाला में थी। उन्हें एक जीर्ण-शीर्ण मकान का आधा भाग मिला हुआ था, जिसमें वह पत्नी सहित रहते थे। अंगीठी के पास बैठने से मुख्य कमरे और हाल का कोना-कोना दिखाई देता था। मकान के शेष भाग में एक अन्य लेफ्टिनेंट, फिलिप्स अपनी पत्नी और 9 वर्षीय पुत्र सहित रहते थे।

मार्च की एक रात थी। रॉस बैठा हुआ नौवहन सम्बन्धी एक समस्या पर जुटा हुआ था। कमरे में दो कुत्ते सो रहे थे। अचानक उनमें से एक गुर्राया, और तुरन्त दोनों कुत्ते हाल और जीने में दौड़ने और कूदने लगे।

रॉस ने सिर उठाया। उन्हें कमरे के अन्दर एक आदमी दिखाई दिया। भोजन कक्ष और अध्ययन कक्ष में बत्तियाँ जल रही थीं इसलिए उस व्यक्ति का अंग-प्रत्यंग स्पष्ट रूप से दिखाई दे रहा था।

रॉस ने बतलाया, 'मुझे उस आदमी को देखकर कोई अचरज नहीं हुआ क्योंकि फैक्ट्री से विभिन्न लोग अपनी-अपनी कठिनाइयाँ लेकर वक्त-बेवक्त आया ही करते थे। इस बात का आश्चर्य अवश्य हुआ कि उसके आने की मुझे कोई आहट क्यों नहीं लगी और बिना खटखटाये कमरे में घुसने की उसने धृष्टता क्यों की।

उस समय रॉस का ध्यान इस बात पर नहीं गया कि वह व्यक्ति अन्दर आ ही कैसे सकता था, क्योंकि सब दरवाजों की कुण्डियाँ अन्दर से बन्द थीं और सारी खिड़कियों पर शीशे चढ़े हुए थे और यों भी वह 7 फुट की ऊँचाई पर थीं।

रॉस अपना अनुभव सुनाता गया, 'मुझे लगा कि वह व्यक्ति कुछ कहना चाहता है। अतः मैं लगभग 10-15 सैकेण्ड तक चुपचाप उसकी ओर देखता रहा। किन्तु वह बिल्कुल नहीं बोला।' तब रॉस उठा और दो पग उसकी ओर बढ़ा, किन्तु इतने ही में वह अन्तर्ध्यान हो गया।

रॉस ने पूरा पहला खण्ड देख डाला। कहीं कुछ दिखलाई नहीं दिया। उसने सोचा, 'मैं बहुत परिश्रम करता रहता हूँ। कदाचित् इसलिए मुझे मतिभ्रम हो रहा है।'

रॉस की पत्नी ने ऊँघ में ही पूछा, 'कुत्तों को क्या हुआ था।'

रॉस ने कहा, 'कुछ नहीं'।

एक सप्ताह बाद की बात है। रात के 8 बजे होंगे और यह समय भूतों के आविर्भाव का नहीं हुआ करता। रॉस मुख्य कमरे में गया। क्या देखता है कि वही पिछले सप्ताह वाला व्यक्ति फिर खड़ा हुआ है। इस बार पहले की अपेक्षा कुछ समीप दिखाई दिया। रॉस से लगभग 6 मीटर की दूरी पर।

रॉस का कहना है कि 'मकान में खूब रोशनी हो रही थी। मैं उसका एक-एक अंग स्पष्ट रूप से देख रहा था। देखने में वह 100 किलोग्राम से कम वजन का नहीं था। उसके कपड़े हल्के भूरे रंग के थे और उसका शरीर हृष्ट-पुष्ट दिखाई देता था। ऐसा प्रतीत होता था कि उसने अपना बहुत-सा जीवन धूप में बिताया था क्योंकि उसका शरीर ताम्रवर्ण हो रहा था।

रॉस लगभग 2 मीटर आगे बढ़ा। इतने में ही वह आदमी लोप हो गया। रॉस को डर तो कम लगा, अचम्भा अधिक हुआ। वह अपने पड़ौसी फिलिप्स से परामर्श करने लगा।

फिलिप्स दम्पति ने रॉस की खिल्ली उड़ा दी। फिलिप्स ने अपनी सहधर्मिणी से कहा, 'लो और सुना! रॉस महोदय एक भूत देखकर आयें हैं, जो इनका कोई सम्बन्धी नहीं मालूम पड़ता।

दस दिन तक शान्ति रही। रात के साढ़े आठ बजे का नीरस समय था। पत्नियाँ खाने के बर्तनों की उठायाधरी में लगी हुई थीं और दोनों पति रेडियो सुनने की तैयारी में थे। रॉस ने फिर उसी आदमी को देखा- इस बार हाल में। रॉस तेजी से उसकी ओर दौड़ा। कठिनाई से वह 3 मीटर की दूरी पर रह गया होगा कि एकदम गायब हो गया।

फिर दस रातें बीत गयीं। ठण्डी, बसन्ती वर्षा पड़ रही थी। मकान में ठंडक थी। रॉस ने सोचा कि ऐसा तो नहीं है कि तहखाने का दरवाजा खुला रह गया हो और उसमें से हवा आ रही हो। किन्तु उसने जाकर देखा कि दरवाजा अच्छी तरह बन्द है। तब रॉस रसोई की ओर मुड़ा।

हाल में प्रकाश नहीं था, किन्तु रसोईघर में था। छत में 100 वाट का लैम्प जल रहा था। इसके अतिरिक्त दीवारों में भी 40 वाट के दो लट्टू थे। किन्तु उनमें से एक ही लट्टू दिखाई दे रहा था, क्योंकि हाल में, रॉस और रसोईघर के बीच में वही हजरत खड़े थे। रॉस इससे पहले उसको देखकर कभी डरा नहीं था, किन्तु इस बार, न जाने क्यों, भयभीत हो गया। किन्तु बिना कोई भी संकेत किये, आगन्तुक फिर अन्तर्ध्यान हो गया।

मई में रॉस की बदली समुद्र के लिए हो गयी। उसे फिर कभी भूत दिखाई नहीं दिया। रॉस ने क्यों यह कहानी किसी को नहीं सुनाई। उसने सोचा कि लोग उसे विक्षिप्त समझेंगे और सम्भव है नौसेना में उसके कारण उनकी उन्नति ही रुक जाये।

अपने विवरण में रॉस बार-बार कहता था कि, 'वह आगन्तुक न तो दाहिने हिलता था, न बायें, न ऊपर उठता था, न नीचे जाता था। ऐसा भी नहीं कि धीरे-धीरे गायब हो, एकदम मानो वायु में मिल जाता था।'

(साभार, Readers Digest, नवम्बर, 1952)

मृत्यु की सूचना

मैथ्यू फ्रास्ट की दादी ने अपने पौत्र से अन्तिम भेंट के समय जब वह बिल्कुल स्वस्थ थी यह इच्छा प्रकट की थी कि वे उनकी अंत्येष्टि पर अवश्य उपस्थित हों। फ्रास्ट ने वचन दिया और कहा, 'कहते हैं जब कोई मरता है तो वह उसकी जानकारी उसे दे सकता है, जिसे वह प्यार करता हो। यदि आप प्रसन्न मरें तो क्या मुझे सूचित करेंगी? दादी ने हामी भर ली।

दो वर्ष चार महीने पीछे अप्रैल की एक शाम को लगभग पाँच बजे मिस्टर फ्रास्ट अपनी पत्नी के साथ चाय पी रहे थे। उनकी पीठ के पीछे एक खिड़की थी। अचानक उन्हें वहाँ किसी के थपथपाने की आवाज सुनाई दी। उन्होंने कहा 'कौन हैं?' और मुड़कर देखा। उनकी दादी खड़ी थी। उन्होंने बिल्कुल स्पष्ट रूप से उनका चेहरा देखा। वे अपने उन्हीं वस्त्रों में थीं, जो प्रायः पहना करती थीं। उनका एक हाथ इस तरह उठा हुआ था कि जैसे उन्होंने इसी हाथ से खिड़की पर अभी-अभी दस्तक दी हो।

मिस्टर फ्रास्ट का यह स्थान उनकी दादी के निवास स्थान से दो तीन सौ मील दूर था। पहले तो उन्होंने यही सोचा कि उनकी दादी उन्हें चकित करने के लिए बिना पूर्व सूचना के चली आयी हैं। वे अच्छी चलती-फिरती दशा में थीं। अतः उनका इस प्रकार चले आना कोई बहुत अचरज की बात नहीं थी।

मिस्टर फ्रास्ट तुरन्त दरवाजे पर पहुँचे किन्तु दादी वहाँ नहीं थी। सारा घर छान मारा, उनका कहीं पता नहीं चला। कोई भी व्यक्ति इस प्रकार एकदम वहाँ से नहीं जा सकता था, कि दिखाई भी न दे। सब ओर ढूँढ़कर जब वे अपने कमरे में लौट आया और अचानक उन्हें ख्याल आया कि कहीं उनकी दादी का देहावसान तो नहीं हो गया।

वास्तव में हुआ भी ऐसा ही था।

(साभार, दैनिक 'आज')

हेवर्थ के पिता जी

अप्रैल की रात थी। चेस्टर हेवर्थ टैक्सस के डलास नगर में ज्योतिष की एक कक्षा में पढ़ा रहा था। अध्ययन बहुत देर तक चलता रहा और उसे घर पहुँचते-पहुँचते मध्य-रात्रि हो गयी। और दिन वह इससे दो घण्टे पहले सो जाया करता था। उसकी पत्नी सो रही थी, अतः उसने उसे जगाना उचित नहीं समझा।

हेवर्थ बिस्तर पर 15 मिनट ही रहा होगा कि उसे ऐसा आभास हुआ मानो किसी ने उसे गाढ़ी निद्रा से जगाया हो। किन्तु वास्तव में तो वह सोया ही नहीं था। उसे दरवाजे की कुण्डी के खटखटाने की आवाज आयी और वह उठकर बैठ गया। बाहर गली में एक बल्ब जल रहा था, जिससे थोड़ा प्रकाश हो रहा था। उसकी आँखें कठिनाई से दरवाजे पर जम गयीं थीं कि उसने देखा कि उसके पिता जी अन्दर आ रहे हैं। पिता जी की आकृति उसे स्पष्ट रूप से दिखलाई पड़ी।

हेवर्थ को कोई विशेष अचरज नहीं हुआ। उसके पिता जी कैलीफोर्निया में रहते थे। उसने सोचा होगा, चलो उसे चकित कर दें। उनके लिए इस ढंग की बात कोई अनहोनी नहीं थी।

हेवर्थ का कथन है कि, 'पिता जी कमरा पार करके मेरे पलंग के पास तक आयें और मुझसे लगभग आधे मीटर की दूरी पर खड़े हो गये। अब मैं उन्हें अच्छी तरह देख रहा था, उनके चेहरे से स्पष्ट था कि उनका आना कोई मजाक नहीं था। मैंने उन्हें इतना संजीदा कभी नहीं देखा था। क्या परिवार के किसी सदस्य पर कोई आफत आ गयी थी? उन्होंने अपना हाथ बढ़ाया। मैंने उसे अपने हाथ में ले लिया। उन्होंने मेरा हाथ बुरी तरह दबाया और गर्दन हिलाई। इतने ही में वह अन्तर्ध्यान हो गया और मेरा हाथ बढ़ा का बढ़ा ही रह गया।'

इस सारे काण्ड में हेवर्थ के अनुसार कोई आधा मिनट लगा होगा। इतने समय में वह इतना अवश्य देख सका कि पिता जी अपने सामान्य कार्यालय के वस्त्र नहीं पहने हुए थे। वरन् वह ताम्रवर्ण की पतलून, कमीज और टोपी पहने थे। हेवर्थ ने यह भी देखा कि वह भूरी गेलिस लगाए थे और उनकी कमीज की जेब में एक पेंसिल, एक कलम और एक परकार थी।

(साभार Readers Digest, नवम्बर, 1952)

लड़के की प्रेमिका

नरेन्द्र एन. बैनर्जी

लगभग 20 वर्ष पहले की बात है। श्री सुदर्शन बैनर्जी राजशाही की एक जमींदारी में काम करते थे। वह अपनी पत्नी और 12 वर्षीय सबसे छोटे लड़के विभु के साथ एक किराये के मकान में रहते थे। विभु बहुत ही सुन्दर और स्वस्थ था और एक स्थानीय स्कूल में पढ़ता था। उसका सबसे बड़ा भाई शमीर कलकत्ते में न्यायिक अधिकारी था।

विभु एक कमरे में अलग सोता था। एक दिन मध्य रात्रि के समय जब सब लोग सोये हुये थे, विभु के कानों में चाँदी के सिक्कों के भूमि पर गिरने की आवाज आयी और उसकी आँख खुल गयी। उसने इस बात पर विशेष ध्यान नहीं दिया और फिर सो गया। अगले दिन सबेरे, जब उसकी माँ उसके कमरे में झाड़ू लगा रही थी, उसे भूमि पर चाँदी के कई रुपये पड़े मिले। उसने सुदर्शन को बुलाकर रुपये दिखाए। सुदर्शन की समझ में कुछ न आया कि रुपये कहाँ से आये थे। उन्होंने विभु से पूछा, किन्तु विभु केवल इतना बता सका कि रात में उसने रुपयों के गिरने की आवाज सुनी थी।

उस दिन से रुपयों की वर्षा आयें दिन की घटना हो गयी। घर वालों ने भरसक प्रयत्न किया कि पता लगाया जाय कि रुपये कहाँ से आते हैं, किन्तु कोई अता पता नहीं चला।

सुदर्शन ने इस विषय को गुप्त ही रखा, फिर भी थोड़े ही दिनों में पास पड़ोस वालों को पता चल ही गया और प्रतिदिन आगन्तुकों की भीड़ बढ़ती गयी। किन्तु ज्यों-ज्यों इन दर्शकों की संख्या बढ़ती जाती थी, रुपयों की वर्षा घटती जाती थी।

सुदर्शन ने अपने बड़े पुत्र शमीर को उक्त घटना का विस्तृत वर्णन लिखा और उसे राजशाही बुलाया। लगभग एक सप्ताह बाद शनिवार के अपराह्न में शमीर राजशाही पहुँचा। उसकी माँ उसे तुरन्त विभु के कमरे में ले गयी। शमीर ने पूरी बात ध्यान से सुनी और एक ठहाका लगाया और कहा कि यह सब बेहूदा बकवास है। कठिनाई से उसके मुँह से यह शब्द निकले थे कि वह मेज जिस पर शमीर की घड़ी रखी हुई थी, एक जोर की आवाज के साथ ऐसे उलट गयी मानो किसी ने उसे उठा कर पटक दिया हो। शमीर की घड़ी चूर-चूर हो गयी।

सब लोगों को मानो काठ मार गया। शमीर अपने स्थान से उठा और मकान के एक-एक कमरे और कोने-कोने को छान मारा, यह देखने के लिए कि यह हरकत किसकी थी। किन्तु फल कुछ भी न निकला। घटना उसकी आँखों के सामने हुई थी, फिर भी वह यह मानने को तैयार न् था कि मकान के अन्दर कोई पारलौकिक बात हो रही है।

उस रात शमीर विभु के साथ ही उसके कमरे में सोया और बड़ी रात गये तक रुपयों की वर्षा के विषय में ही बातें करता रहा। किन्तु विभु उसे कुछ भी न बता सका। उस रात रुपयों की वर्षा नहीं हुई। अगले दिन वह कलकत्ते चला गया।

एक पखबाड़े तक कोई विशेष बात नहीं हुई। विभु देर से उठा करता था किन्तु एक दिन वह तड़के ही उठा, और अपने पिताजी से जाकर बोला कि रात मैंने एक विचित्र बात देखी।

पिता—क्या देखा।

विभु—बड़ी विचित्र बात।

विभु पूरी बात कहते सकुचाता था। इस पर पिता का पारा गरम हो गया और वह बोले।

"तुम कैसे गधे हो। सबेरे-सबेरे मुझे तंग मत करो। जाओ अपने काम में लगो।"

विभु ने कहा" पिछली रात, पता नहीं क्या समय होगा। मैंने देखा कि एक बहुत ही सुन्दर और सुसज्जित लड़की मेरे पलंग पर बैठी हुई मुझे घूर रही है। पहले तो मुझे डर लगा किन्तु जब तक वह मुझे दिखाई पड़ी, न उसने मुझसे कोई शब्द कहा, न मेरा कुछ बिगाड़ा ही।"

सुदर्शन ने सोचा कि लड़के ने स्वप्न में किसी लड़की को देखा है। अतः उस बात पर कोई विशेष ध्यान नहीं दिया। किन्तु तत्पश्चात् प्रतिदिन रात के समय विभु को वही लड़की उसी वेष में दिखाई देती रही।

कुछ दिन बाद विभु के माता-पिता ने देखा कि वह दिन प्रतिदिन पीला और दुबला होता जा रहा है यद्यपि उसे किसी रोग की शिकायत नहीं थी। उन्हें चिन्ता हुई। एक चिकित्सक को दिखाया। डॉक्टर ने उसकी पूर्ण रूप से परीक्षा की किन्तु कोई रोग दृष्टिगोचर नहीं हुआ। फिर भी उसने एक औषधि लिख दी। लड़के ने औषधि नियमित रूप से एक महीने तक खाई किन्तु उसका स्वास्थ्य गिरता ही गया। तब लड़के को एक अनुभवी कविराज के ईलाज में रखा गया। पाँच सप्ताह तक विभु ने कविराज के उपचार और निर्देश का पालन किया, फिर भी कोई फल न निकला। उसका शरीर घुलता ही गया।

जब सुदर्शन सब प्रकार के ईलाज करके हार गया तब वह किंकर्त्तव्य-विमूढ़ हो गया। उसकी पत्नी ने कहा कि कदाचित् विभु को कोई रोग नहीं है, ऊपरी

बाधा है लड़का किसी दुष्ट आत्मा के पंजे में फँस गया है, जिससे छुटकारा दिलाना किसी डॉक्टर के बस की बात नहीं है। उसने जोर दिया कि उसे किसी ज्योतिषि को दिखाया जाये।

सुदर्शन को ज्योतिषियों में विश्वासनहीं था। तिस पर भी वह एक पुराने ज्योतिषी के पास गया और उसे सारा किस्सा सुनाया। पूरी बात सुनने पर ज्योतिषी ने कहा कि जो अतीव सुन्दरी तुम्हारे लड़के के पास आया करती है, एक परी है। तुम्हारा लड़का अपूर्व सुन्दर है। परी उस पर मोहित हो गयी है। उसकी इच्छा पूर्ति हो नहीं सकती, अतः वह उसकी जान लेकर अपनी पिपासा को शान्त करना चाहती है। मैंने इस प्रकार के कई रोगी ठीक किये हैं, किन्तु तुम्हारे पुत्र की दशा बहुत गम्भीर हो गयी है। और उससे छुटकारा दिलाना बहुत कठिन है। मेरे पास पहले से क्यों नहीं आयें थे? फिर भी, तुम हताशा मत हो। उसकी जान बचाने का भरसक प्रयत्न करूँगा।

ज्योतिषी ने कहा कि वह अगले शनिवार को हमारे घर आयेंगा। पूजा और हवन करने के पश्चात् वह एक ताबीज बना देगा जो लाल डोरा से लड़के की दाहिनी बाँह में बाँधना होगा।

उसी दिन से प्रतिदिन रात को वह लड़की विभु के कमरे में आती थी, पहले से भी अधिक देर बैठती थी और सुबक-सुबक कर रोती रहती थी।

निर्दिष्ट दिन वह ज्योतिषी सबेरे ही सुदर्शन के घर आया और उसने विभु को नदी में नहाने के लिए भेजा। तब वह बहुत देर तक पूजा और हवन करता रहा। उस कमरे में विभु को छोड़कर किसी को भी जाने की अनुमति नहीं थी। तब ज्योतिषी कमरे से बाहर आकर बोला, "अब मैंने परी से पूरी बात जान ली है। पूर्णिमा की रात को लड़का बहुत अच्छे कपड़े पहने हुए था और तुम्हारे प्राँगण में बेरी के नीचे अपने पिताजी के साथ टहल रहा था। चाँदनी उसके चेहरे पर पूर्ण रूप से पड़ रही थी और वह बहुत ही आकर्षण दिखाई दे रहा था। परी बेरी पर बैठी उसे देख रही थी। उसे देखते ही उस पर मुग्ध हो गयी। अब वह लड़के की संगति छोड़ने को तैयार नहीं है। फिर भी, मैं प्रयत्न करूँगा।"

सुदर्शन को विश्वास हो गया कि ज्योतिषी का कथन बिल्कुल सत्य है। उसे याद आया कि पूर्णिमा की रात को उसे एक विवाहोत्सव में सम्मिलित होने का न्योता मिला था। वर पक्ष ने कहा था कि वह पिता पुत्र को उनके घर से ही ले जायेंगे। किसी कारण उन्हें आने में देर हो गयी और इन दोनों को इतना समय अपने मकान के हाते में ही टहल कर काटना पड़ा था।

फिर एक घण्टे से अधिक देर तक पूजा होती रही। तत्पश्चात् ज्योतिषी कमरे से बाहर आकर बोला, "आखिरकार, मैंने लड़की को प्रसन्न कर ही लिया। वह इस शर्त पर उसे छोड़ने को तैयार हो गयी है कि वह फिर कभी भी उस बेरी के नीचे नहीं जायेगा।"

विभु और उसके पिताजी ने सहमति दे दी। ज्योतिषी ने एक ताबीज विभु की दाहिनी बाँह पर बाँध दिया। उस दिन से उसे फिर कभी लड़की दिखायी नहीं दी और उसी दिन से उसके स्वास्थ्य में सुधार होने लगा, और वह फिर पहले की तरह स्वस्थ और सुन्दर हो गया। कहना नहीं होगा कि उसने फिर कभी उस बेरी के नीचे पग नहीं रक्खा।

हेवर्थ कहता है, मैं स्तम्भित हुआ बैठा था कि दरवाजे की घण्टी बजी। मैंने दरवाजा खोला। एक हरकारा खड़ा था जिसने मुझे एक तार दिया। तार मेरे भाई का था जिसमें लिखा था, 8.30 बजे पिता जी का स्वर्गवास हो गया क्या तुम आ सकते हो?"

जब हेवर्थ कैलीफोर्निया पहुँचा, उसने पता लगाया कि अन्तिम दिन पिता जी क्या कपड़े पहने थे। पता चला कि पिता जी उस दिन अपनी कार ठीक कर रहे थे और उन्होंने ताम्रवर्ण की पतलून, कमीज और टोपी पहनी हुई थी। काम करने के लिए यह वेश लोग सामान्य रूप से पहना करते थे, किन्तु पुत्र ने पिता को यह कपड़े पहने कभी नहीं देखा था। कमीज की जेब में पेंसिल और कलम थे, जैसा हेवर्थ ने बताया था। इसमें तो कोई अचरज की बात नहीं थी क्योंकि हजारों व्यक्ति जेब में कलम पेंसिल रखा करते हैं। किन्तु उसी जेब में तीसरी वस्तु ऐसी थी जो बहुत कम लोग जेब में रखा करते हैं-परकार!

अमेरिका और परामनोविज्ञान परिषद् ने हेवर्थ से अच्छी तरह जिरह की :

प्रश्न–क्या आपको कभी आने वाली घटनाओं का आभास होता है ?

उत्तर–प्रायः नहीं। होता भी है तो सदैव गलत निकलता है।

प्रश्न–क्या आप बहुधा स्वप्न देखा करते हैं?

उत्तर–बहुत ही कम।

प्रश्न–क्या आपके पिता जी को कभी मनोवैज्ञानिक अनुभूतियाँ होती हैं?

उत्तर–वह तो ऐसी बातों की खिल्ली उड़ाया करते थे।

प्रश्न–ऐसा तो नहीं है कि आप उस समय सो रहे हों और सोते में ही आपने पिता जी की सूरत देखी हो ?

उत्तर–इससे अधिक जागृत मैं कभी नहीं था।

प्रश्न–क्या आप समझते हैं आपके अन्दर कोई परामनोवैज्ञानिक शक्ति है?

उत्तर–बिल्कुल नहीं।

भूत द्वारा मृत्यु की सूचना मिलने के उदाहरण हजारों मिल जायेंगे। किसी का कोई प्रिय मर जाता है और वह सूक्ष्म-शरीर के रूप में दुःखद समाचार देता है। बाद में पता चलता है कि छाया-दर्शन ठीक उस समय हुआ था जब मृत्यु हुई थी किन्तु हेवर्थ के दृटान्त में लगभग 2 घण्टे का अन्तर था।

परन्तु अनुसन्धानकों के पास इस बात का भी उत्तर है। उनका मत है कि

मतिभ्रम तब तैयार होता है जब मरने वाले का मन किसी को सन्देशा देना चाहता है और मान लीजिए कि उस समय उक्त व्यक्ति का मस्तिष्क किसी काम में फंसा हुआ है तो सन्देशा उपयुक्त समय तक के लिए रुका रहेगा।

उपयुक्त दृष्टान्त में पिता जी की मृत्यु के समय हेवर्थ एक कक्षा में पढ़ा रहा था। अतः सन्देशा रुका रहा-तब तक जब तक हेवर्थ बिस्तर पर नहीं पहुँच गया क्योंकि वही उपयुक्त समय था।

(साभार, 'नार्दन इंडिया', पत्रिका)

जर्मन बम से बचा लिया

वेस्टर्न होपकिंस एक प्रसिद्ध विद्वान और लेखक थे। एक रात वह एक होटल तक घूम कर आने के लिए जैसे ही हाल में हैट लेने गये कि अचानक उन्हें बाहर से किसी के खाँसने और बुदबुदाने की आवाज सुनाई दी। उन्होंने उस ओर का दरवाजा खोल कर देखा जिधर से आवाज आयी थी। सामने वाली सड़क पर दृष्टि दौड़ाई। कोई दिखलाई नहीं दिया।

होपकिंस हाल में लौट आयें किन्तु बड़े उद्विग्न रहे क्योंकि उन दिनों जर्मनों की बमबारी हो रही थी और ध्वस्त वायुयानों के चालक बहुधा उनके मकान के आसपास के सघन पेड़ों और झाड़ियों में छिप जाया करते थे। अभी कुछ ही दिन पहले उन्होंने एक सीनियर पुलिसमैन की, एक घायल जर्मन चालक को एम्बुलेंस आने तक अपने घर लाने में सहायता की थी।

होपकिंस ने घूमने का विचार छोड़ दिया। कुछ ही देर बाद पुनः उन्हें खिड़की के बाहर किसी के खाँसने और बुदबुदाने की आवाज सुनाई दी। उन्हें ऐसा भान हुआ मानो वह (जो कोई भी हो) कुछ कहने को बड़ा बेचैन है। उसे कोई बहुत आवश्यक बात कहनी है किन्तु वह बात उन तक पहुँचा नहीं पा रहा है।

कुछ ही मिनट बीते होंगे कि बाहर एक जर्मन बम के विस्फोट की तीव्र धमाके की आवाज हुई। होपकिंस कहते हैं, तब मैं जान पाया कि वह आगन्तुक मुझे सम्भवतः इस मुत्यु से बचाने के लिए आया था–"इसके बाद मैं उस जर्मन के विषय में विचार किये बिना नहीं रह सका, जिसने घायल अवस्था में एम्बुलेंस की प्रतीक्षा में मेरे घर विश्राम किया था। जाते समय उसने हाथ मिलाकर मेरा अभिवादन किया था और मेरे प्रति आभार प्रकट किया था। मैंने सुना था कि कुछ दिन पूर्व अस्पताल में उसकी मृत्यु हो गयी थी।"

(साभार, दैनिक 'आज')

वचन निर्वाह

डॉ. कैल्टागिरोन अपने मित्र बेंजामिन सिंधिया से परामनोवैज्ञानिक घटनाओं पर बातें कर रहे थे। डॉक्टर से उनके मित्र बोले।

सुनो डॉक्टर! यदि मैं तुमसे पहले मरा और इसी की अधिक संभावना है क्योंकि तुम अभी जवान हो और मैं बूढ़ा हो चला हूँ, तो मैं तुम्हें वचन देता हूँ, मरने के बाद यदि मेरा अस्तित्व रहा तो उसका प्रमाण देने के लिए मैं तुम्हारे पास फिर आऊँगा।

डॉक्टर कैल्टागिरोन ने भी विनानद से मुस्कराते हुए उत्तर दिया–" अच्छा जब आप आयें तो उसका आभास हमें इस कमरे में किसी वस्तु को तोड़ कर करा दें– जैसे मेज के ऊपर जो वह गैस लैम्प लटक रहा है, उसे तोड़ दें। (यह बातचीत भोजन के कमरे में हो रही थी) और मैं भी अपनी ओर से वचन देता हूँ कि यदि मेरी मृत्यु पहले हुई तो मैं भी इसी तरह आप के घर से किसी चिह्न द्वारा अपने अस्तित्व का प्रमाण दूँगा।"

इस वार्तालाप के कुछ दिन बाद बेंजामिन एक अन्य स्थान पर जाकर बस गये और फिर डॉ. कैल्टागिरोन को उनके विषय में किसी प्रकार की कोई खबर नहीं मिली। यह वार्तालाप मई के महीने में हुआ था।

उसी वर्ष दिसम्बर की पहली या दूसरी तारीख को शाम के लगभग 5 बजे जब डॉ. कैल्टागिरोन उसी कमरे में अपनी बहन के साथ बैठे थे, अचानक ही उनका ध्यान छत से लटकते हुए गैस लैम्प की ओर आकृष्ट हुआ। उन्हें लगा जैसे कोई धीरे-धीरे गैस लैम्प के शेड और उनके ऊपर घिर्री पर हल्का प्रहार कर रहा है। धीरे-धीरे यह ध्वनियाँ और तेज की गयीं।

डॉ. साहब इसका कोई कारण नहीं खोज पाए। जब वे भोजन कर चुके, ये आवाजें बन्द हो गयीं। दूसरे दिन शाम को फिर इसी तरह चार या पाँच दिन और वैसी ही आवाजें आती रहीं। इससे डॉ. कैल्टागिरोन और उनकी बहन की जिज्ञासा बहुत बढ़ गयी कि आखिर मामला क्या है?

डॉ. साहब लिखते हैं कि "मैं एक ईमानदार व्यक्ति के रूप में अपने सम्पूर्ण सम्मान के साथ यह कहना चाहता हूँ कि इन पाँच या छह दिनों में जब वह आश्चर्यजनक घटना हुई थी, मुझे एक बार भी न तो अपने मित्र बेंजामिन सिंधिया का और न ही मई में हुए उस वार्तालाप का जरा भी ध्यान आया।"

पाँचवें या छठे दिन की शाम को जब डॉ. कैल्टागिरोन अपने अध्ययन कक्ष में थे और उनकी बहन किसी काम से बालकनी में खड़ी थी, दोनों ने भोजन के कमरे में आने वाली एक बहुत जोर के धमाके की आवाज सुनी। दोनों तुरन्त वहाँ पहुँचे। वहाँ उन्हें गैस लैम्प की घिर्री का टूटा हुआ टुकड़ा बीच मेज पर पड़ा हुआ मिला। यह बात और भी अधिक आश्चर्यजनक इसलिए थी कि घिर्री का वह टुकड़ा बिना काँच की चिमनी तोड़े किसी प्रहार के कारण लैम्प के ठीक नीचे मेज पर इस तरह गिर सकता था।

दो दिन बाद डॉ. कैल्टागिरोन को अकस्मात ही उनके साथी ने बतलाया कि बेंजामिन सिंधिया का 27 या 28 नवम्बर को देहावसान हो गया था। इस पर डॉ. साहब को एकदम यह ख्याल हुआ कि पिछले दिनों उनके घर में घटित आश्चर्यजनक घटनाओं का बेंजामिन की मृत्यु से तो कोई सम्बन्ध नहीं है। ये घटनाएँ पहली या दूसरी दिसम्बर से आरम्भ होकर पाँचवीं या छठी दिसम्बर तक होती रही थीं और मई के महीने में किये गये वादे के अनुसार भोजन के कमरे में मेज के ऊपर लटकते हुए गैस लैम्प को ही तोड़ा गया।

(साभार, दैनिक 'आज' 1971)

टोपा पहने मृत्यु

एक सज्जन ने एक रात लगभग दो बजे अपने कमरे में अपनी दादी को देखा। विशेष रूप से उनका ध्यान इस बात पर आकृष्ट हुआ कि उनकी दादी ने एक बहुत पुराने फैशन का टोपा पहन रखा था।

दूसरे दिन प्रातः नाश्ता करते समय जब वे रात के अपने इस अजीब अनुभव का वर्णन कर रहे थे, उन्हें यह देखकर बड़ा आश्चर्य हुआ कि उनके पिता एकदम खाने की मेज से उठ खड़े हुए। वे बहुत ही उद्विग्न दिखाई दिये और कमरे में से जल्दी से बाहर चले गये। नाश्ता लगभग अधूरा ही रह गया।

उक्त सज्जन की माता जी ने कहा– "बेटा मैं तुझे इनके उठ जाने का कारण बताती हूँ। आज सुबह ही तेरे पिता जी ने मुझे बताया कि वे रात अचानक जाग पड़े और उन्होंने अपनी माता जी को अपने बिस्तर के निकट ही खड़े देखा। लेकिन जैसे ही वे उससे बात करने को हुए, वे लुप्त हो गयी।

यही नहीं, इसी प्रकार उसी रात को उनकी बुआ जी ने भी अपनी माता जी को देखा था।

ये अनुभव तीनों को लगभग दो बजे हुआ, जबकि दादी की मृत्यु उसी रात सवा 12 बजे हो गयी थी।

टोप के विषय में उनके चाचा ने जो मृत्यु शय्या के निकट ही थे, बताया कि वास्तव में मृत्यु के समय उन्होंने वही पुराने फैशन का टोपा पहन रखा था। पूरी बीमारी में वह उसी टोपे को पहने रही।

(साभार, दैनिक 'आज' 12 सितम्बर, 1971)

हेलेन को बता दो

श्रीमती हैरिस फिलेडेल्फिया (अमेरिका) की रहने वाली थी। उनकी घनिष्ठ मित्र हेनेन हॉयट का अपने पति से तलाक हो चुका था। श्रीमती हैरिस की श्रीमान हॉयट से कभी भेंट नहीं हुई थी। एक दिन उनको पता चला कि हॉयट महोदय का स्वर्गवास हो गया है। वह रात के विश्राम की तैयारी कर रही थी कि उन्हें श्रीमान हॉयट का ध्यान आने लगा।

उन्हें तुरन्त ऐसा भान हुआ कि एक व्यक्ति उनके पास ही विद्यमान है। उसका मंझला कद है, गोल चेहरा है और आँखों में बेसब्री दिखाई दे रही है।

उक्त प्रेतात्मा ने आज्ञा दी– "हेलेन को बता दो; हेलेन को बता दो।"

श्रीमती हैरिस को बाद में पता चला कि हॉयट बड़े खरतल स्वभाव का था; बहुधा अशिष्ट भी हो जाता था।

उन्होंने प्रेतात्मा से पूछा, "मैं हेलेन को क्या बता दूँ?"

प्रेतात्मा ने तुरन्त उत्तर दिया, घर पर लकड़ी का सन्दूक; पीतल के हैण्डल वाला ऊपर की दराज में, जिसमें मेरा रुमाल है। काला बटुआ। फाइल। हेलेन को बता दो।

श्रीमती हैरिस ने उक्त सन्देशा ज्यों का त्यों हेलेन को दे दिया। अनमने मन से हेलेन उस घर में गयी, जिसमें 15 वर्ष से नहीं गयी थी। उसमें उसकी सौत रह रही थी। उसने कथनानुसार दराज खोला। बटुआ भी मिला, फाइल भी। उसमें हॉयट के वसीयत नामे का परिशिष्ट रखा हुआ था।

*(साभार, **Readers Digest**, नवम्बर 1952)*

राजा तालाब का भूत

श्रीमती शकुन्तला ब्रजमोहन
बी.ए. संगीत विशारद

मेरे पिता जी बनारस के समृद्ध व्यक्तियों में से थे। उनका व्यवसाय आज से 35 वर्ष पूर्व तक वकालत था। वह अपने समय के अच्छे वकीलों में से थे। कचहरी से लौटने के पश्चात् वह अपनी टमटम पर बाहरी ओर घूमने निकलते थे। साथ में एक नौकर तथा दो बड़े भाई रहते थे। घूमने तथा अच्छे स्वादिष्ट व्यंजनों को वे बहुत महत्त्व देते थे। उनका स्वास्थ्य इसकी पुष्टि करता था।

उनको घुड़सवारी का भी बहुत चाव था। संध्या को जब भाई साथ नहीं देते थे तब वह अपनी सफेद घोड़ी पर घूमने निकलते थे। कहने का तात्पर्य यह है कि एकान्त से एकान्त स्थान पर ही वह अधिक जाते थे।

बनारस में 'राजातालाब' नाम से सभी परिचित होंगे, जो बनारस से लगभग 16 किलोमीटर पर है। जिस समय की यह घटना है उसे बीते आज 50 वर्ष हो गये हैं। उन दिनों वह स्थान अत्यन्त निर्जन था। रात को तो मनुष्य वहाँ जाने से डरते थे। यह तालाब बहुत बड़ा था और इसके पास बड़ और पीपल के बड़े वृक्ष थे।

मेरे ताया जी भोजन बनाने में बड़े पटु थे। उनके साथ जाने पर भोजल की चिन्ता नहीं रहती थी। वही सब सामग्री खरीदवाकर टमटम पर रख लेते थे और जब जहाँ भी उपयुक्त स्थान देखते बस "अहरा" लग जाता। नौकर स्थान धो देता और वह दाल, बाटी, चूरमा तथा रंग-बिरंगी तरकारियाँ बनाते थे।

नौकर केवल स्थान साफ करता था। शेष काम वह स्वयं ही करते थे। भोजन करने से पूर्व वह नौकर का खाना निकालकर अलग से रख देते थे क्योंकि नौकर पक्का अहीर था।

उस नौकर की अवस्था पिता जी से दो-चार वर्ष ही बड़ी थी। हमारे सतमंजिले मकान में सबसे नीचे नौकर ही रहते थे। इस नौकर का नाम छेदी था। शरीर में बड़ा ही स्वस्थ था। घर में इसकी पत्नी, माँ तथा छोटा बच्चा था। पिता जी के साथ परछाई के समान लगा रहता था। पिता जी को उससे कम स्नेह न था।

उस समय रामा साब का मसाला, दाल तरकारियों आदि में बहुत पसन्द किया जाता था। एक दिन संध्या को पिता जी कचहरी से लौटे तो ताया जी से बोले,

"अरे भाई कल इतवार है। कल कहाँ का कार्यक्रम बना रहे हो। "ताया जी बोले," कल तड़के ही निकलो, तब कहीं बाहरी जगह दाल, बाटी, चूरमा बने।" जाड़ा पड़ रहा था। उस समय बाजरे का चूरमा, दाल, बाटी के संग अवश्य रहता था। पिता जी ने कहा, भाई कोई स्थान भी सोचा है। ताया जी बोले, राजातालाब क्यों नहीं चलते बड़ा आनन्द आयेंगा।" पिता जी सहमत हो गये।

अब ताया जी ने छेदी को बुलाया और संध्या को ही सब सामान रखवा लिया। साथ में रामा साब का मसाला लाना नहीं भूले।

प्रातः लगभग पाँच बजे पिता जी तथा सब लोग अपनी टमटम पर 'राजातालाब' की ओर चले। बड़ा ही अच्छा मौसम था। दिन निकलते-निकलते वह राजातालाब के पास थे। अपने दैनिक कर्म से निपटने के पश्चात् भोजन बनाने के लिए उपयुक्त स्थान खोजने लगे। तालाब के पास ही उन्हें एक जीर्ण-शीर्ण कोठरी दिखलाई पड़ी। भीतर जाकर देखा तो कोठरी खाना बनाने के लिए बहुत बुरी नहीं थी। छेदी ने कोठरी को अच्छी तरह से धोया।

ताया जी स्नान करके आये और अहरा लगा दिया। बारह एक बजे तक भोजन तैयार हो गया। ताया जी ने पिता जी को बुलाया। पिता जी आये और बोले, "यहाँ तो बड़ी सुगन्ध आ रही है"। ताया जी बोले, "यह सब सुगन्ध रामा साब के मसाले की है। ताया जी ने छेदी का खाना अलग रख दिया और सब लोग भोजन करने लगे। भोजन वास्तव में स्वादिष्ट बना था। सब ने खूब डटकर भोजन किया। तत्पश्चात् छेदी से कहा," छेदी, तेरा खाना रखा है, आकर खा ले।" छेदी बोला बाबू जी मैं निपट लूँ, तब खाना खाऊँ। छेदी स्नान के पश्चात् व्यायाम अवश्य किया करता था। एक पीपल के पेड़ की छाँह में उसने दण्ड बैठक करनी आरम्भ कर दी। व्यायाम के पश्चात् उसने भी भोजन किया।

छेदी ने सब सामान उठाकर टमटम पर रख दिया और पिता जी ने कहा, "अब चलना हो तो चलिए।" पिता जी ने उत्तर दिया कि अभी तो तनिक लेटने की इच्छा हो रही है।" प्रायः दो घण्टे लेटने के पश्चात् तभी लोग घर की ओर लौट पड़े।

संध्या के 6 बजे थे। पिता जी दादा जी से बातें कर रहे थे। अचानक छेदी के घर से रोने का स्वर सुनाई पड़ा। पहले तो पिता जी ने सोचा कि छेदी अपनी स्त्री को पीट रहा है। जैसा कि कभी-कभी वह किया करता था, पर जब रुदन का स्वर तीव्र होता गया तो वह छेदी का डाँटने के लिए नीचे उतरे। नीचे जाकर देखा छेदी औंधे मुँह जमीन पर पड़ा है और पास ही उसकी माँ और पत्नी रो रही हैं। पिता जी को यह देखकर आश्चर्य हुआ क्योंकि 15 मिनट पहले छेदी स्वस्थ था और पिता जी से बातें करने के पश्चात् नीचे उतरा था।

ठण्डा पानी मंगवाया गया। छेदी के सिर पर पानी के छींटे दिये गये तब छेदी स्पष्ट शब्दों में कहने लगा। पिता जी ने जरा डाँट कर पूछा, "छेदी, यह सब क्या

गड़बड़ कर रखा है।" ई सरबौला हमारा खाना खा गयल रहल, हम एके छोड़ब नाहीं। पिता जी बड़े चक्कर में पड़े। वह भूत-प्रेत पर विश्वास नहीं करते थे। फिर भी उन्होंने पूछा, "तुम कौन हो।" हम डूब गइन रहली और तब से हम ओही पीपल के पेड़वा पर रहत हई। आज जब तू खाना बनाये के हमारे लिए वह कोठरिया में रखला तब ई सरबौला सब का सब खा गयील, अउर ऊपर से हमके ताल ठोंकत रहल। अब आपे कहल जाय केका कसूर रहल! जैसन ई कइलस वैसए भोगे। हम तो एके छोड़ब नाहीं।"

पिता जी की आँखों के सामने "राजातालाब" का दृश्य खिंच गया। किस प्रकार छेदी ने व्यायाम किया जिसे यह 'ताल ठोंकना' कहता है। उस बेचारे ने तो अपना ही खाना खाया था। उसे क्या पता था कि उस खाने और व्यायाम का यह चमार दूसर ही अर्थ लगाकर उसे परेशान करेगा। पिता जी ने छेदी से कहा" तुम इसे छोड़ दो, जैसा कहोगे वैसा ही हम कर देंगें।" उत्तर मिला "वोही जगह वैसा ही खाना बने। अउर ओमें वइसही रामासाव क मसाला डालि के तब रात के 12 बजे उहाँ रक्खल जाय तब हम जाब नहिं त एकर जान लेइ लेब।" पिता जी ने उत्तर दिया, "तुमने जैसा कहा है वैसा करने पर तुम चले जाओगे न?" उत्तर मिला देखा हम जात हई लेकिन खियाल रक्खे भूल न होवे पावै।"

पाँच मिनट बाद छेदी की आँख खुली। पिता जी को सामने देखकर बड़े चक्कर में पड़ा और अपनी स्त्री से बोला 'क्या बात है रे।' बाबू जी काहे आये हैं? स्त्री घूँघट काढ़े थी। बेचारी क्या उत्तर देती? पिता जी ने कहा 'तू बेहोश हो गया था।' अपने सिर को थोड़ा दबाकर छेदी बोला, 'हाँ बाबूजी, मूड़ में दरद त जरूर होत बाटै, पर बेहोशी का हमके पता नाही।' पिता जी उसकी माँ को ऊपर ले गये और बोले, "देख जो-जो उस चमार ने बताया है वैसा ही कर, कहीं यह फिर न बीमार हो जाय।" माँ रोती हुई बोली, "बाबू, हमारे यहाँ तो कोई ई कमवा नाहीं करहैं।" पिता जी चुप हो गये।

आये दिन छेदी के घर में ये उत्पात होने लगे। लगभग 6 मास तक यह चलता रहा। कोई भी चमार के कथनानुसार खाना रखने नहीं गया। छेदी का स्वस्थ शरीर दिनोदिन सूखने लगा। जब उत्पात बहुत बढ़ गया तो पड़ौस वालों ने छेदी को पागलखाने भिजवा दिया।

घर वाले निश्चित हो गये।

एक दिन संध्या को कचहरी से लौटने पर पिता जी ने अपना खाना नीचे बैठक में मँगवाया। भाँति-भाँति के व्यंजनों से भरी थाली रख कर नौकर चला गया। पिता जी अभी थाली में से ग्रास उठा भी नहीं पाये थे कि सामने देखा छेदी खड़ा था। पिता जी ने सोचा वह तो पागलखाने में बन्द था, यहाँ कैसे आ गया। उन्होंने आँखें मलकर देखा, वह कोई दूसरा नहीं छेदी ही था। छेदी ने कहा, 'का अकेल ही खायल

जाई? 'पिता जी ने कहा, 'नहीं-नहीं, तु खा ले।' छेदी बड़े इत्मीनान से खाने के बाद बोला। 'खाना बड़ा बढ़िया रहल, अब हम जात हई।' पिता जी पत्थर की मूर्ति के समान बैठे रहे और छेदी चला गया।

पिता जी ने थोड़ी ही देर में पागलखाने फोन करके पूछा, "छेदी को क्यों छोड़ दिया?" वहाँ से उत्तर मिला," वह तो यहीं पर है। हमने उसे अभी तक छोड़ा नहीं है।" यह सुनकर पिता जी सन्नाटे में आ गये। उनकी आँखों का दोष नहीं था। उन्होंने अपनी थाली का खाना छेदी को खाने को दिया था। वह बार-बार सोचने लगे, यह सब क्या था।

एक वर्ष पश्चात् छेदी ठीक होकर लौटा। उसके घर वालों ने चमार के कथनानुसार खाना उसी पीपल के पेड़ के नीचे रखवा दिया था। इस घटना ने पिता जी को इतना प्रभावित किया कि उनकी रुचि इस विषय की ओर दिनोंदिन बढ़ती गयी। उन्होंने इस विषय का अच्छा अध्ययन किया। अन्त में वह इसी निष्कर्ष पर पहुँचे कि 'कोई एक अदृश्य शक्ति है, उसे चाहे आप आत्मा कहें या भूत। वह मनुष्य जिसकी इच्छाएँ अतृप्त रहती हैं, मृत्यु के पश्चात् भी चाहता है कि उसकी इच्छायें पूरी हो जायें। तभी उसकी आत्मा इधर-उधर भटकती है।

छेदी आज भी जीवित है ! हम सब जब उससे इन बातों को पूछते हैं तो वह हँसकर कहता है, 'हमके का पता कि हमरे ऊपर भूत आयल रहल? ई तू बाबू जी से पूछा।'

मधुबाला के घर भूत का डेरा

'महल', 'मुगले आजम' और 'काला पानी' की ख्याति प्राप्त भारतीय फिल्म अभिनेत्री स्वर्गता मधुबाला के बम्बई स्थित वासस्थान में भूतों का डेरा बन गया है और वहाँ पर कोई भी व्यक्ति रहने के लिए तैयार नहीं, यह बात शुरू में भले ही सर्वथा आश्चर्यजनक लगे लेकिन इस तथ्य से इनकार करना किसी के लिए भी सम्भव नहीं हो पा रहा है।

मधुबाला की मृत्यु आज से लगभग पन्द्रह वर्ष पहले हुई थी। गायक अभिनेता किशोर कुमार के साथ विवाह करने के बाद भी बांद्रा उपनगर में स्थित पाली हिल के अरेबियन विला नामक अपने वासस्थान में ही अधिकतर वह रहती थी और वहीं दिल में सुराख हो जाने के कारण उसका देहान्त हुआ था। मृत्यु के कुछ ही क्षणों पूर्व उसने कहा था कि वह पुनः भारत में ही जन्म लेना चाहती है और जन्म लेकर अभिनय क्षेत्र में ही बने रहने की उसकी उत्कट इच्छा है।

'मुगले आजम' मधुबाला की अन्तिम सफल फिल्म थी। अपनी घातक बीमारी के कारण बाद में वह अभिनय करने में समर्थ नहीं रह पायी और उसी के सपनों में वह घुलती रह गयी। किशोर कुमार स्वतः यह नहीं चाहते थे कि उनकी पत्नी फिल्मों में अभिनयरत रहे, जिसका बहुत अन्यथा प्रभाव मधुबाला पर पड़ा था। फिल्मी दुनिया को किसी भी मूल्य पर छोड़ पाना उसके लिए सुखद नहीं था।

'अरेबियन विला' में उन दिनों मधुबाला के पिता अताउल्लाह खाँ और उसकी छोटी बहन चंचल रहती थीं। माँ की मृत्यु बहुत पहले ही हो चुकी थी और परिवार का सारा व्यय मधुबाला के ही जिम्मे था। इसीलिए किशोर कुमार के साथ उसके विवाह का विरोध भी उसके पिता ने किया था।

मधुबाला की मृत्यु के कुछ ही दिनों बाद अताउल्ला खाँ का भी देहान्त हो गया, और एक फिल्म निर्देशक के साथ विवाह कर चंचल भी अरेबियन विला छोड़ कर अपने घर चली गयी। तब से वह घर पूरी तरह वीरान पड़ा है।

'अरेबियन विला' के पड़ोस में रहने वाले लोगों का कहना है कि प्रत्येक रात में वहाँ रोने, गाने और लड़ने-भिड़ने की आवाजें सुनायी पड़ती हैं। इन आवाजों में मुख्य स्वर स्वयं मधुबाला का रहता है। कुछ लोगों ने उन स्वरों को टेप रिकॉर्ड भी किया है और ध्वन्यांकित आवाज के साथ मधुबाला की आवाज की आश्चर्यजनक एकरूपता मिली है।

कुछ बरसों पूर्व फिल्मिस्तान के सर्वेसर्वा सेठ तोलाराम जालान ने मधुबाला के उत्तराधिकारियों से वह घर खरीद लिया था। उसकी उन्होंने अपेक्षित मरम्मत और रंगाई-पुताई भी की, लेकिन उसके बाद भी कोई उसमें रहने के लिए तैयार नहीं हो पाया। स्वयं जालान के कुछ निकट सम्बन्धी एक दिन जब वहाँ रहने गये तो उन्हें इतने भयानक सपने आये कि रात में ही वह जगह छोड़ कर उन्हें अपने घर भाग आना पड़ा।

श्री जालान अब उस घर को किराये पर उठाना चाहते हैं। लेकिन उसके लिए कोई भी प्रस्तुत नहीं है। लोगों का कहना है कि स्वयं मधुबाला वहाँ पर भूत बन कर रहती है और उसे छेड़ना किसी के लिए भी सम्भव नहीं है।

पड़ोसियों के अनसुार वहाँ से रात-बिरात उन गानों की आवाजें भी आती हैं जो स्वयं मधुबाला परदे पर गा चुकी हैं। इन गानों में 'महल' का एक गाना प्रमुख है।

इसके पूर्व इस तरह के समाचार सिर्फ फतेहपुर सीकरी से मिले थे। वहाँ के निवासियों के अनुसार आजकल भी हर रात वहाँ पर तानसेन के गाने सुनायी देते हैं और घुँघरुओं की ध्वनि के साथ नृत्य के पदचाप कानों में पड़ते हैं। भारतीय पर्यटन विभाग द्वारा विदेशों में फतेहपुर सीकरी का जो प्रचार किया जाता है, उसमें भी यही कह कर पर्यटकों को आकृष्ट करने की चेष्टा की जाती है कि वहाँ पहुँच कर उन्हें जीवित भूत देखने को मिल सकेंगे।

मधुबाला का घर भी इन दिनों बम्बई के पर्यटकों के आकाषर्ण का केन्द्र बनता जा रहा है। प्रत्येक रात वहाँ काफी भीड़ जमा हो जाती है, हालाँकि बहुत कम लोगों को अभी तक मधुबाला की प्रेतात्मा का साथ मिल पाया है।

स्वप्नों से भावी घटनाओं की सूचना

राजीव कुमार

अत्यन्त प्राचीन काल से ही स्वप्नों को भावी घटनाओं का सूचक माना जाता है। भविष्य वक्ताओं से लेकर मनोवैज्ञानिकों तक ने स्वप्न के इस विचित्र कार्य व्यापार का विलेषण करने का प्रयास किया है। परिणामस्वरूप, इस सम्बन्ध में आज एक से अधिक सिद्धान्त मान्य हैं। इसके बावजूद स्वप्नों में भावी घटनाओं के दिखने का विचित्र व्यापार का कोई सन्तोषजनक उत्तर नहीं दिया जा सका है।

कुछ मनोवैज्ञानिकों का कहना है कि कुछ व्यक्तियों की मानसिक शक्ति इतनी अधिक विकसित होती है कि वे किसी आन्तरिक प्रेरणा से भावी घटनाओं का पता लगा लेते हैं। प्रायः इस प्रकार की जानकारी स्वप्नों से ही मिलती है। यों स्वप्नों के ही कारण विश्व के कई आविष्कार और कई महान साहित्यिक रचनाएँ सम्भव हो सकी हैं। स्वप्नों के इस विचित्र व्यापार को नीचे दी जा रही घटनाओं में आसानी से देखा जा सकता है।

मिश्र के एक बादशाह को एक स्वप्न दिखा कि सात मोटी गौवों को सात पतली गौवों ने खा लिया है। आगे दिखा कि सात पतले अनाज के दानों ने सात मोटे दानों को चट कर दिया। तब मसीहा जोसेफ ने इस स्वप्न का यह कह कर विश्लेषण प्रस्तुत कियाः सात वर्षों के भारी फसल के बाद सात वर्षों तक अकाल पड़ेगा। बादशाह ने इस विशलेषण में विश्वास किया कि आगे के वर्षों में जब वाकई अकाल पड़ा, तब संग्रह किये हुए अनाज से लाखों लोगों की जीवन रक्षा की जा सकी थी।

इस प्रकार सीजर की पत्नी केलपुर्नियाँ को स्वप्न दिखा कि कई रोमन व्यक्ति एक ऐसे फव्वारे में स्नान कर रहे हैं जिसमें से खून की वर्षा हो रही है। वह इतनी भयभीत हो गयी थी कि उसने सीजर को बाहर जाने से मना कर दिया। पर सीजर ने उसकी बात नहीं मानी और उसका वध कर दिया गया।

भावी घटनाओं से सम्बन्धित एक लिखित स्वप्न श्रीमती लिंकन का मिलता है। उसे बड़े विस्तार में अपने पति अब्राहम लिंकन का वध होने का स्वप्न दिखा था। लिंकन ने भी सीजर के समान अपनी पत्नी की बात को मजाक में उड़ाना चाहा। पर वह सारा दिन घर में ही रहा। पर दुर्भाग्य पीछा कर रहा था और शाम को थियेटर में उसकी हत्या कर दी गयी।

फ्रांस के दो युवा मित्रों का स्वप्न भी बहुत रोमांचक है। इनमें से एक को लगातार यह स्वप्न दिख रहा है कि उसके मित्र के माली ने उसकी हत्या कर दी है। तब उसने मित्र पर यह दबाव डाला कि वह माली को हटा दे। पहले तो उसने इतने कुशल माली को हटाना नहीं चाहा पर बहुत आग्रह करने पर मित्र की बात मान ली। दो दिन बाद उसकी हत्या हो गयी।

इसी प्रकार इंग्लैंड में एक बच्चे को यह स्वप्न बार-बार दिख रहा था कि कुछ लोग रात के समय बगीचे को खोद रहे हैं। पहले तो उसके माता-पिता ने ध्यान नहीं दिया क्योंकि उनका ख्याल था कि बच्चे की अत्यन्त सक्रिय कल्पना का यह कमाल है, पर एक दिन जब उन्होंने बगीचे को खोदा तो उसमें से 17वी शताब्दी के सिक्के मिले।

स्वप्नों के बारे में सबसे प्राचीन मत यह है कि रात्रि के समय आत्मा शरीर को छोड़कर घूमने के लिए निकल जाती है। इससे वह यह जानना चाहती है कि बाहर क्या हो रहा है। पर आधुनिक मनोवैज्ञानिकों का कहना है कि स्वप्न 'इच्छापूर्ति' के परिणाम होते हैं अर्थात् जो इच्छाएँ हम जागते हुए पूरी नहीं कर पाते, वे स्वप्नों में प्रतीकात्मक रूप से पूरी हो जाती हैं। उन्होंने मनोवैज्ञानिक बीमारियों का उपचार करने के लिए स्वप्नों में प्रतीकात्मक रूप से पूरी हो जाती हैं।

इसलिए स्वप्नों के स्वरूप को समझने के लिए कई गम्भीर खोजें की जा रही हैं। इन खोजों का आधार केवल सामान्य व्यक्तियों के स्वप्न ही नहीं हैं अपितु 'एलिन इन बंडरलैंड' जैसी साहित्यिक कृतियाँ भी हैं।

वस्तुतः स्वप्नों में समय और स्थान की भावना लुप्त हो जाती है। डॉ. मेरी स्टोप्स ने इसका बहुत ही विस्तृत विवरण अपनी पुस्तकों में दिया है। उन्होंने एक ऐसे व्यक्ति के स्वप्न का जिक्र किया है जो सिगरेट सुलगा कर तथा तीली फेंकने के बाद सो जाता है। उसे स्वप्न में ऐसी घटनाएँ दिखलाई देती हैं जिन्हें जागृतावस्था में घटने में सैकड़ों घण्टे लगे थे। पर वस्तुतः यह शायद आधे मिनट से भी कम सोया था और दियासिलाई की तीली तक नहीं बुझी थी।

भावी घटनाओं के स्वप्न देखने वाले लोगों का कहना है कि ऐसे स्वप्न तड़के या ब्रह्म बेला में ही दिखाई देते हैं। नींद से उठने पर उनके चेहरों पर तब भी शोर या प्रसन्नता के चिह्न बने रहते हैं। एक उदाहरण से इसे समझा जा सकता है। भारत के भूतपूर्व कमांडर-इन-चीफ लार्ड राबटूर्स ने अपने पिता के स्वप्न का उल्लेख किया है। यह स्वप्न देखकर उसके पिता बहुत उदास रहे थे। जब उसके पिता को यह स्वप्न दिखा कि कोई जहाज दूर तैरता हुआ जा रहा है तो उन्होंने एक कार्यक्रम रद्द कर दिया था। लार्ड राबटर्स को यह बात सरासर बेवकूफी की लगी। पर कुछ ही देर बाद उसके पिता को एक तार मिला, जिसमें उनकी लड़की राबटूर्स की बहन की मृत्यु की सूचना दी गयी थी।

भूत क्या, क्यों और कैसे

कीर्ति स्वरूप रावत

एक महिला ने दूसरी से पूछा—क्या आप भूतों में विश्वास करती हैं? नहीं, दूसरी ने उत्तर दिया। लेकिन मुझे उनसे डर लगता है। प्रायः भूतों से वही लोग अधिक डरते हैं जो उनमें विश्वास नहीं करते।

वस्तुतः भूत-प्रेत सम्बन्धी इतने अधिक किस्से-कहानियाँ मात्र कल्पना, भय या भ्रम आदि पर आधारित होते हैं और साथ ही उनसे सम्बन्धित वैज्ञानिक शोध से अपरिचित होने के कारण भी सामान्यतः पढ़े-लिखे व्यक्ति कभी यह स्वीकार नहीं करते कि वे भूतों में विश्वास करते हैं। फिर भी आप प्रायः ऐसा पायेंगे कि मैं स्वयं तो इस तरह की बकवास में जरा भी विश्वास नहीं करता। कहने वाला व्यक्ति स्वयं ही बड़े उत्साह से इस तरह के किस्से सुनाते हैं तो भी नहीं सुनता। लगता है इस क्षेत्र में बहुत से व्यक्ति एक विरोधाभास से ग्रसित होते हैं। वे एक ओर मानने से इनकार करते हैं तो दूसरी ओर उन्हीं में कहीं गहरे अटूट विश्वास भी छिपा प्रतीत होता है। उपर्युक्त दो महिलाओं का वार्तालाप काल्पनिक नहीं है वरन् वह एक व्यापक सत्य का प्रतिनिधित्व करता है।

भूतों में यदि विश्वासबिल्कुल है ही नहीं तो फिर उनमें दिलचस्पी क्यों? दिलचस्पी भी जाने दें। उनसे डरने का तो फिर कोई कारण होना नहीं चाहिए।

कुछ वर्ष पूर्व चीन में 'द इंस्टीट्यूट ऑफ लिटरेचर ऑफ दी चाइनीज' एकेडमी ऑफ साइंस इन पीकिंग द्वारा एक पुस्तक प्रकाशित हुई थी—स्टोरीज ऑफ नाट बीइंग अफरेड ऑफ घोस्ट्स। इस पुस्तक की भूमिका में लिखा है—इस पुस्तक में भूतों से भयभीत न होने से सम्बन्धित पैंतीस कहानियाँ हैं। ये कहानियाँ प्राचीनकाल में भूतों से लड़ने वाले चीनियों के साहस का प्रदर्शन करती हैं। आज सभी जानते हैं कि भूतों जैसी कोई वस्तु नहीं होती है।

प्रश्न पुनः यही उठता है कि यदि भूत होते ही नहीं हैं तो फिर चीनी लोग किनसे लड़कर अपने साहस का प्रदर्शन कर रहे थे? विश्वास-अविश्वास का प्रश्न आगे चलकर लेंगे—अभी तो इस तथ्य की ओर ध्यान दें कि भूतों से लोग डरते क्यों हैं—वे लोग भी जो कहते हैं कि हम भूतों में विश्वास नहीं करते।

एक कमरे के बारे में ज्ञात हुआ है कि उसका वातावरण शरीर और मस्तिष्क

दोनों के लिए अत्यन्त हानिकारक है। एक लड़की ने इस कमरे में कोई ऐसी भयानक वस्तु देखी, सुनी और महसूस की कि वह बिल्कुल पागल हो गयी। एक सज्जन ने जो भूतों में बिल्कुल विश्वास नहीं करते थे, इस कमरे में सोने का साहस किया तो प्रातः बीच कमरे में उनकी लाश पायी गयी। इस तरह और भी व्यक्तियों के बारे में जो इस कमरे में सोये या जिन्होंने सोने का प्रयत्न किया, कहा जाता है कि वे या तो मर गये या पागल हो गये।

इस तरह के भुतहा कमरों, मकानों एवं स्थलों के वृत्तान्त असंख्य मिलते हैं कहीं भूत अहानिकर अपने ही कार्य में व्यस्त अनुभूत होता हैं। कहीं ईंट, पत्थर और फर्नीचर आदि फेंकते हुए। कहीं वे व्यक्ति आत्महत्या के लिए बाधित करते हैं तो कहीं किसी

कुछ विद्वानों का मत है कि मृत्यु प्रायः एक ऐसी सरल और प्राकृतिक प्रक्रिया होती है कि बहुत से मृतक तो सहसा इस परिवर्तन को ठीक महसूस ही नहीं कर पाते। कुछ सांसारिकता में अधिक आसक्त आत्माएँ जीवित व्यक्तियों की ओर खिंची रहती हैं और अज्ञान से या बुरी नीयत से उत्पात करती हैं और लोगों को कष्ट पहुँचाती हैं। ये व्यक्ति को अपंग बना सकती हैं और कभी-कभी उन्हें अनैतिकता, अपराध तथा पागलपन आदि के लिए भी बाध्य कर देती हैं।

कोर्ट में अपना अपराध स्वीकार करने के बाद एक स्त्री की हत्या के दोषी एक व्यक्ति की मृतात्मा ने अपने आरोप का खण्डन करते हुए बताया, 'हत्यारा मैं नहीं हूँ' वह है जो स्त्री के पीछे खड़ा था। उस रात जब मैं उस स्त्री के पास पहुँचा तो मुझे उसके पीछे एक बड़ा-सा व्यक्ति दिखायी दिया। मेरे मस्तिष्क में अजीब-सी उथल-पुथल होने लगी- किसी ने मेरा गला दाबा और मैं होश खो बैठा। जब मुझे पुनः चेतना आयी तो वह व्यक्ति बोला कि मैंने इस स्त्री की हत्या कर दी है। यह व्यक्ति लगभग पिछले एक माह से मेरे पीछे लगा था लेकिन मैंने यह कभी नहीं जाना कि वह भूत है। जब मैं कोर्ट में बयान दे रहा था तब भी वह छुरा लिए मेरे सामने खड़ा हुआ था और उसी ने मुझे अपराध स्वीकार करने को बाधित किया। लेकिन मेरी इस बात पर कोई विश्वास नहीं करता क्योंकि उसे किसी ने नहीं देखा।

विश्व विख्यात खगोलशास्त्री कैमिलीफलेमरियन ने एक ऐसी स्त्री का उल्लेख किया है जिसके मन में बार-बार यह इच्छा उठती थी कि वह अपने मकान के एक विशेष कमरे की खिड़की से कूदकर आत्महत्या कर ले। धीरे-धीरे उसकी यह भावना इतनी तीव्र होने लगी कि उसे वह मकान ही बदलना पड़ा। उसे यह ज्ञात नहीं था कि उस मकान के पिछले मालिक की पत्नी ने उसी खिड़की से कूदकर आत्महत्या की थी।

इसी तरह एक आर्मी-आफिसर किसी के यहाँ दो एक दिन के अवकाश पर आकर एक कमरे में ठहरा हुआ था। एक रात जब सोने से पूर्व उसने रोशनी बुझाई

और अपने बिस्तर की ओर लौटने लगा तो उसे अपने गले पर किसी की अँगुलियों का स्पर्श महसूस हुआ। उसने तुरन्त रोशनी की लेकिन कोई नहीं था। उसने रोशनी बुझा दी। लेकिन फिर वही अनुभूति। तीसरी बार फिर जब ऐसे ही हुआ तो उसने सारे कमरे में फिर अच्छी तरह खोजा लेकिन वहाँ कोई दूसरा व्यक्ति था ही नहीं। उसकी नींद गायब हो गयी और वह कोई पुस्तक पढ़ने लगा लेकिन उसके लिए अपना ध्यान केन्द्रित कर पाना असम्भव हो गया। उसके मस्तिष्क में बड़े भयानक विचार उठने लगे और उसका दिल निराशा में डूबने लगा। फिर उसमें आत्महत्या की इच्छा उभरी और तीव्र होती गयी। वैसे उसके जीवन में ऐसा कुछ नहीं हुआ था कि उसमें आत्महत्या का विचार आता। फिर भी उसके विचार बाग में बने एक कुण्ड की ओर मँडराने लगे और दूसरे ही पल वह आत्महत्या की इच्छा के वशीभूत हो तुरन्त ही कुंड तक पहुँचने के लिए खिड़की में से कूद कर बाग में पहुँच ही गया और बड़ी कठिनाई से वह पुनः अपने पर काबू पा सका। प्रातः होने से पूर्व ही वह बहाना बनाकर वहाँ से चल गया। कुछ दिन बाद उसी कमरे की सफाई करते हुए झाड़ू आदि बीच में छोड़ कर नौकरानी वहाँ से सीधे बाहर निकलकर उस कुण्ड में कूद मरी। छानबीन करने पर उसके आत्महत्या का कोई कारण नहीं मिल सका। बाद में पब्लिक रिकॉर्ड आफिस से उस स्थान के सेंकड़ों वर्षों के विवरणों से पता चला कि उस कुण्ड में और उसके एकदम निकट ही बहुत-सी आत्महत्याएँ हुई हैं। वहाँ बहुत सी आत्महत्याएँ होतीं और फिर कुछ अवकाश के बाद पुनः ऐसा ही होता। बीच में सबसे लम्बी अवधि जिसमें आत्महत्या वहाँ नहीं हुई वह 60 वर्ष की थी। कुछ अभागे कुण्ड में डूब मरे थे कुछ पास के पेड़ों पर स्वयं को गोली मारकर आत्महत्या करने ही आये थे।

जब ऐसे अनेक दृटान्त अच्छी तरह जाँच किये हुए सत्य प्रमाणित मिले तो भूत से भय खाना स्वाभाविक ही है। कभी-कभी आवश्यकता से अधिक साहस का दम भरने वालों को अपनी जान भी खोनी पड़ी है। यही बात इस दृटान्त से मिलती है।

अनेक वर्षों से खाली पड़े लन्दन के एक मकान में एक सज्जन मिस्टर बेन्टले अपने परिवार सहित रहने लगे। परिवार में दो युवा लड़कियाँ थीं—जिनमें से एक की मँगनी हो चुकी थी। कुछ दिन बाद मिस्टर बेन्टले ने अपनी लड़की के मंगेतर कैप्टन कैन्टफील्ड को अपने यहाँ आकर रहने को आमन्त्रित किया। कैप्टन ने कहा कि वह उन्हें कष्ट नहीं देना चाहता लेकिन परिवार वालों ने उत्तर दिया कि उनके मकान में बहुत से कमरे खाली पड़े हैं और यह उसकी अनुकम्पा ही होगी यदि वह कुछ दिन उनके साथ रहे, क्योंकि उसके वहाँ आने से उस घर में कुछ जिन्दगी और ताजगी आ जायेगी। इन लोगों को ऐसा लग रहा था कि वह मकान या वहाँ का वातावरण अजीब घुटा और नैराश्यपूर्ण-सा है। एक दिन छोटी लड़की ने तो स्पष्ट ही स्वीकार किया कि उसे वहाँ डर लगने लगा है। उसको पक्का विश्वास हो गया था कि हर

रात उसके बैडरूम के बाहर कोई व्यक्ति या कुछ और आता है। उस समय बड़ी तीखी दुर्गन्ध आती थी जैसा प्रायः जंगली जानवरों के पिंजरों से आती है।

युवा कैप्टन के उस मकान में आने से पहले की रात्रि को जब एक नौकरानी बिस्तर आदि लगा रही थी तो एकाएक सारा मकान उसकी चीख से गूँज उठा। सारे घर के लोग वहाँ पहुँचे तो उन्होंने देखा कि फर्श पर नौकरानी बेहोश पड़ी है। उसे तुरन्त अस्पताल भेजा गया। दूसरे दिन सुबह तक उसकी जीवन यात्रा बिना यह स्पष्ट किये कि रात क्या हुआ था समाप्त हो गयी। उसके निकट के डॉक्टर और नर्स रातभर बीच-बीच में उसकी अर्ध-चेतनावस्था की भूय-पूरित बड़बड़ाहट में यही शब्द समझ पाये 'अरे इसे मुझे मत छूने दो'।

कैप्टन के आने पर इस घटना की चर्चा फिर हुई लेकिन युवा मंगेतर ने इन बातों को फिर बकवास कह कर मजाक उड़ाया।

कैप्टन कैन्टफील्ड के आने पर उसे बतलाया गया कि किस तरह पिछली रात एक भूत के कारण नौकरानी के प्राण निकल गये थे। युवा आफिसर ने इसको सब निरी बकवास बताकर मजाक उड़ाया और बोला कि अवश्य ही इस नौकरानी को अचानक दिल का दौरा पड़ गया होगा या और कोई इसी तरह की सामान्य बातें ही रही होंगी। मैं आज रात उसी कमरे में सोऊँगा और आप सबके सामने सिद्ध कर दूँगा कि आप लोग व्यर्थ ही भूत-प्रेतों से डरते हैं। परिवार के सभी सदस्यों ने बहुत मनाने की चेष्टा की कि कैप्टन उस कमरे में न सोये। लेकिन वह नहीं माना और अपनी मंगेतर के रोकने पर बोला, घबराओ नहीं, आवश्यकता हुई तो मैं घंटी बजाकर सहायता ले लूँगा।

नीचे मिस्टर बेन्टले, एक मेहमान डॉक्टर और परिवार के अन्य सभी सदस्य काफी देर भोजनकक्ष में आग तापते रहे यह सोचकर कि जब तक वे कैप्टन की ओर से आश्वस्त नहीं हो जायें, सोएँगे नहीं। आधी रात के कुछ समय बाद घण्टी जोर-जोर से बार-बार घन्नाने लगी। सब लोग ऊपर से भागे अन्तिम घंटी की गूँज समाप्त होती, उससे पूर्व ही उन्होंने गोली चलने की आवाज सुनी।

दरवाजा तोड़कर खोलना पड़ा। युवा मंगेतर फर्श पर पड़ा था और एक हाथ की मुट्ठी में बिस्तर की चद्दर मिची हुई थी और दूसरे हाथ के पास आर्मी पिस्तौल पड़ी थी। उसकी आँखें पूरी फैलकर जड़वत हो चुकी थीं और उनमें समाहित भय का वर्णन शब्दों में करना असम्भव है। कुमारी बेन्टले की वेदना और मिस्टर बेन्टले के अफसोस का अनुमान कौन लगा सकता है।

अन्धविश्वास या कुछ और?

शिवप्रसाद 'कमल'

हम में से लाखों लोग आज भी अन्धविश्वास के कट्टर हिमायती हैं। हमारे बीच भूत-प्रेत, चुड़ैल-डायन, जिन्नात शैतान एवं प्रेतात्माओं सम्बन्धी अनेक कथाएँ प्रचलित हैं। विज्ञान ने असम्भव को सम्भव कर दिया है और उसके चरण चन्द्रमा तक पहुँच गये हैं। अशिक्षित समाज की बात ही क्या, आज तो हमारा शिक्षित समाज भी भूत-प्रेत में विश्वास रखता है और विज्ञान की महती उपलब्धियों को भी नकार जाना चाहता है। क्या इन सबका कोई अस्तित्व है। यह प्रश्न पूर्णतया विवादग्रस्त है। इस विशाल देश के निवासी अनेक मान्यताओं, धर्मों और रीति-रिवाजों के समर्थक हैं। रोग निवारणार्थ दवा-दारू के अतिरिक्त तन्त्र-मन्त्र, जादू-टोना का प्रयोग भी खूब होता है। यह बात दूसरी है कि तान्त्रिकों की जटिल साधना के शिकार होकर अनेक व्यक्ति असमय ही मौत का वरण कर लेते हैं। एक और मनोविज्ञान, जहाँ रोगों का कारण मानसिक निरूपित करता है और भूत-प्रेत कतई विश्वास नहीं रखता, वहीं दूसरी ओर परामनोविज्ञान निश्चित रूप से प्रेतात्माओं के अस्तित्व को स्वीकार करता है। इस सन्दर्भ में प्रस्तुत हैं कि श्रीमती चौधरी से सम्बन्धित एक सत्य कथा जो अनायास ही एक जिन्न के पंजे में छटपटाती हुई, भय के आवृत्ति में चक्कर काट रही है।

25 वर्षीय श्रीमती चौधरी मुंगेर जनपद की रहने वाली है और एक सम्पन्न डॉक्टर की पत्नी है। पति द्वारा बार-बार उपेक्षित और प्रताड़ित होने के कारण, तीन-चार वर्षों से अपने पति से अलग रहती है। साथ में उनका छः वर्षीय पुत्र भी है। एकहरा बदन, लम्बोतरा चेहरा और गौर वर्ण की आकर्षक महिला है श्रीमती चौधरी। हमेशा हँसते रहना और घोर जिद्द स्वभाव इनकी अपनी विशेषता है। भागे हुए जीवन को न सँभाल पाने के कारण मायका छोड़कर मिर्जापुर जनपद में आ गयी और सम्प्रति राजकीय सेवा में कार्यरत है। गत तीन-चार वर्षों में अनेक तूफान इनकी जिन्दगी को उद्वेलित करते रहे और सुख-दुख की आँखमिचौनी चलती रही। भागे हुए क्षण आज भी जब-तब रुला जाते हैं और गुज़री हुई जिन्दगी आवाज देती है लेकिन प्रतिध्वनि के सिवा कुछ हाथ नहीं लगता। इन्होंने जिसे सर्वस्त्र समर्पित कर दिया था उसी से दुर्व्यवहार पाने पर अब दोहरी जिन्दगी जी रही थी। बाहर से उसके प्रति जितनी

घृणा, विद्रोह या प्रतिशोध का भाव हो चला था। श्रीमती चौधरी 'उस' द्वारा मिर्जापुर से लौटीं और एक इक्के पर घर आने के लिए बैठ गयी। इक्के पर दो-तीन महिलाएँ और भी थीं। इक्का पाँच-छः सौ फुट आगे बढ़ा तो एक निर्जन स्थान पर श्रीमती चौधरी को प्रतीत हुआ कि उनका नाम लेकर कोई पुकार रहा है। आवाज तीन बार आयी थी। उन्होंने अपनी दृष्टि दौड़ाई, कोई दिखाई नहीं पड़ा। इक्के पर बैठी अन्य महिलाओं को वह आवाज सुनाई न पड़ी थी। श्रीमती चौधरी ने लौटकर मुझे बताया। मैंने उन्हें आश्वस्त करते हुए कहा कि यह मात्र भ्रम है, कोई चिन्ता की आवश्यकता नहीं है। दूसरे दिन, उन्होंने कहा कि आज वही आवाज आयी तो मैं मुख्य दरवाजे तक चली गयी पर कोई मिला नहीं। मैंने उन्हें समझाया कि जब आवाज आया करे तो आप अपने स्थान से उठा न करें परन्तु होता यह रहा कि वह सर्वदा आवाज़ की दिशा में चली जाती। आवाज आने का समय 5 से 6 बजे के बीच सांयकाल का था और यह क्रम करीब 25 दिनों तक चला। मैंने इसी बीच दुर्गा सम्पती के पाठ की व्यवस्था करा दी। लेकिन जब पण्डित जी श्रीमती चौधरी को अपने समक्ष बैठाकर पाठ करते तो उनकी हार्दिक इच्छा होती कि वह पंडित जी को मारने लगे। इस अशान्ति के कारण उन्होंने पाठ अधूरा करवा कर छोड़ दिया।

15 दिसम्बर वाली घटना से ही श्रीमती चौधरी डर-सी गयी थी और वह मानसिक रूप से अशान्त रहने लगी थीं। इस घटना के दो-तीन दिन बाद वह विष्टा देखतीं तो उसे उठा लेने की इच्छा होती। किसी प्रकार वह अपने पर नियन्त्रित कर पातीं। आगे चलकर उन्हें कमरे में भयानक डरावनी सूरतें दिखाई पड़ने लगीं और लगता जैसे कोई हँस रहा है। रास्ते में, कमरे में श्रीमती चौधरी को एक दाढ़ी वाला लम्बा भयानक आदमी लाल-लाल आँखों से घूरता दिखाई पड़ जाता। यहीं नहीं रास्ते में, कमरे में कभी-कभी ऐसा लगता कि ताजे गुलाबों की खूशबू फैल गयी है। श्रीमती चौधरी के कथनानुसार वह जिन्न अत्यन्त शुभ वस्त्रों में होता और उसके बाल बिखरे हुए होते। वह जब भी उसे देखता वह बहुत डर जाती और पूरा शरीर पीला पड़ जाता। उन्हें यह भी अनुभव होता है कि कोई उनकी देह पर या बगल में आकर लेट गया है।

मैं श्रीमती चौधरी को मनोवैज्ञानिक ढंग से प्रभावित करने की काफी चेष्टा कर रहा था, लेकिन उनके अन्तरतम तक में पैठ गये रोग और भय को नहीं निकाल सका। इन घटनाओं के कारण उनका स्वास्थ्य भी निरन्तर गिरता जा रहा है। हालाँकि आवाज का आना तो रुक गया है लेकिन उस जिन्न का दिखाई पड़ना नहीं रुका।

भले भूत, बुरे भूत

उस रात कस्बे की चक्की का मालिक जेम्स गारहम देर तक आटा पीस रहा था। एकाएक जेम्स के सामने एक लहूलुहान युवती प्रकट हुई। उसके सिर पर पाँच गहरे घावों में से खून बह रहा था। आपबीती सुनाते हुए वह बोली-मैं हूँ एना। वॉकर ने मुझसे जबर्दस्ती की। वह मुझे अपनाना नहीं चाहता था। न ही वह चाहता था कि जमाना उस पर उँगली उठाए। अपने पाप को मिटाने के लिए अपने दोस्त आप से कहलवाकर उसने मुझे कुल्हाड़ी से मरवा दिया।

यह एना नहीं, बल्कि उसकी भटकती आत्मा थी। एना की आत्मा ने चक्की वाले से अनुरोध किया कि वह गारहम के मुख्य न्यायाधीश को उसकी सत्यकथा सुना कर शाप और वॉकर को दंड दिलवाए। ऐसा न करने पर भूत ने उसे सारी जिन्दगी तंग करते रहने की धमकी भी दी।

एना के भूत की धमकी के बावजूद जेम्स चुप रहा। दो बार पुनः एना के भूत ने उसे चेतावनी दी। अतः जेम्स ने सारी कहानी कस्बे के न्यायाधीश को सुना दी।

यह सन् 1631 की बात थी। इंग्लैंड के डरहम कस्बे में शाप और वॉकर नामक दो मित्र रहते थे। वॉकर का एना के साथ अवैध सम्बन्ध था। दोनों ने मिल कर एना की हत्या कर दी।

छानबीन करके एना का मृत शरीर कोयले की खान से निकाला गया। दोनों हत्यारों को फाँसी पर चढ़ा दिया गया। फिर एना के भूत ने जेम्स को कभी नहीं सताया।

शरीर में आत्मा का प्रवेश

मार्च 1960 की बात है। रसूलपुर के श्री गिरधर सिंह जाट का तीन वर्ष का पुत्र जसबीर चेचक के प्रकोप से शाम को छः बजे मर गया। दूसरे दिन सुबह चार बजे उसे उठाया जाने लगा, तो उसके शरीर में कुछ कम्पन हुआ और वह जीवित हो गया। उसने कहा कि मैं बहड़ी गाँव के शंकर त्यागी का लड़का हूँ। वह लड़का अभी कुछ देर पहले रथ से गिर कर मरा है।

बहड़ी गाँव रसूलपुर से लगभग 16 मील दूर है। सब लोग उस लड़के की बात सुनकर आश्चर्य में पड गये। उन्होंने इस बात का पता लगाने के लिए तुरन्त एक आदमी बहड़ी गाँव भेजा। बात सही निकली।

इस लडके को देखने के लिए बहड़ी गाँव से शंकर त्यागी और उनके घरवाले रसूलपुर आये। उनके आते ही लड़के ने उन सभी को पहचान लिया और उनका नाम भी बताया।

फिर उस लड़के को बहड़ी गाँव ले जाया गया। उसने वहाँ तुरन्त अपना घर पहचान लिया और अन्दर घुस गया।

तैरने वाली मूर्ति

हाट पील्यार्म डाल ग्यारस के पावन पर्व पर सितम्बर में एक मेला लगता है। इस मेले के अवसर पर नरसिंह मन्दिर के पुजारी हजारों लोगों की उपस्थिति में नरसिंह भगवान की मूर्ति को पानी में तैराते हैं। यह पत्थर की मूर्ति लगभग 511 सन् की है और कहा जाता है कि यह कौरव-पाण्डवों के युग की है। आश्चर्य की बात यह है कि यह मूर्ति इतनी वजनी होते हुए भी पानी में प्रायः डूबती नहीं, तैरती रहती है। यदि कभी यह डूब जाये, तो कहा जाता है कि वह साल अनिष्टकारी रहेगा।

मूर्ति को पानी में तीन बार छोड़ा जाता है। यदि यह तीनों बार तैरती रही तो कहा जाता है कि वर्ष उत्तम रहेगा। अकाल, भुखमरी, रोग, प्राकृतिक, प्रकोप आदि नहीं होंगे। यदि एक बार डूबी और दो बार तैरी तो माना जाता है कि वर्ष सामान्य रहेगा। यदि दो बार डूबी और एक बार तैरी जो प्राकृतिक प्रकोप की आकांश रहती है और यदि तीनों बार डूब गयी तो माना जाता है कि उस वर्ष भयंकर प्राकृतिक प्रकोप होंगे।

इस मूर्ति के बारे में एक आश्चर्यजनक बात यह हुई कि कुछ वर्ष पहले यह मूर्ति अपने आप खंडित हो गयी थी। लोग अनेक प्रकार की शंकाएँ करने लगे। लेकिन 6 महीने बाद एक दिन सुबह पुजारी ने पूजा करते समय आश्चर्य से देखा कि मूर्ति अपने आप जुड गयी है।

खंडित मूर्ति हजारों लोगों ने देखी और जुड़ी हुई मूर्ति भी हजारों ने लेकिन मूर्ति के इस रहस्य को अब तक कोई नहीं समझ सका। एक और कहानी में एक चोर कानों की बालियाँ चुराते हुए पकड़ा गया। जब उसे थाने ले जा रहे थे, तब उसने बालियाँ मुँह में डालीं और निगल लीं। थाने में उसे उलटी कराने का बहुत प्रयत्न किया गया लेकिन बेकार। तब उसे एक के बाद एक पूरी 45 जीवित मक्खियाँ खिलाई गयीं, तब कहीं उसे उल्टी हुई और बालियाँ बाहर निकल आयीं।

अलौकिक संकेत द्वारा हत्यारे की गिरफ्तारी

अप्रैल 1976 की वह एक सुहावनी और सर्द शाम थी। न्यूयार्क सिटी पुलिस विभाग के सेवा निवृत्त गुप्तचर रेमण्ड ग्रीन के समक्ष एक खूबसूरत युवती की हत्या का मामला एक जटिल पहेली के साथ ही एक गहरी चुनौती बन कर खड़ा हो गया था।

उस का अंधियारा बढ़ने के साथ-साथ रेमण्ड ग्रीन और उसके सहयोगी अल्बर्ड वर्मेन के मनोमस्तिष्क पर निराशा का कोहरा प्रतिक्षण घना होता जा रहा था।

मृत युवती का निर्जीव शरीर उनके सामने कमरे की दायीं ओर की दीवार के निकट बिखरा पड़ा था। मृतक युवती अनिघ सुन्दरी थी। उसकी फटी हुई आँखें शून्य में झाँक रही थीं। रेमण्ड ग्रीन को उसकी आँखें देख कर बार-बार यूँ अनुभव हो रहा था, मानो वे आँखें उसके अन्तर्मन को झकझोर कर कह रही हों, तुम्हें मेरे हत्यारे को पकड़ कर मेरी भटकती हुई आत्मा को शान्ति दिलानी होगी।

मगर हत्यारे ने सारा कार्य बड़ी कुशलता और गहरी सूझ-बूझ के साथ किया था। उसने कोई ऐसा निशान अथवा सुराग नहीं छोड़ा था, जिसके सहारे छानबीन को आगे बढ़ाया जा सकता।

रेमण्ड ग्रीन के गुप्तचर दल के सदस्य कमरे में सर्वत्र ग्रेफाईट पाउडर का छिड़काव कर के हत्यारे के निशानों को तलाशने का प्रयत्न कर चुके थे, मगर उनका यह प्रयास बिल्कुल व्यर्थ रहा था। हत्या स्थल के आसपास रहने वाले व्यक्तियों से की गयी पूछताछ भी हत्या के रहस्य पर पड़े गहरे काले पर्दे को उठाने में सहायक सिद्ध न हो सकी थी। काफी देर की तहकीकात के बाद जब रेमण्ड ग्रीन किसी निष्कर्ष पर न पहुँच सका तो वह पराजित जुआरी की भाँति हाथ मलता हुआ कुर्सी से उठ खड़ा हुआ। उसके मुख पर गहरी निराशा के भाव थे। उसे उठता देख अल्बर्ड बर्मेन ने भी अपने बेजान हो रहे हाथों को झटक कर कुर्सी त्याग दी। फिर दोनों ने तय किया कि लाश को पोस्टमार्टम के लिए भेज कर कमरे का दरवाजा बाहर से बन्द कर दिया जाये। फलतः लाश पोस्टमार्टम के लिए रवाना कर दी गयी और जहाँ लाश पड़ी थी, उस स्थान पर चाक से दो लकीरें खींची गयीं। इस कार्य से निवृत्त हो कर रेमण्ड ग्रीन ने एक दीर्घ निश्वास ली और फिर मुड़ कर दरवाजा बन्द करने लग।

सहसा उसके मन के किसी कोने में जिज्ञासा उभरी कि एक बार फिर कमरे में झाँक कर देख लिया जाये।

यह विचार मन में आते ही उसने अन्धेरे कमरे में झाँका। दूसरे ही पल उसकी

आँखें एक नये परिवर्तन को देख कर विस्मय से फैल गयीं। वह एक बहुत ही आश्चर्यजनक बात अपनी खुली आँखों के सामने देख रहा था। जिस स्थान पर युवती की लाश पड़ी थी, उस स्थान के बिल्कुल पास वाली दीवार पर कोई प्रकाश चिह्न टिमटिमा रहा था।

वह बदहवासी की स्थिति में आगे बढ़ ही रहा था कि अल्बर्ड बर्मेन ने पीछे से उसकी बाँह पकड़ते हुए कहा, कहाँ जा रहे हैं?

धीरे से अपनी बाँह छुड़ा कर रेमण्ड ग्रीन ने दीवार की ओर संकेत करते हुए कहा देखो, वहाँ कोई चीज चमकती हुई नजर आ रही है। कह नहीं सकता कि वह क्या है, मगर जो कुछ भी है, बहुत आश्चर्यजनक है।

इतना कह कर रेमण्ड ग्रीन बेताबी के साथ आगे बढ़ा। वह स्थान जहाँ लाश पड़ी पाई गयी थी और जिसे अब चाक से घेर दिया गया था, उसके ठीक ऊपर, दीवार पर कोई निशान चमक रहा था। रेमण्ड ग्रीन आँखें गड़ा कर उस निशान को देखता रहा।

यह निशान तो हाथ की उँगलियों और अँगूठे का है।

रेमण्ड ग्रीन ने आगे बढ़ कर लाइट का स्विच आन कर दिया। प्रकाश फैलते ही दीवार पर चमकते हुए निशान गुम हो गये। रेमण्ड ग्रीन ने दीवार के समीप पहुँच कर देखा, तब भी निशान गायब थे। घुटनों के बल नीचे फर्श पर झुक कर रेमण्ड ग्रीन ने पुनः दीवार का निरीक्षण किया। वहाँ पर ग्रेफाईट पाउडर छिड़का हुआ था। इसका अर्थ था कि प्रयोगशाला की टीम को ग्रेफाईट के छिड़काव के बाद भी वह निशान दृष्टिगोचर नहीं हुए थे। रेमण्ड ग्रीन ने पुनः तेजी के साथ लाइट का स्विच ऑफ कर दिया। अब वह चमकते निशान पुनः दीवार पर टिमटिमा रहे थे।

अल्बर्ड हमें किसी भी प्रकार से इन निशानों का चित्र ले लेना चाहिए।

मगर यहाँ तो और कोई भी नहीं है। फिर रात भी काफी हो चुकी है। आखिर फोटोग्राफर कहां से आयेंगा अल्बर्ड बर्मेन ने उत्तर दिया।

हूँ! रेमण्ड ग्रीन ने हुँकारा भरा। फिर उसने कुछ सोच कर अपनी जेब से नोट बुक निकाली और वह बड़े ध्यान से दीवार पर चमकते हुए अँगूठे तथा उँगलियों के निशनों की अनुकृति नोटबुक पर उतारने लगा।

दस मिनट के बाद रेमण्ड ग्रीन का हृदय एक नयी आशा के साथ धड़क रहा था। उसके शरीर में फुर्ती और दिमाग में ताज़गी आ गयी थी। उसने मुस्करा कर अल्बर्ड बर्मेन को देखा और फिर उसके साथ कमरे से बाहर निकल आया।

कमरे के दरवाजे पर ताला डालने के पश्चात् उसने अल्बर्ड बर्मेन को घर चलने के लिए कहा और फिर उसे शुभ रात्रि कह कर मोटरसाईकिल पर एक ओर चल पड़ा। अब उसका रुख अपराधियों के हस्त-चिह्वों के विशेषज्ञों के कार्यालय की ओर था।

वह इतना अधिक उत्तेजित हो उठा था कि प्रातःकाल होने की प्रतीक्षा करने के लिए भी नहीं रुक सका।

अब तक उसने प्रत्येक अपराधी को अपराध विज्ञान के तर्क और गणित के फार्मूलों की भाँति साध्य तथ्यों के आधार पर पकड़ा था, मगर इस बार विज्ञान व्यावहारिक और यथार्थ के धरातल पर, जबकि वह एक अपराधी के हाथों पूरी तरह पराजित हो चुका था, कोई अलौकिक शक्ति ही उसका मार्गदर्शन कर रही थी। उसके अन्तस से आवाज आ रही थी कि हो-न हो दीवार पर चमकते ये निशान हत्यारे के अँगूठे और उँगलियों के हैं।

नोटबुक पर उतारे गये अँगूठे और उँगलियों के निशानों को अपराधियों की हस्त-रेखाओं के संग्रहालय में ले जा कर वहाँ विशेषज्ञों की सहायता से मिलाया गया। रेमण्ड ग्रीन के आश्चर्य की उस समय कोई सीमा न रही, जब केवल आधे घंटे के अन्दर ही उसे विशेषज्ञों द्वारा बताया गया कि ठीक इसी प्रकार की ऊंगलियों और अँगूठे की रेखाओं वाला एक व्यक्ति इसी नगर में रहता है।

संदिग्ध हत्यारे का पता लगाता हुआ रेमण्ड ग्रीन उस स्थान पर पहुँचा, जहाँ वह रहता था। अब प्रातःकाल की किरणें फूटने में कुछ ही समय शेष था। रेमण्ड ग्रीन को लगा कि रात के अन्धेरे की समाप्ति के साथ ही इस रहस्यपूर्ण हत्याकांड की गुत्थी सुलझ जायेगी।

आसपास के लोगों से पूछताछ करने पर रेमण्ड ग्रीन को पता चला कि उक्त व्यक्ति हत्या के समय अपने घर से बाहर था। लोगों से यह भी पता चला कि मृतक युवती के साथ कुछ समय पूर्व तक उसका मेल-जोल था। वह एक-दो बार उसके कमरे में भी आयी थी।

रेमण्ड ग्रीन अब एक भी क्षण नष्ट नहीं करना चाहता था। उक्त व्यक्ति के घर के दरवाजे के सामने पहुँच कर उसने बाएँ हाथ से काल-बैल का स्विच दबाया और दायाँ हाथ ओवरकोट की जेब में पड़े हुए रिवाल्वर पर रख दिया।

थोड़ी देर बाद, एक झटके के साथ दरवाजा खुला, नाइट गाउन में ढके हुए लम्बे-चौड़े आदमी ने कुछ झुंझलाहट के साथ कहा कहिए, किससे मिलना चाहते हैं।

मेरा नाम रेमण्ड ग्रीन है। एक जरूरी काम से आया हूँ। आप से ही कुछ बातचीत करनी है।

यह भी कोई वक्त है बात करने का कहते हुए सामने वाला व्यक्ति गुस्से के साथ दरवाजा बन्द करने लगा, मगर रेमण्ड ग्रीन ने बाएँ हाथ से दरवाजे को ठेलते हुए रिवाल्वर वाला हाथ बाहर निकाल लिया। इससे पूर्व कि वह व्यक्ति कुछ समझ पाता, रेमण्ड ग्रीन ने रिवाल्वर उसके सीने पर रख दिया।

आज शाम, लगभग छः बजे के आसपास तुम कहाँ पर थे। मैं बाहर घूमने के लिए गया था।

क्राइम रिकार्ड्स डिपार्टमेंट से उपलब्ध विवरण के आधार पर रेमण्ड ग्रीन को यह मालूम हो चुका था कि जैक (हत्यारे का नाम) स्वभाव से क्रूर होने के बावजूद दिल का बड़ा डरपोक था। यही कारण था कि अब तक उसने केवल असहाय महिलाओं को ही अपनी पशुता का शिकार बनाया था।

रिवाल्वर की नली का दबाव जैक के सीने पर और भी गहरा करते हुए रेमण्ड ग्रीन ने कड़कती हुई आवाज में उसे कहा, झूठ बोलने की कोशिश मत करो। सच बताओ नहीं तो।

बब् बताता हूँ, मगर रिवाल्वर का दबाव तो कम करो। मेरा सीना फटा जा रहा है। जैक ने अनुनय भरे शब्दों में कहा।

रेमण्ड ग्रीन ने रिवाल्वर का दबाव एकदम ढीला कर दिया। इसी बीच रेमण्ड ग्रीन की आशा से बिल्कुल विपरीत जैक चीते की-सी फुर्ती के साथ पीछे हटा और रेमण्ड ग्रीन के रिवाल्वर वाले हाथ पर दाएँ पैर के भरपूर प्रहार से उसे निहत्था कर दिया। मगर रेमण्ड ग्रीन भी थोड़ी देर की हतप्रभता के बाद फौरन ही सावधान हो गया। उसने तुरन्त एक साथ दाएँ हाथ के मुक्के और बाएँ पैर के जबरदस्त प्रहार से जैक को जमीन सुंघा दी। उसी आवेश में उसने दोनों हाथों से जैक का सिर पकड़ कर उसे दीवार पर दे मारा। जैक निर्जीव-सा हो कर धरती पर ढेर हो गया।

जैक को अचेत करके रेमण्ड ग्रीन ने फर्श पर गिरा अपना रिवाल्वर उठाया और फिर फुर्ती के साथ कमरे की तलाशी लेने लगा। बायीं ओर कुर्सी पर बेतरतीबी से पड़ी जैक की जैकेट की जेब से रबड़ के दस्तानों का जोड़ा झांक रहा था। एक कोने में रखे हुए जैक के रबड़ के जूते भी मिल गये। जैकेट की भीतरी जेब से नाइलोन की बारीक, मगर मजबूत एक रस्सी मिली। इसी रस्सी से युवा सेक्रेटरी का गला घोंट कर हत्या की गयी थी।

जैक पर हत्या का अपराध दर्ज कर पुलिस द्वारा पुछताछ की गयी। उसके विरुद्ध हत्या के प्रमाण एकत्रित हो चुके थे। सख्ती से की गयी पूछताछ के दौरान उसने भी स्वीकार कर लिया कि यह हत्या उसी ने की थी। हत्या का कारण उक्त सुन्दर सेक्रेटरी द्वारा उसके प्रेम को ठुकराना तथा उसकी उपेक्षा करना था। जैक ने यह भी स्वीकार किया कि इससे पूर्व भी वह तीन युवतियों की हत्याएँ ठीक इसी प्रकार कर चुका है, मगर हर बार वह साफ बच निकला था।

रेमण्ड ग्रीन ने जब उसे बताया कि घटनास्थल पर शव के ठीक ऊपर की दीवार पर चमकते हुए निशानों के आधार पर ही वह उस तक पहुँच सका है, तो जैक को बड़ा आश्चर्य हुआ। उसने बड़े अचरज के साथ कहा, मगर मैंने तो दीवार को छुआ तक नहीं था और मैंने दोनों हाथों में रबड़ के दस्ताने पहन रखे थे। तीसरी बार रेमण्ड ग्रीन को आश्चर्य उस समय हुआ, जब अल्बर्ड बर्मेन ने उसे आ कर बताया, सर फिंगर प्रिंट लैबोरेटरी के फोटोग्राफर जब दीवार पर चमकते हुए निशानों के चित्र

लेने पहुँचे तो निशान नहीं उभर रहे थे। लैबोरेटरी का हर सदस्य उस स्थिति में मेरी अक्ल पर तरस खाता हुआ समझ रहा था कि मेरा दिमाग सठिया गया है। भला दीवार पर किसी के हाथ के चमकते हुए निशान कैसे उभर सकते हैं।

मगर रेमण्ड ग्रीन और अल्बर्ड बर्मेन ने उन निशानों को अपनी आँखों से न केवल देखा ही था अपितु उसके आधार पर अपराधी को कानून के सुपुर्द भी कर दिया था।

दीवार पर चमकते हुए उन निशानों का क्या रहस्य था? इसे कौन बता सकता है? वैज्ञानिक धरातल पर रोशनी के इन निशानों के प्रकट होने का कोई कारण नहीं बताया जा सकता। वे प्रकाश चिह्न केवल किसी अतीन्द्रिय जगत का करिश्मा ही कहे जा सकते हैं। सत्य केवल यह है कि एक अलौकिक संकेत रूप में कुछ समय तक दीवार पर उभरे उन प्रकाश चिह्नों ने एक क्रशाग्र हत्यारे की सम्पूर्ण बुद्धि कौशल को ध्वस्त करते हुए उसे कानून की लम्बी बाँहों में पहुँचा दिया।

आत्माओं के उत्पात

आत्माओं के कारण जहाँ मनुष्य को लाभ पहुँच सकता हैं वहाँ हानि भी। शुभ आत्माएँ मनुष्य की उन्नति में बहुत से साधन जुटाती हैं, लेकिन अशुभ आत्माएँ उत्पात करके कठिनाइयाँ उत्पन्न कर देती हैं। कहीं-कहीं ये कठिनाइयाँ मनुष्य स्वयं ही मोल ले लेता है। बहुत से दृश्यों को हम सत्य मान बैठते हैं जो केवल स्वप्न मात्र होते हैं। ऐसे उत्पातों की सत्यता जानने के लिए निरन्तर अनुभव किये जायें और अनुभव भी विभिन्न स्थानों में तथा विभिन्न समय में होने चाहिए। एक घटना ऐसी है-एक भद्र परिवार की लड़की अपनी माँ के पास आकर बोली मैं उस कमरे में नहीं आ सकती। भाग्यवश उन्हीं दिनों उनके घर एक अतिथि भी आया हुआ था। परिवार के सदस्यों ने उस अतिथि को उसी कमरे में ठहरा दिया जिसमें उस लड़की को भय लगता था तथा विभिन्न प्रकार के दृश्य देखने को मिलते थे। 20 दिन लगातार वह अतिथि उस कमरे में रहा था। किन्तु उसे किसी उत्पात का अनुभव नहीं हुआ। आश्चर्य की बात है कि 11वें दिन उनका भी वही हाल हुआ जो उस लड़की का हुआ करता था। वह रात्रि तो उसने किसी प्रकार बितायी किन्तु सवेरे ही भाग खड़ा हुआ। एक दिन परिवार के सब सदस्य भोजन करने बैठे कि इतने में किसी के जीने से उतरने की आवाज आयी। यह आवाज बताती थी कि कोई भारी मोटा आदमी ऊपर से नीचे उतर रहा है। जीने से उतरकर वह भोजन स्थान पर आ गया। उसके आते ही तमाम घर सड़ने लगा, किन्तु परिवार के किसी भी सदस्य को वह दृष्टिगोचर नहीं हुआ।

ऐसी घटनाएँ प्रायः देखने में आती है। एक दिन किसी परिवार ने अन्य परिवार को अपने यहाँ भोजन पर आमन्त्रित किया। भोजन आरम्भ होने से पूर्व यह दुरात्मा पुनः आ गयी तथा इस प्रकार के उत्पात मचाने लगी। इन उत्पातों से परेशान होकर उस परिवार ने मकान छोड़ने की सोच ली। एक इसी परिवार के एक व्योवृद्ध व्यक्ति ने इस अचानक आने वाली आत्मा से पूछा आप कौन हैं क्यों आती हैं? यदि कोई ऐसा कार्य हो जो हम आपके लिए कर सकते हों तो कृपया हमें बतायें। किन्तु इन आत्माओं ने कोई उत्तर नहीं दिया। अभी तक तो वह केवल एक ही कमरे में जाता था पर अब सभी कमरों में आने लगा और तमाम घर दुर्गन्ध से भर जाता था। उस शहर में इस मकान के बारे में एक

अजीब कहानी प्रसिद्ध थी। कहा जाता था कि पहले इस मकान में एक बड़ा मोटा आदमी रहता था। मकान का दरवाजा इतना छोटा था कि उसकी लाश निकालने के लिए दरवाजा तोड़ना पड़ा। इस कारण लाश निकालने में एक दिन की देर हो गयी और वह सड़ गयी। इतने वर्ष के बाद भी अभी तक दुर्गन्ध क्यों आती है? यह बात केवल रहस्य बनकर रह जाती है। ऐसी घटनाएँ सभी देशों में सुनने में आती हैं परन्तु जिसको इसका अनुभव है वही जानता है कि इनसे कितनी परेशानी होती है।

आत्माओं के उत्पात के बारे में एक अन्य घटना मनोविज्ञान की प्रसिद्ध पुस्तक दि हायनेल्य आफ साइकीकल साइंस में पढ़ने को मिलती है। इस पुस्तक में एक शीर्षक है मिस्टर हैरी वार्ड कौरिन्टन ने भूतों से कैसे पीछा छुड़ाया। इसमें वह लिखते हैं—मैं स्टाकटन नामक नगर में भाषण देने के लिए आमंत्रित किया गया। मैं भाषण कर ही रहा था कि मेरे पास एक महिला आयी और बोली, मैं एक आवाज से बहुत व्याकुल हूँ। यह आवाज मुझे अचानक तथा निरन्तर सुनायी देती है। मुझे यह आभास होता है कि यह आवाज शायद मेरे स्वर्गीय पति की है। उन्हें मरे कितने ही वर्ष हो गये। कभी-कभी इस आवाज में बड़ा प्रेम होता है और कभी-कभी बड़ी नीरसता। ऐसा भी मुझे अनुभव होता है कि इस आवाज से मेरे सभी कामों में बाधा होती है तथा इसी का स्वभावतः मुझ पर अधिकार हो जाता है। मुझे अनुभव होता है कि यह मेरे पति की आवाज है। इस विशेष ध्वनि से मैं बहुत-सी कठिनाइयों में पड़ गयी हूँ और मुझे नींद भी नहीं आती। इस आवाज का प्रकोप रात्रि में सोते समय अधिक बढ़ जाता है। मैंने अनुभव किया कि यह बात असत्य नहीं है। उक्त महिला परलोक विद्या के बारे में कुछ नहीं जानती थी। मैं समझ गया कि उसके पास एक आत्मा अब भी मंडरा रही है। उसका कद छोटा है। बाल काले हैं और सिर भी छोटा। यह आत्मा कभी तो उस महिला को उदार बनाती और कभी बिल्कुल कंजूस बनाने के लिए विवश कर देती है। उस दिन के बाद इस महिला को अनुभव हुआ कि कोई व्यक्ति इससे आकर चिपट जाता है। हेरी कौरिन्टन ने इस महिला को कई विभिन्न स्थानों पर रखा और स्वयं सुबह से रात्रि तक देखते रहते।

इस महिला के शरीर पर बहुत से ऐसे चिह्न मिलते थे जिससे यह स्पष्ट हो जाता था कि किसी ने इसका आलिंगन किया है। यह आत्मा उनके पति की कदापि नहीं हो सकती थी। उनके पति सज्जन थे तथा अपनी पत्नी के बड़े प्रेमी। यह तो एक दुरात्मा थी जो उनके पति बनने का ढोंग रच रही थी। पहले तो मैंने इस दुरात्मा को समझा-बुझाकर वापस जाने को कहा और निरन्तर प्रार्थना की कि वह इस स्त्री को छोड़ दे। हमारी इस प्रार्थना का दुरात्मा पर कोई प्रभाव नहीं पड़ा। अन्त में मैंने ऊँची आत्माओं का आह्वान किया और उनसे प्रार्थना की कि वह दुरात्मा को बाहर

निकाले। मैंने स्वयं देखा कि बहुत-सी आत्माएँ आयी और उस दुरात्मा को अपने साथ ले गयी। इसके बाद उस महिला को न आवाज सुनाई दी और न ही कुछ हुआ। इस घटना से पाठकों को यकीन हो गया होगा कि दुरात्माओं एवं उनके बुरे प्रभाव को दूर करना ही साधन है कि उनसे प्रार्थना करके उनको समझाया जाये और उन्हें हटने का मार्ग भी जाना जाये। ऐसा करने पर भी यदि वह न जायें तो ऊँची आत्मा का आह्वान किया और उसे निकलवा दिया जाये।

प्रेतात्माओं के रोमांचक किस्से

द्रोणवीर कोहली

क्या भूत-प्रेतों के अस्तित्व में आप विश्वास करते हैं?

नहीं। दस में से नौ व्यक्ति यही उत्तर देंगे। परन्तु इन नौ में से सम्भवतः आपको एक भी व्यक्ति ऐसा नहीं मिलेगा जो किसी भूतहा मकान में रात बिताने को तैयार होगा। वास्तविकता तो यह है कि इनमें से अधिकांश नर-नारी भूत-प्रेतों के अस्तित्व में विश्वास करते हैं और भारत में तो यह धारणा और भी बुद्धमूल है, विशेषकर यहाँ के नारी समाज में शिशु को डराने के लिए आप माँ-दादी को प्रायः कहते सुनेंगे, अरे चुप हो जा, नहीं तो भूत आ जायेगा।

सम्भवतः यह भय और आशंका आदिकालीन परिस्थितियों की उपज है। अपने अन्य जीवन में आदिमानव हिंसक जन्तुओं और दैवी विपत्तियों के समक्ष अपने को असमर्थ पाकर नाना प्रकार के अन्धविश्वासों से भयभीत रहता था। इस बौद्धिक युग में भी, अपवाद छोड़ दीजिये, इस विश्वासमें न्यूनता नहीं आयी। संसार के कोने-कोने से आये दिन इस प्रकार की विचित्र और रोमांचकारी घटनाएँ सुनने को मिलती रहती हैं। सबसे बड़ी विचित्रता तो यह है कि रोंगटे खड़े कर देने वाली इन घटनाओं को अत्यधिक रुचि और तल्लीनता के साथ पढ़ते हैं। यदि इन अन्धविश्वासों का खंडन करने वाला साहित्य प्रचुर है, तो उन्हें सिद्ध करने वाले किस्से-कहानियों की भी कमी नहीं है। कुछ किस्से तो ऐसे सुनने को मिले हैं कि उन्हें निराधार सिद्ध करना या मनगढ़ंत मानना सहज सरल नहीं है।

ऐसा विश्वास किया जाता है कि यदा-कदा कुछ स्थानों पर कोई अशान्त प्रेतात्मा आकर प्रकट होती रहती है, जहाँ उसके भौतिक शरीर में कोई भयंकर दुष्कर्म किया हो अथवा उसे किसी वीभत्स दुर्घटना का शिकार होना पड़ा हो। इंग्लैंड में हैम्पटन कोर्ट की भूतहा गैलरी में एक प्रेतात्मा अक्सर दिखाई दे जाती है। किंवदन्ती है कि जब हेनरी अष्टम (1509 से 1547) की पंचम रानी कैथरीन हावर्ड को दुराचार के अपराध में गिरफ्तार कर लिया गया तो वह पहरेदारों के चंगुल से भागी और चाहती थी कि जाकर हेनरी के चरणों पर गिरकर दया की भीख माँगे। परन्तु यह अभागी रानी गिरजे के दरवाजे पर पहुँच भी न पायी थी कि पहरेदारों ने उसे धर-दबोचा। वह चीखी-चिल्लाई, पर वे उसे गैलरी में से घसीटते हुए पकड़कर ले गये। कई लोगों की

साक्षी है कि रात को एक सफेद आकृति अन्धकारपूर्ण कमरे में से निकलकर गिरजे की ओर बढ़ती हुई उन्हें दिखाई देती है। वह आकृति गिरजे के दरवाजे तक पहुँचकर रुक जाती है और फिर भयंकरता से चीखती हुई उसी मार्ग से लौट जाती है।

हैम्पटन कोर्ट के साथ इस प्रकार की अनेक घटनाएँ सम्बद्ध हैं। सन् 1869 की बात है। एडवर्ड षष्ठ की धर्म-माता "पैन" की कब्र तोड़ी गयी। हैम्पटन कोर्ट के पुनर्निर्माण के लिए उसे तोड़ना जरूरी था। कुछ ही काल के बाद महल के एक कमरे की दीवार से रहस्यपूर्ण निःश्वास बुदबुदाहट तथा चर्खे की घरघराहट का स्वर सुनाई देने लगा। उसी क्षण राज-मजदूर लगाये गये और इन विचित्र आवाजों का अनुसरण करते हुए उन्हें एक ऐसा कमरा मिला, जिसके अस्तित्व के विषय में किसी को कुछ पता नहीं था और ऐसी धारणा है कि किसी समय वह एडवर्ड की धर्म-माता का था। सबसे अधिक आश्चर्य की बात तो यह थी कि उस कमरे में एक अति प्राचीन चर्खा भी रखा था और उसके नीचे की भूमि घिसी हुई थी, जैसे उसे कोई निरन्तर चलाता ही रहा हो। कुछ लोगों का कहना है कि कई बार उन्होंने पेन को बरामदे में चलते हुए देखा है और उनका परिचय भी ठीक रहा होता है जैसा कि उनकी कब्र पर उनके संगमरमर के बुत ने धारण कर रखा है।

इंग्लैंड के उत्तर में एक प्राचीन जमींदारी ताल्लुके का मकान है, जिसका निर्माणकाल है। सन् 1370 कहते हैं कि महारानी एलिजाबेथ के शासनकाल में इस जागीर का स्वामी सर जान साउथबर्थ नामक एक क्रूर रोमन कैथलिक था। एक दिन सहसा उसे भनक पड़ी कि मेरी एक बेटी किसी प्रीटेस्टेण्ट से प्रेम करती है। बस, फिर क्या था, इतना पता चलते ही उसके क्रोध और आक्रोश की सीमा न रही, उसने अपनी लड़की को बुलाकर खूब लताड़ा और कहा कि यदि इस क्षण के बाद तुमने उस शख्स से मिलने का दुःसाहस किया तो तुम्हारी खाल खींच लूँगा। परन्तु अपने पिता के समान वह भी कम हठी और अहम्मन्य नहीं थी। वह अपने प्रेमी से गुप्त रूप से मिली और उन्होंने भागकर चुपचाप विवाह कर लेने का निश्चय किया परन्तु दुर्भाग्य से कन्या के भाई को उसकी योजना का पता चल गया। एक दिन संध्या होते ही उसका प्रेमी अपने साथ दो अन्य साथियों को लेकर उसे लेने पहुँचा, सहसा उन तीनों पर कुछ लोग टूट पड़े और उनकी हत्या कर दी गयी।

इस जघन्य कर्म को सम्पन्न करने के पश्चात् कन्या के परिवार वालों ने कन्या को किसी विदेशी मठ में भेज दिया, जहाँ वह घुट-घुटकर मर गयी। अन्य भी लोगों का कथन है कि उसकी प्रेतात्मा अपने प्रेमी से मिलने आती है। ज्योंही वह मकान से बाहर निकलती है, उसका प्रेमी घुटनों के बल झुककर उसका स्वागत करता है। तत्पश्चात् वे कुछ अन्तर तक एक साथ चलते हैं और फिर आलिंगनबद्ध होकर सहसा अदृश्य हो जाते हैं। इस भग्न जोड़े की विफल प्रेम कहानी का प्रमाण कुछ वर्ष पूर्व ही तब मिला जब उस मकान के पास खुदाई की गयी, उस स्थान से तीन ठठरियाँ मिलीं।

मानव की तरह भूत-प्रेतात्माओं की भी विभिन्न कोटियाँ हैं। ऐसा विश्वास किया जाता है कि कुछ प्रेतात्माएँ उपकारी और सहयोगी सिद्ध होती हैं, जो केवल मनुष्यों के काम में हाथ बँटाने के प्रयोजन से ही प्रकट होती है। इसी प्रकार की एक प्रेतात्मा थी, जो दिगम्बर लड़का नाम से प्रसिद्ध हो गयी थी। संडरलैण्ड के समीप हिल्टन दुर्ग इस दिगम्बर लड़के की कार्यस्थली थी। दुर्ग के सब लोग तथा नौकर-चाकर जब सो जाते तो वह नंगी प्रेतात्मा प्रकट होती और आकर मक्खन बिलोती, जूठी प्लेटें साफ करती और जो भी काम अधूरा पड़ा होता, उसे करके चली जाती थी। उसके सिर पर काम करने का इतना भूत सवार था कि यदि किसी दिन नौकर-चाकर सब काम पूरे कर जाते और जूठी प्लेटें आदि उसे दिखाई न देतीं, तो क्रोधित होकर वह प्लेटें और अन्य बर्तन-भांडे फोड़ने, दूध गिराने, मेज-कुर्सियाँ तोड़ने लग जाती। दूसरे दिन बेचारे नौकर झख मारकर उसके लिए कुछ न कुछ काम छोड़ जाते और दिगम्बर लड़का सन्तुष्ट हो जाता। पर एक दिन दया करके एक नौकर ने उसके लिए कपड़ों का एक जोड़ा रख दिया। रात को जब दिगम्बर लड़का आया तो कपड़े देखकर खुशी से नाच उठा परन्तु अफसोस उस रात के पश्चात् वह कभी लौटकर नहीं आया और बेचारे नौकरों को अब सारा काम स्वयं निपटाना पड़ता।

इसी प्रकार अक्सर ऐसी घटनाएँ भी सुनने को मिलती हैं जब कई प्रेतात्माएँ चेतावनी, विशेषकर, मृत्यु की देने के लिए आती हैं।

लार्ड कैसलरो के बारे में जो सन् 1812 में इंग्लैंड का विदेश मन्त्री था, एक बड़ा अद्‌भुत किस्सा प्रसिद्ध है। अपने यौवनकाल में वह उत्तरी आयरलेण्ड में रहता था। एक दिन आखेट करते हुए वह भटक गया। भटकते-भटकते वह एक बहुत बड़े मकान में पहुँचा। मकान में आगे ही बहुत से अतिथि थे। कैसलरो को एक बहुत बड़े क़मरे में सुलाया गया। बिस्तरों के अभाव में अंगीठी में आग जला दी गयी और उसके पास ही वह रजाई ओढ़कर सो गया। आधी रात को आँखों को चौंधिया देने वाले प्रकाश से उसकी नींद खुली। पहले तो उसने समझा कि शायद रजाई में आग लग गयी है। परन्तु यह देखकर उसके आश्चर्य का ठिकाना न रहा कि अंगीठी की आग तो बिल्कुल बुझी हुई है, परन्तु चिमनी में से एक विचित्र प्रकार के प्रकाश-पुंज में एक अत्यन्त सुन्दर बालक प्रकट हुआ। कैसलरो को जैसे साँप सूँघ गया। वह बालक कुछ क्षण तक उसकी और निर्निमेश दृष्टि से देखता रहा, फिर सहसा अदृश्य हो गया। ऐसा अन्धविश्वास था कि इस प्रकार का बालक जिस किसी पर अपनी दृष्टि डालता था, सुख-समृद्धि उस व्यक्ति के चरण चूमती थी और वह उन्नति के शिखर पर जा पहुँचता था, किन्तु चरमोत्कर्ष पर पहुँचते ही उसकी बड़ी विकट परिस्थिति में मृत्यु होती थी और लार्ड कैसलरो की भी यही दशा हुई। उसके हाथ में सत्ता आयी और उसकी मृत्यु भी बड़ी दर्दनाक स्थिति में हुई।

कुछ प्रेतात्माएँ ऐसी होती हैं, जो किसी विशेष प्रयोजन से प्रकट होती है और

जब उनका प्रयोजन सिद्ध हो जाता है, तब फिर कभी नहीं प्रकट होतीं। इस प्रकार की प्रेतात्माओं के विषय में ऐसी भी प्रसिद्धि है कि वे शताब्दियों तक निश्फल भटकती रहती हैं, क्योंकि जब तक कोई मानव साहस करके उन्हें सम्बोधित नहीं करता तब तक उनकी मुक्ति नहीं हो सकती।

विल्बरफोर्स नामक एक पादरी ने एक बार एक बड़ा विचित्र किस्सा सुनाया। एक दिन वह किसी मित्र के यहाँ गया। रात को भोजन के लिए जाते समय बरामदे में उसे एक अन्य पादरी जाता दिखाई दिया। खाना खाते समय उसने अपनी बगल में बैठी एक महिला से उस पादरी का उल्लेख किया, जिसे सुनते ही वह महिला कुर्सी से उछल पड़ी और बोली, आपको हमारे परिवार की प्रेतात्मा दिखाई दी है।

विल्बरफोर्स को बड़ा आश्चर्य हुआ, परन्तु उसने इस ओर अधिक ध्यान नहीं दिया। उसी रात को वह पुस्तकालय में अकेला बैठा अध्ययन कर रहा था कि सहसा दरवाजा खुला और वही पादरी प्रविष्ट हुआ। विल्वरफोर्स की ओर तनिक भी ध्यान दिये बिना, वह सीधा बुकशेल्फ की ओर बढ़ा और पुस्तकों में कुछ खोजने लगा, फिर निराश-सा होकर उसी मार्ग से लौट गया। विल्बरफोर्स की घिग्गी बन्ध गयी और वह किंकर्त्तवयविमूढ़-सा बैठा रह गया।

अगले दिन विल्बरफोर्स ने उस प्रेतात्मा को सम्बोन्धित करने का निश्चय किया। रात को जब पादरी की प्रेतात्मा फिर प्रकट हुई, तो सहसा विल्बरफोर्स ने उठकर उससे पूछ ही तो लिया, महाशय आप क्या चाहते हैं? यह सुनते ही आगन्तुक के हर्ष की सीमा न रही, और कृतज्ञता प्रकट करता हुआ वह बोला, मृत्यु से पूर्व मैंने इस बुकशेल्फ पर एक कागजों का पुलिन्दा रखा था, जिसे यदि मेरे घरवालों ने पढ़ लिया तो घर में कुहराम मच जायेगा। मैं उसे नष्ट करना चाहता हूँ, परन्तु वह मुझे मिल ही नहीं रहा है। विल्बरफोर्स बुकशेल्फ पर चढ़ गया और पुस्तकों के पीछे से वह पुलिन्दा निकाल लाया। फिर दोनों ने मिलकर उसे वहीं जला दिया। कार्य सम्पन्न हो चुकने के पश्चात् आगन्तुक ने कहा, अब मैं शान्तिपूर्वक रहूँगा। इतना कहकर वह उसी क्षण कमरे से बाहर निकल गया और उस दिन के बाद फिर कभी प्रकट नहीं हुआ।

इसी प्रकार, एक प्रेतात्मा एक प्राचीन किले में प्रकट होती थी। अन्ततः एक वृद्ध महिला के साहस के फलस्वरूप उसकी मुक्ति हुई। दुर्ग के अर्ल तथा उसका परिवार लन्दन में थे। उपर्युक्त वृद्ध महिला ने उनके यहाँ नौकरी के लिए आवेदन पत्र दिया और अर्ल की अनुपस्थिति में ही उसे नौकर रख लिया गया। रात को सोने के लिए उसे एक बहुत बड़ा कमरा दे दिया गया। कमरे की एक-एक चीज को देखकर वृद्ध ठगी-सी रह गयी। परन्तु बेचारी क्या जानती थी कि नौकरों ने उनका परिहास करने के लिए उसे भूतहा कमरे में ढकेल दिया था, परन्तु वह चुपचाप बैठकर बाइबल पढ़ने लगी। थोड़ी ही देर में दरवाजा खुला और एक अत्यन्त सम्पन्न व्यक्ति प्रविष्ट

हुआ और कुछ देर रुककर बिना कुछ कहे वापस चला गया। कुछ क्षण बीते। तभी एक बार फिर वही व्यक्ति प्रविष्ट हुआ और पहले की भाँति ही चुपचाप खड़ा रहकर फिर लौट गया। वृद्ध महिला को विश्वास हो गया कि हो न हो, यह कोई प्रेतात्मा है। यह सोचकर उसने ईश्वर का नाम लिया और निश्चय किया कि यदि वह व्यक्ति पुनः आया तो उससे बात करेगी।

थोड़ी ही देर में प्रेतात्मा पुनः प्रकट हुई। इस पर वृद्ध महिला ने उससे पूछ ही लिया, आपको क्या चाहिए जो आप तीसरी बार यहाँ आ रहे हैं।

प्रेतात्मा ने उत्तर दिया, मेरे पीछे चली आओ।

उसके पीछे-पीछे कमरे से बाहर निकल गयी। एक छोटे से कमरे के सामने रुककर उस व्यक्ति ने वृद्धा से उसमें प्रविष्ट होने को कहा और आश्वासन दिया कि तुम्हें किसी प्रकार की हानि नहीं होगी। इसके पश्चात् कमरे के फर्श का एक तख्ता उठा कर उसने एक बक्से की ओर संकेत किया और कहा, यह बक्सा देख रही हो, इसे लन्दन में अर्ल के पास भेज दो, फिर मैं इस मकान की राह नहीं लूँगा।

वृद्धा ने ऐसा करने का वचन दिया। वह बक्सा अर्ल के पास भेज दिया गया। उसमें क्या था, यह तो वह अर्ल या ईश्वर ही जाने, परन्तु यह कोई इतनी महत्वपूर्ण चीज थी कि अर्ल ने प्रसन्न होकर उस वृद्धा के लिए जीवन भर की व्यवस्था कर दी।

विश्वासन करने वाला व्यक्ति नाक-भौं सिकोड़कर कह उठेगा, भूत प्रेत, अजी छोड़ो भी, क्या बकते हो, भूत-वूत सब वहम की बातें हैं।

सम्भवतः वह ठीक ही कहता है। परन्तु जैसा कि मैंने आरम्भ में संकेत किया, संसार का कोई ऐसा कोना नहीं है, जहाँ इस प्रकार के किस्से-कहानियाँ चाव से पढ़ी-सुनी न जाती हों। इनमें विश्वास करने वालों की धारणा है कि आग से ही धुआँ उठता है, परन्तु लोकतन्त्र का युग है-अपनी-अपनी भावना, अपना-अपना विश्वास।

क्या आपने कभी भूत देखा है

कहते हैं विश्वसाहित्य में सबसे छोटी कथा आपने आप में पूरी एक भूत कथा है—

एक रेलवे कम्पार्टमेंट में केवल दो अपरिचित व्यक्ति यात्रा कर रहे थे। क्या तुम भूतों में विश्वास करते हो। एक ने दूसरे से बातचीत प्रारम्भ करते हुए पूछा।

हाँ, दूसरे ने उत्तर दिया और गायब हो गया।

मानव के लिखित इतिहास में प्रारम्भ से ही भूतों आदि के वृत्तान्त प्राप्त होते हैं और विश्व में शायद ही कोई समाज या संस्कृति होगी जिसे भूतहीन कहा जा सके। पाठकों में भी शायद ही कोई ऐसा हो जिसने अपने जीवन में कम से कम दोचार ऐसे किस्से न सुने हों और यदि न सुने हों या और सुनने हों तो किन्हीं 10-11 व्यक्तियों के मध्य कभी फुर्सत में चर्चा छेड़ दें कोई न कोई अवश्य ही आपको स्वयं अपना या किसी दूसरे का अनुभव सुना देगा। फिर भी यद्यपि भूतों के प्रसंग फिर भी अत्यन्त आकर्षक होते हैं क्योंकि शायद मनुष्य के अचेतन मन में अनिचिश्ता के प्रति भी कहीं कोई गहरा लगाव है। साथ ही इनसे मृत्यु के बाद भी अस्तित्व बने रहने की ओर संकेत मिलता है और मृत्यु से न्याय के सभी द्वार बन्द नहीं हो जाते इस बात का भी एक प्रच्छन्न आश्वासन।

भूत वे यात्री हैं जो मृत्यु के उस पार जाकर लौट आयें हैं। ये यात्री मानव पुरुष, स्त्री या बच्चे ही हों यह आवश्यक नहीं, जानवरों और पेड़ों तक के भूत वर्णित किये गये हैं। भूत ऐसे भी होते हैं जो केवल दिखाई देते हैं, बोलते या स्पर्श नहीं करते। ऐसे भी जो केवल बोलते हैं और ऐसे भी जो केवल स्पर्श ही करते हैं। कभी-कभी भूतों की गन्ध का भी उल्लेख प्राप्त होता है। स्वाद की चर्चा करने वाला अनुभव लेखक के अध्ययन में अभी नहीं आया। हाँ, कुछेक ऐसे दृष्टान्त अवश्य मिले हैं, जिनमें भूतों के चुम्बनों का वर्णन है। एक दृष्टान्त में ये चुम्बन अत्यन्त शीतल वर्णित किये गये हैं।

कुछ भूतों के अनुभव ऐसे हैं जो निष्प्रयोजन प्रतीत होते हैं तो अनेक ऐसे भी हैं जो अनुभवकर्त्ता या अन्य किसी व्यक्ति के लिए अत्यन्त महत्त्वपूर्ण प्रयोजन रखते हैं। भूतों ने एक ओर व्यक्तियों की जान बचाई है। तो दूसरी ओर सामान्य व्यक्तियों को जघन्य अपराध हत्याएँ तक करने को बाध्य किया है। भूतों ने बदले लिए हैं तो वायदे भी पूरे किये हैं। भूतशान्त और गम्भीर भी होते हैं तो रुष्ट और शैतान भी।

कभी कहीं अकेला भूत दिखाई देता है तो कहीं भूतों के समूह। कभी वे वस्त्रहीन होते हैं तो कभी वस्त्रों में कभी वे क्रियाशील दिखाई देते हैं तो कभी निश्चल।

इन सभी प्रकार के भूतों के वृत्तान्त अनेक विद्वानों, परामनोवैज्ञानिकों एवं अन्य वैज्ञानिकों ने संकलित किये हैं। इन सभी को पूर्णतः विश्वसनीय तो नहीं माना जा सकता, किन्तु इनमें से अधिकांश सम्भवतः वास्तविक कहे जा सकते हैं।

तुरन्त लौटे यात्री मृतक के जान पहिचान वालों, मित्रों और रिश्तेदारों द्वारा वर्णित ऐसे सैकड़ों ही अनुभव हैं, जिनमें मृत्यु के उस पार से यात्रियों के तुरन्त ही लौटने का उल्लेख मिलता है।

लेखक को हाल ही में राजस्थान विश्वविद्यालय से सम्बन्धित एक राजकीय महाविद्यालय में नियुक्त समाजशास्त्र की एक प्राध्यापिका श्रीमती सुशीला चौहान ने बतलाया कि उनकी सास की मृत्यु के 24 घंटे के अन्दर-अन्दर उनके तीन बच्चों को, जो कि एक दूसरे से सैकड़ों मील की दूरी पर थे, अपनी माता की उपस्थिति का अनुभव हुआ। उन्हीं के शब्दों में मेरी सास उस समय इन्दौर थीं। एक दिन अचानक तार आया कि उनकी तबियत बहुत खराब हो गयी है। चौहान साहब तुरन्त इन्दौर के लिए रवाना हो गये। मेरी सास बच न सकी। लेकिन जिस दिन प्रातः उनका स्वर्गवास हुआ जिसकी अभी तक हमें यहाँ जयपुर में खबर नहीं मिली थी। उसी शाम को मेरी ननद चादर ओढ़कर सो रही थीं और मैं खिड़की के पास बैठी कोई पुस्तक पढ़ रही थी। अचानक मेरी ननद ने चादर से झाँककर कहा 'भाभी मेरी चादर क्यों खींच रही हो, मैंने कहा अरे कहाँ? मैंने तो तुम्हारी चादर नहीं खींची। वास्तव में मेरी सास सोने जाने से पूर्व हमेशा सब बच्चों की चादर आदि सँभाल लिया करती थीं। इस घटना का वैसे कोई महत्व नहीं होता लेकिन हमें बाद में पता चला कि उसी दिन मेरे देवर ने जो उस समय नेपाल में थे, स्पष्ट सुना कि मेरी सास उन्हें आवाज दे रही हैं और यही नहीं मेरी दूसरी ननद जो उस समय रीवा में थी, उन्हें भी उसी दिन मेरी सास की उपस्थिति का अनुभव हुआ। इन दोनों को तो इस बात की भी कोई खबर नहीं थी कि मेरी सास की तबीयत अचानक खराब हो गयी थी।

क्वींस टाउन आयरलैण्ड की श्रीमती काक्स ने भी इसी प्रकार के अपने एक अनुभवी का वर्णन किया है। वे उनके पीहर देवनपोर्ट में थी जहाँ उनका छोटा भतीजा उनकी देखभाल में था क्योंकि उनका भाई जो नेवी में कोई अफसर था उस समय हांगकांग में नियुक्त था। एक शाम, आठ और नौ बजे के बीच बच्चे को उसके कमरे में सुलाकर लौटने के थोड़ी देर बाद ही श्रीमती काक्स ने देखा कि उनका भतीजा भागा हुआ उनके कमरे में आया और डरी हुई सी आवाज में बोला, ओह आन्टी मैंने अभी-अभी पिताजी को मेरे बिस्तर में पास चलते देखा है। श्रीमती काक्स ने उत्तर दिया, नानसैन्स तुम अवश्य ही कोई स्वप्न देख रहे होंगे। उसने कहा नहीं मैं स्वप्न नहीं देख रहा था और उसने कमरे में लौटने से इनकार कर दिया। श्रीमती

काक्स के बहुत समझाने-बुझाने पर भी जब बालक नहीं माना तो उन्होंने उसे अपने पास ही सुला लिया। श्रीमती काक्स लिखती हैं दस और ग्यारह के बीच में मैं स्वयं भी अनुभव करने लगी। मेरे विचार से करीब एक घंटे बाद, अंगीठी की ओर देखते समय, मैंने एकदम स्पष्ट रूप से देखा, मुझे बड़ा आश्चर्य भी हुआ कि मेरे भाई कुर्सी पर बैठे हैं और विशेषरूप से मैं उनके चेहरे का मुर्दानी पीलापन देखकर स्तब्ध रह गयी। इस अनुभव के कुछ घंटों पूर्व जैसाकि बाद में पता चला श्रीमती काक्स के भाई की हांगकांग में अचानक मृत्यु हो गयी थी।

इसी प्रकार, एक सज्जन ने एक रात करीब दो बजे अपने कमरे में अपनी दादी को देखा विशेषरूप से उनका ध्यान इस ओर आकृष्ट हुआ कि उनकी दादी ने एक बहुत पुराने फौरन का टोपा पहन रखा था। दूसरे दिन प्रातः नाश्ता करते समय जब वे रात्रि को अपने इस अजीब अनुभव का वर्णन कर रहे थे उन्हें यह देखकर बड़ा आश्चर्य हुआ कि उनके पिताजी एकदम ही खाने की टेबल से उठ खड़े हुए। वे बहुत ही अधिक उद्विग्न दिखलाई दिये और कमरे से जल्दी से बाहर चले गये। नाश्ता लगभग अनछुआ ही रह गया। उनकी माता ने कहा बेटे मैं तुझे अपने जीवन की एक ऐसी आश्चर्यजनक बात सुनाती हूँ जो मैंने कभी नहीं सुनी। आज सुबह ही तेरे पिताजी ने मुझे बतलाया था कि वे रात अचानक जग पड़े थे और उन्होंने अपनी माता जी को अपने बिस्तर के निकट ही खड़े देखा लेकिन जैसे ही वे उनसे बात करने को हुए वे लुप्त हो गयीं। यही नहीं, इसी तरह, उसी रात उनकी बुआ ने भी अपनी माताजी को देखा था। ये अनुभव तीनों को करीब दो बजे हुए, जबकि दादी की मृत्यु उसी रात सवा बारह बजे हो गयी थी। टोपे के बारे में उनके चाचा ने जो मृत्यु शैया के निकट ही थे, बतलाया, वास्तव में मृत्यु के समय उन्होंने वही पुराना फौरन का टोपा पहन रखा था पूरी बीमारी में उन्होंने यह पहन रखा था।

मृत्यु के बाद भी वादा निभाया

असंख्य ही ऐसे अनुभव सूचित किये गये हैं और बहुत से वैज्ञानिकों द्वारा अच्छी तरह जाँच-पड़ताल के बाद सही पाए गये हैं। सम्भव है सभी यात्री तुरन्त ही एक बार लौटते हों क्योंकि उनका अनुभव सदा नहीं हो पाता हो। कुछ ऐसे दृष्टांत भी हैं जिनमें यात्रियों ने मृत्यु से पूर्व यह वायदा किया कि वे एक बार अवश्य प्रमाण देने के लिए मैं तुम्हारे पास फिर आऊँगा। एक दिन परामनोवैज्ञानिक प्रघटनाओं पर बातचीत करते हुए ये शब्द डॉक्टर कैल्टागिरोन के एक मित्र बैंजामिन सिर्चिया ने मज़ाक में हँसते हुए कहे थे। इस पर, डॉक्टर कैल्टागिरोन ने भी विनोद से मुस्कराते हुए उत्तर दिया अच्छा जब आप आयें तो उसका आभास हमें इस कमरे में किसी वस्तु को तोड़कर करा दें। जैसे टेबल के ऊपर जो वह गैस लैम्प लटक रहा है उसे तोड़ दें (यह बातचीत भोजन के कमरे में हो रही थी) और मैं भी अपनी ओर से वचन देता हूँ कि यदि मेरी मृत्यु पहले हुई तो मैं भी इसी तरह आपके घर में किसी चिह्न द्वारा अपने अस्तित्व का प्रमाण दूँगा।

इस वार्तालाप के कुछ दिन बाद बैन्जामिन एक अन्य स्थान पर जाकर बस गये और फिर डॉक्टर कैल्टागिरोन को उनके बारे में किसी तरह की कोई खबर नहीं मिली। यह वार्तालाव मई के महीने में हुआ था।

उसी वर्ष दिसम्बर की पहली या दूसरी तारीख को शाम के करीब 5 बजे तक लौटेंगे और फिर लौटने का प्रमाण भी दिया। इसी तरह के वृत्तान्तों में से मैं दो ऐसे अनुभवों का विवरण दे रहा हूँ जो बहुत अच्छी तरह और बहुत प्रख्यात विद्वानों द्वारा जाँचे गये हैं।

पहला अनुभव मैथ्यू फ्रास्ट का है जो उन्होंने लन्दन की सोसायटी फॉर साइकिल रिसर्च को भेजा था और प्रोफैसर सिंजविंग ने उसकी जाँच की थी।

अपने पौत्र मिस्टर फ्रास्ट से अन्तिम भेंट के समय जब कि वे स्वस्थ थी, उनकी दादी ने यह इच्छा प्रकट की कि वे उसकी अन्त्येष्टि पर अवश्य उपस्थित हों। इस बात का वायदा करने के बाद कि वे ऐसा ही करेंगे मिस्टर फ्रास्ट ने कहा—कहते हैं कि जब कोई मरता है तो वह इसकी जानकारी उसे दे सकता है जिसे वह प्यार करता हो यदि आप प्रसन्न मरे तो क्या मुझे सूचित करेंगी? दादी ने हाँ भर ली।

दो वर्ष और चार माह पश्चात् अप्रैल की एक शाम को करीब पाँच बजे मिस्टर फ्रास्ट अपनी पत्नी के साथ चाय पी रहे थे। उनकी पीठ के पीछे एक खिड़की थी।

अचानक उन्हें वहाँ से किसी के थपथपाने की आवाज सुनाई दी। कौन है? उन्होंने कहा और पीछे मुड़कर देखा उनकी दादी खड़ी थी। उन्होंने बिलकुल स्पष्ट रूप में उनका चेहरा देखा-वे अपने उन्हीं वस्त्रों में थीं जो वे प्रायः पहना करती थीं। उनका एक हाथ इस तरह उठा हुआ था कि जैसे उन्होंने उसी हाथ से खिड़की पर अभी-अभी दस्तक दी हो। मिस्टर फ्रास्ट का यह निवास स्थान अपनी दादी के स्थान से दो सौ-तीन सौ मील दूर था। पहले तो उन्होंने यही सोचा कि शायद दादी उन्हें आश्चर्य देने के लिए ही बिना पूर्व सूचना के चली आयी है। वे अच्छी चलती-फिरती अवस्था में थीं। अतः उनका इस प्रकार चला आना कोई बहुत आश्चर्य की बात नहीं थी। मिस्टर फ्रास्ट तुरन्त दरवाजे पर पहुँचे। लेकिन दादी वहाँ नहीं थीं। सारा घर चारों ओर से ढूँढ मारा लेकिन वे कहीं नहीं मिली। कोई भी व्यक्ति इस तरह एकदम वहाँ से नहीं जा सकता था कि बिलकुल दिखाई न दे। सब ओर ढूँढकर जब वे अपने कमरे में लौट आयें तो उन्हें अचानक ख्याल आया कि कहीं उनकी दादी का देहावसान तो नहीं हो गया, वास्तव में ऐसा ही हुआ था।

दूसरा अनुभव डॉक्टर कैल्टागिरोन का है और यह भी अच्छी तरह जाँचे हुए वृत्तान्तों में से है।

सुनो! डॉक्टर यदि मैं तुमसे पहले मेरा और इसकी अधिक सम्भावना है क्योंकि तुम अभी जवान हो और मैं बूढ़ा हो चला हूँ तो मैं तुम्हें वचन देता हूँ कि मरने के बाद यदि मेरा अस्तित्व रहा तो उसका बजे जब डॉक्टर कैल्टागिरोन उसी कमरे में अपनी बहन के साथ बैठे थे। अचानक ही उनका ध्यान छत से लटकते हुए गैस लैम्प की ओर आकर्षित हुआ। उन्हें लगा जैसे कोई धीरे-धीरे गैस लैम्प की शेड और उसके ऊपर की घिर्री पर हल्का प्रहार कर रहा है। धीरे-धीरे ये ध्वनियाँ और तेज हो गयीं। डॉक्टर कैल्टागिरोन इनका कोई कारण नहीं खोज पाए। जब वे भोजनकर चुके तो ये आवाजें बन्द हो गयीं। दूसरे दिन शाम को और फिर इसी तरह चार या पाँच दिन और वैसी ही आवाजें आती रहीं। इससे डॉक्टर कैल्टागिरोन तथा उनकी बहन की जिज्ञासा बहुत बढ़ गयी कि आखिर मामला क्या है?

डॉक्टर कैल्टागिरोन लिखते हैं—मैं एक ईमानदार व्यक्ति के रूप में अपने सम्पूर्ण सम्मान के साथ यह कहना चाहता हूँ कि इन पाँच या छः दिनों में जबकि इस आश्चर्य जनक घटना का अनुभव किया था मुझे एक बार भी न तो अपने मित्र बेन्जामिन सिर्चिया का और न ही मई में हुए उनसे वार्तालाप का जरा भी ध्यान आया।

पाँचवें या छठे दिन की शाम को जब डॉक्टर कैल्टागिरोन अपने अध्ययन कक्ष में थे और उनकी बहन किसी काम से बालकनी में खड़ी थी। दोनों ने भोजन के कमरे से आने वाली एक बहुत जोर के धमाके की आवाज सुनी। दोनों ही तुरन्त वहाँ पहुँचे। वहाँ उन्हें गैस लैम्प की घिर्री का वह टुकड़ा बिना काँच की चिमनी को तोड़े किसी प्रहार के कारण लैम्प के ठीक नीचे टेबल पर इस तरह नहीं गिर सकता था।

दो दिन बाद डॉक्टर कैल्टागिरोन को अकस्मात ही उनके एक साथी ने बतलाया कि बेन्जामिन सिर्चिया का 27 या 28 नवम्बर को देहावसान हो गया था। इस पर डॉक्टर कैल्टोगिरोन को एकदम यह ख्याल हुआ कि पिछले दिनों उनके घर में घटित आश्चर्यजनक घटनाओं से बेन्जामिन की मृत्यु का तो कोई सम्बन्ध नहीं है। ये घटनाएँ पहली या दूसरी दिसम्बर तक होती रही थीं और मई के महीने में किये गये वादे के अनुसार भोजन के कमरे में टेबल के ऊपर लटकते हुए गैस लैम्प को ही तोड़ा गया था।

जैसा पहले ही कह चुका हूँ लौटे हुए यात्री सदा दिखाई दें, यह आवश्यक नहीं होता। वे अपनी उपस्थिति का आभास किसी क्रिया द्वारा भी करा सकते हैं और दृष्टि, श्रवण या घ्राण आदि किसी विशेष संवेदना द्वारा भी।

मृत युवती के शरीर में दूसरे की आत्मा

फर्रूखाबाद जिले के सोरिख क्षेत्र में एक युवती के पुनर्जीवित होने तथा इटावा की एक मृत युवती की आत्मा के उसके मृत शरीर में प्रवेश की आश्चर्यजनक घटना प्रकाश में आयी है।

प्राप्त जानकारी के अनुसार इटावा के शिव नारायण त्रिपाठी की 23 वर्षीया पुत्री शिवा की गत 19 मई को ट्रेन से कटकर मृत्यु हो गयी थी। दूसरी ओर 19 जुलाई को फर्रूखाबाद की तहसील छिबरामऊ के सोरिख के शारीपुर ग्राम निवासी ठाकुर छोटे सिंह के पुत्र जगदीश की 26 वर्षीया पत्नी श्रीमती सावित्री की मृत्यु लम्बी बीमारी के बाद हुई और कुछ ही मिनट बाद मृत शरीर में स्पन्दन आ गया और उसने आँखें खोल दीं तथा उपस्थित शोकाकुल व्यक्तियों से पूछा कि मैं कहाँ आ गयी हूँ। युवती की भाषा पूरी तरह परिवर्तित थी।

शिवा के पिता इटावा के एक इन्टर कॉलेज में शिक्षक हैं और स्थानीय लालपुरा मुहल्ले में रहते हैं। 23 वर्षीया अरुण उर्फ शिवा ने ट्रेन से कट कर आत्महत्या कर ली थी।

सावित्री (अब शिवा) का कहना है कि उसकी ससुराल दिबियापुर में है और वह सावित्री नहीं शिवा है और मेरे पिता का नाम शिव नारायण त्रिपाठी है। वह अपने दो बच्चों को भी याद करती है। सावित्री निरक्षर थी लेकिन पुनर्जीवन के बाद अब वह खूब पढ़ती है।

यह चर्चा सुनकर जब श्री त्रिपाठी श्री छोटे सिंह के यहाँ पहुँचे तो उन्हें देखते ही सावित्री पापा कहकर उनसे लिपट कर रो पड़ी।

सवित्री का 11 माह का बच्चा स्वयं को शिवा कहने वाली पुनर्जीवित सावित्री के ही पास है।

अब वह कहती है कि बच्चे की असली माँ मर चुकी हैं। मैं जगदीश सिंह की पत्नी हूँ तथा इस बच्चे का पालन करूँगी लेकिन साथ ही अपने दोनों बच्चों को भी पाना चाहती है।

दो दिन पिता-माता के पास रुकने के बाद वह जगदीश सिंह के साथ उसके घर लौट आयी है।

प्रेतों का घर

प्राचीन काल में यह धारणा प्रचलित है कि आत्मा अविनाशी है। जब तक वह मुक्त नहीं हो जाती, नये जीवन में वह जन्म लेती रहती है। आज के समय में आत्मा में विश्वास रखने वाले लोगों को कमी नहीं है जो मरणोत्तर जीवन में विश्वास रखते हैं। ऐसे लोगों का मानना है कि यह आवागमन का सतत चक्र है व हर जन्म एक पुनर्जन्म है। दशवें पोप और कैनिडिक्ट पन्द्रहवें भी इस विश्वास के समर्थकों में से हैं। वे ऐसा मानते थे कि मरणोंपरान्त आत्माएँ इस जगत में लौटती हैं और अपनी वापसी के प्रमाण छोड़ जाती हैं। उन्होंने रोम में इन प्रमाणों का एक संग्रहालय स्थापित किया है, जिसे परगेटरी संग्रहालय कहा जाता है। इसका दूसरा नाम हाउस ऑफ शैडोज (प्रेतों का घर) भी है। इस संग्रहालय में जले हुए वस्त्र, एक चित्र (पेंटिग), अनेक छायाचित्र, और लकड़ी का एक तख्ता आदि बहुत-सी वस्तुएँ हैं। इनके बारे में क्यूरेटर का कहना है कि आत्माओं पर मरणोंपरान्त लौटी हुई आत्माओं के हाथों के चिह्न है।

टाईगर नदी के किनारे एक चर्च के पार्श्व भाग में बना यह संग्रहालय अपने आप में काफी रहस्यमय है। इस तक पहुँचने के लिए कहीं कोई संकेत नहीं है। संग्रहालय देखने के इच्छुक व्यक्ति उसके प्रबन्धक से निवेदन करके ही उसे देख सकते हैं। वह स्वयं उन्हें अँधेरी गलियों से होकर एक ऐसे कमरे में ला जाता है जिसमें एक भी खिड़की या रोशनदान नहीं है। यही वह विचित्र संग्रहालय है।

संग्रहालय का क्यूरेटर बताता है कि पहली नवम्बर 1962 की रात को एक दिन गत पादरी पेंजिनो ने एक भिक्षुणी मदर शियराइसाबेला फौररानी को दर्शन दिये तथा काफी देर तक बातचीत की। इस बातचीत का ब्यौरा तो भिक्षुणी ने नहीं दिया लेकिन उसने इतना बताया कि फादर पेंजिनो अपनी भेंट के अनेक चिह्न छोड़ गये हैं। फादर पेंजिनो ने अपनी अँगुली से एक क्रास बनाया और मेज पर बायीं हथेली की छाप छोड़ी। उस क्रास और फादर पेंजिनो की हथेली के निशान को मेज में से काटकर संग्रहालय में रख लिया गया है। ये इस संग्रहालय की बहुमूल्यतम वस्तुएँ मानी जाती हैं। संग्रहालय में मद्रास लीलीयों के बेटे की एक कमीज रखी है, जिसकी आस्तीन पर उनकी हथेली का एक जला हुआ निशान है। अपनी मृत्यु के 29 वर्ष बाद 22 जून को वे अचानक अपने बेटे के सामने आकर खड़ी हो गयी और उससे गिड़ गिड़ाकर बोली कि तुम अपना पापपूर्ण आचरण छोड़ दो। बेटे ने माँ को वचन

दे दिया और माँ ने चलते समय अपनी भेंट के प्रमाण स्वरूप बेटे की कमीज की आस्तीन पर अपने हाथ का जला हुआ निशान छोड़ दिया जिससे कि उसे विश्वास रहे कि माँ सचमुच आयी थी, उसका आना मानसिक विक्षमता का लक्षण या भ्राँति न था। इस घटना के बाद बेटे ने अपने आचरण को सुधार लिया।

संग्रहालय में 1518 की एक प्रार्थना वाली है जिस पर कुछ अँगुलियों के निशान हैं जिसके कारण पुस्तक के कुछ पृष्ठों में जलने से छेद हो गये हैं। इसके पीछे एक कहानी है। मारगेरिटा डेयरलकों की सास को मरे 30 बरस हो गये थे। एक दिन वह मारगेरिटा के पास आयी और उससे बोली कि तुम तीर्थ यात्रा करो और मेरी भ्राँति के लिए दो प्रार्थना सभाओं का आयोजन करो। मारगेरिटा ने सास की दोनों इच्छाएँ पूरी कर दीं। इसके बाद वह मारगेरिटा के पास पुनः आयी और उससे बोली के अब मुझे मुक्ती मिल गयी है। इस बार जब सास जाने लगी तो मारगेरिटा ने कहा कि आप अपनी भेंट का प्रमाण छोड़ जाइये। यह सुनकर सास ने पास रखी प्रार्थनावाली पर हाथ रख दिया जिस पुस्तक पर उसकी अँगुलियों के निशान पड़ गये और उसके कुछ पन्नों में जलने से छेद हो गये।

उन्नीसवीं शताब्दी के अन्त में फादर बिटटोर जुए ने इस संग्रहालय की वस्तुओं को बाँटना शुरू किया तथा उन्होंने दूर-दराज की यात्रा करके अनेक महत्वपूर्ण वस्तुओं का संग्रह किया। संग्रहालय 1820 तक खुला रहा, लेकिन उस समय संग्रहालय का कार्यभार फादर गिल्ला ग्रमिगनी के कन्धों पर आया। उन्होंने संग्रहालय के पुनर्गठन तथा अप्रामाणिक वस्तुओं को नष्ट करने के लिए उसे 30 वर्ष तक बन्द रखा और जब 1840 में वह फिर से खुला तो उसमें बहुत थोड़ी-सी चीजें बची थीं।

कहानी एक प्रेत लीला की जिसने पूरे परिवार को बर्बाद किया

कानपुर देहात के सरवन खेड़ा ब्लाक के गाँव रूपपुर के एक ठाकुर परिवार पर इन दिनों जो बीत रही है वह सबके देखने और महसूस करने के अलावा खोजबीन का विषय भी है। ठाकुर रामरूप सिंह का घर शैतानी उत्पात का अखाड़ा बना हुआ है और अब तक उनकी गृहस्थी लगभग पूरी तरह चौपट हो चुकी है।

गजनेर थानान्तर्गत आने वाले रूपपुर के इस ठाकुर परिवार पर वाकई में जिन्नों या प्रेतात्माओं का कोप है या कि कुछ मजबूत इनसानी हाथों के सुनियोजित षड्यंत्र का प्रतिफल है यह पूरी तरह और गाँव व क्षेत्र में उसकी स्थिति के बारे में जान लेना जरूरी है।

रूपपुर में ठाकुर रामरूप सिंह के परिवार के मायने हैं आसपास के गाँवों में प्रतिष्ठित एक ऐसा ठाकुर परिवार जिसका सालभर पहले तक एक आतंक-सा था क्षेत्र में। सालभर पहले तक इसलिए क्योंकि तब तक रामरूप सिंह के बड़े भाई ठाकुर विशम्भर सिंह जिन्दा थे। विशम्भर सिंह के रहते किसी की मजाल थी जो उनके सामने मूँछ ऐंठ कर निकल जाये। दब-दबे का आलम यह है कि वह गाँव के ही कुछवाहा ठाकुर के प्रतिद्वंद्वी भांक सिंह गुट की आँखों की किरकिरी बन गये थे। गाँव की इस गुटबाजी का नतीजा सालभर पहले हुए हत्याकांड के रूप में सामने आया जिसमें विश्वम्भर सिंह की हत्या कर दी गयी। हालाँकि इधर से भी दूसरे पक्ष का एक कत्ल किया गया लेकिन विश्वम्भर सिंह के जाते ही दूसरे गुट की मूँछें ऊँची हो गयीं।

12 जुलाई का दिन था। इसी साल रामरूप सिंह रोज की तरह जब खेतों से थके हारे लौटे और बिटिया कुन्ती से एक लोटा ठण्डा पानी माँगना चाह रहे थे कि यकायक उनका ध्यान घर के सदस्यों के चेहरों की ओर गया। वे समझ गये कि कहीं कुछ गड़बड़ है। पूछने पर कुन्ती ने बताया कि आज दोपहर मकान के आँगन में चार-छह ईंट आकर गिरी थीं। बस इतनी-सी बात। उन्होंने सबको धीरज बँधाया और किसी की शरारत होगी कह कर अपने दुश्मनों का जिक्र किया कि कोई भी इस तरह की हरकत कर सकता है। उन्होंने सोचा कि इस मसले पर इत्मीनान से सोचेंगे और पता करेंगे कि यह किस की कारगुजारी थी।

लेकिन दूसरे रोज हार से लौटने पर उन्हें फिर वही समाचार दिया गया। ईंटों के साथ मलमूत्र भी गिरा। इस बार इसका जिक्र आस-पड़ोस से होते हुए पूरे गाँव में हुआ। किसी ने कह दिया कि इस तरह का काम तो भूत-प्रेत करते हैं, कहीं ऐसा ही कुछ तो नहीं। इस पर इन सब डरपोक किस्म के लोगों की बातों, को बिल्कुल न मानने वाले रामरूप सिंह ने उस व्यक्ति की मूर्खतापूर्ण दलील को हँसी में उड़ाते हुए गुस्से में कहा कि ऐसा है तो अब हम खड़े हैं अपने घर में, गिरें अब ईंटें। उनके इतना कहने की देर थी कि धड़ाधड़ दस-बारह ईंटें उन लोगों के बीच आकर गिरीं। रामरूप सिंह के तो नहीं, उनकी बूढ़ी माँ और उस समय मौजूद कई अन्य लोगों को इन ईंटों का आघात लगा किन्तु चोट नहीं लगी। हाँ, बूढ़ी माँ मारे भय के गश खाकर गिर पड़ीं। बाकी लोगों का भी यही हाल हुआ। रामरूप सिंह तभी से घबरा गये और उन्होंने मामले को गम्भीरता से लिया।

दूसरे दिन सुबह वह बरनाँव नामक पास के एक गाँव गये। लोगों ने उन्हें वहाँ के सूरज मियाँ के बारे में बताया था कि वह तन्त्र-मन्त्र का काम जानते हैं। सूरज मियाँ ने उन्हें कुछ सरसों पढ़कर दी और कहा कि इसे जाकर अपने घर के हर हिस्से में बिखेर देना। लौटने पर रामरूप सिंह ने ऐसा ही किया। किन्तु इससे समस्या ने और भी विकराल रूप धारण कर लिया। रामरूप सिंह के कथनानुसार जैसे ही उन्होंने कई लोगों के सामने सूरज मियाँ के दिये सरसों के दाने बिखेरने शुरू किये, कमरों और आँगन में एक साथ सौ दो सौ गुम्मे बरस पड़े, उन्हें और उनके साथ के लोगों को भागते राह न मिली। भगदड़ में कई लोगों को चोटें आयीं और कई अचेत हो गये। अदृश्य शक्तियों के इस कोप से रामरूप सिंह की हालत खराब हो गयी। वे फिर दौड़कर सूरज मियाँ के पास गये। इस बार स्थिति की विभीषिका समझ कर सूरज मियाँ खुद आये। उन्होंने लोभान वगैरह से घर में अग्यारी की। करीब दो घंटे तक वे रहे और इस दौरान जब कुछ नहीं हुआ तो आश्वस्त होकर वे लौट गये।

सूरज मियाँ के जाने के दूसरे रोज से घर के बर्तन गायब होने लगे। स्वयं रामरूप और उनके नौकर चन्द्रपाल ने बताया कि हालत ये थी कि घर में वे लोग बैठे होते और घर में रखे बर्तन यकायक गायब हो जाते। यह पूछने पर कि कैसे, क्या उड़ जाते थे या देखते-देखते ही अदृश्य हो जाते थे, उन सब का एक ही प्रकार का उत्तर था। यानी वे मेलजोल रखता है। रामरूप सिंह ने सारे प्रकरण में गिरंद सिंह की भूमिका पर बार-बार प्रश्न चिन्ह लगाया और अनेक बार दुःख और आवेश में उन्हें बुरा भला कहा।

इन घटनाओं के बाद हताशा रामरूप एक बार फिर सूरज मियाँ के पास गये पर इस बार उन्होंने हाथ जोड़ लिए कि समस्या उनके बस की नहीं। थके हारे पस्त रामरूप सिंह जब वापस घर लौटे तो उन्हें अपनी बर्बादी का एक और दृश्य देखने को मिला।

घर में घुसते ही उनकी बिटिया कुन्ती हाय बप्पा हम लुट गये, कह कर गिर पड़ी और अचेत हो गयी। रामरूप किसी भी नयी मुसीबत के लिए अब वैसे ही हमेशा तैयार रहते थे इसलिए इस बार उन्होंने अपनी बिटिया की चिन्ता पहले की और अनेक लोगों की सहायता से उसे होश में लाने के प्रयास करने लगे। इसी बीच उन्हें पता चला कि घर में कमरे की जमीन में जो जेवर गहनों के रूप में लगभग 40 हजार की सम्पत्ति उन्होंने गाड़ रखी थी वह पात्र समेत गायब हो गयी है। वहाँ सिर्फ देखने को अब एक गड्ढा बचा है जो अपनी कहानी आप कहता है। जब कुन्ती बेहोश हुई तो तमाम भीड़ जुट गयी और उसके स्वास्थ्य की कामना करने लगी। कुन्ती की बगल में स्थित भाई विश्वाम्भर सिंह वाली उसकी सेवा श्रुशा में जुट गयी। कुन्ती को बुखार आया देखकर उसे कम्बल उढ़ा दिया गया।

कपड़े गायब हो गये

पानी की पट्टियों और समय के प्रभाव से कुन्ती की तंद्रा टूटी। सबने उसका हालचाल पूछा। कुन्ती घबरायी हुई थी। किन्तु अब सचेतन अवस्था में थी। इसलिए सबकी बातों पर उसने अनुकूल प्रतिक्रिया जाहिर की।

यहाँ तक तो सब ठीक-ठाक था। किन्तु यकायक ऐसी घटना हो गयी कि वहाँ उपस्थित सभी लोग हक्के-बक्के रह गये। हुआ यह था कि अब 16 वर्षीय कुन्ती ने स्वयं को स्वस्थ महसूस किया तो उसने गर्मी से त्रस्त होकर कम्बल हटाने की कोशिश की। किन्तु तभी उस पर मानों बज्रपात हो गया। उसने पाया कि वह कम्बल के भीतर पूर्णतः निर्वस्त्र है। लज्जा और ग्लानि से उसने सोचा कि कम्बल के नीचे देखा तो धक से रह गयी। इसे भी जिन्न की करामात मान कर आँसुओं और सिसकियों के बीच स्त्रियों ने एकान्त में कुन्ती के लिए नये कपड़ों की व्यवस्था की।

रामरूप सिंह, उनके भतीजे हनुमान सिंह नौकर चन्द्रपाल, स्थानीय लाल सिंह उर्फ भाटिया, रामश्रय सिंह और जगनू ने ससंकोच, किन्तु दृढ़तापूर्वक इस घटना की पुष्टि की और कहा कि उस वक्त वे लोग वहीं पर थे।

बातचीत के दौरान रामरूप सिंह इस घटना का जिक्र करते हुए यकायक बहुत भावुक हो उठे, उनके आँसू बहने लगे। फफकते हुए उन्होंने बताया कि साहब जवान बेटी घर की इज्जत होती है अभी तक बहुत कुछ खो चुका हूँ करीब-करीब बर्बाद समझो मुझे। लेकिन अब तो घर की इज्जत नीलाम होने जा रही थी। मेरे ऊपर घड़ों पानी पड़ गया। इस घटना से अभी तक दम थी क्योंकि ठाकुर हैं, हिम्मत नहीं बेच खायी है। सोचते थे कि धन-सम्पदा तो हाथों की मेहनत पर है फिर इकट्ठी कर लेंगे भगवान की दुआ से खूब खेतीबाड़ी है कमी नहीं है। किसी चीज की लेकिन अब तो हमारी बिटिया हमें पहाड़ लगती है, कैसे होगी इसकी शादी सोचकर कलेजा काँप उठता है मेरा।

कुन्ती के साथ हुई इस अजीबोगरीब कहानी के विषय में जब रामरूप सिंह ने बताया तो साथ ही यह भी सोचा कि बेहोश होने तक कुन्ती के दोनों पैरों में तोड़िया उन्होंने देखे थे। फिर अचानक ही होश में लाने का जतन करते वक्त उन्होंने एक पैर से तोड़िया गायब पाया। उन्होंने दूसरे पैर का तोड़िया उतार कर अपनी जेब में डाल लिया था। कुन्ती के सारे कपड़े गायब होने के बाद भी वह तोड़िया उनकी जेब में पड़ा रहा था।

इस दिन के बाद से तो ऊलजुलूल आत्माओं का जैसे तांता लग गया। घर के बर्तन, मटके और दूसरी तमाम चीजें हवा में ऊपर उठ जाते और आपस में टकरा-टकरा कर नीचे गिरते। कई दिनों के इस अनवरत क्रम ने घर की सारी उपयोगी वस्तुएँ व एक-एक दाना गायब हो गया।

रामरूप के परिवार में भूखों मरने की नौबत आ गयी। हफ्तों से घर में चूल्हा नहीं जला था। गाँव के लोग ही उनके परिवार की देखभाल और उनके खाने-पीने का प्रबन्ध कर रहे थे।

अपने निजी घर में जब रहना बिल्कुल दूभर हो गया तो सबकी सलाह पर आखिरकार रामरूप सिंह विश्वाम्भर सिंह वाले मकान में सपरिवार आ गये। अपना घर खाली छोड़ दिया। पर इससे हुआ कुछ नहीं उलटे जिन्नों का उत्पात और अधिक विस्तृत हो गया। बल्कि अब तो विश्वाम्भर वाले मकान में भी घटनायें होने लगीं। जब वहाँ भी उत्पाती रूहों ने पीछा नहीं छोड़ा तो फिर रामरूप को मंझले भई ब्रह्मदत्त के मकान में शरण लेनी पड़ी। पर इससे क्या उनकी तबाही का दौर चलता रहा। अब तीनों मकानों में सामूहिक रूप से नयी किस्म की बदमाशिया शुरू हो गयीं। अब तक पूरा जुलाई मास बीत चुका था। समय बीतता जा रहा था और समय के साथ-साथ बढ़ती ज़ा रही थी रामरूप की बेतहाश दौड़ धूप। आसपास के ग्रामीण इलाके का कोई ऐसा सिद्ध तान्त्रिक नहीं बचा था जिसकी खबर न ली गयी हो पर सब असफल-यही वजह है कि जब अगस्त की दूसरी तारीख आयी तो रामरूप सिंह कानपुर शहर के एक तान्त्रिक के घर के चक्कर काट रहे थे। रामरूप के अनुसार इस तान्त्रिक ने उनकी समस्या सुनी और वहीं से समझा-बुझाकर भेज दिया कि जाओ जो कुछ करना होगा यहीं से कर दूँगा वरना समझना मेरे बस का नहीं। बताते हैं कि उसी रोज शाम को जब रामरूप सरवन खेड़ा से बस से उतरने के बाद सूद मेमजू होते हुए गाँव वापस आ रहे थे तो उन्होंने दूर से अपने गाँव में धुआँ उठता नजर आया। उन्होंने स्वयं को किसी नयी अनहोनी के लिए तैयार कर लिया। रास्ते में गाँव के एक व्यक्ति ने उन्हें यह आघातकारी सूचना दी कि उनके घर में आग लग गयी है। रामरूप के शब्दों में बाबू हमारे पैरों में अब अपना घर बचाने के लिए दौड़ने के लिए ताकत भी नहीं रही थी। खून जम गया था हमारा। हम गिरते-पड़ते अपने घर आये और गाँव वालों को अपना घर बचाते हुए देखने लगे।

उस रोज तमाम घर के लोगों की मदद से आग भरे कंडों में लगी थी। कोठी में मात्र कंडे थे और इतने ठसाठस भरे हुए थे कि यकायक आग बुझाने का कोई कारगर तरीका किसी की समझ में नहीं आया। आग भी बड़े ही विचित्र तरीके से कंडों के बीचोबीन किसी जगह पर लगी थी। पूरे कमरे में गहरा काला धुआँ भर गया था। किसी की कुछ समझ में नहीं आया कि किया क्या जाये। किसी ने छत छेदने की सलाह दी तो आखिर में यही युक्ति काम में लायी गयी। छत के इसी बड़े

सुराख से पानी डालकर आग बुझाई जा सकी। इस आग के बारे में कुछ लोगों ने यह भी बताया कि पानी डालने पर पेट्रोल की भाँति शुरू में आग ज्यादा धधकी पर बाद में पानी ने पानी-सा असर दिखाया।

फिर तो ये छोटे-छोटे अग्निकांड भी आम हो गये। कभी कपड़ों में, कभी घर में पड़ी जलाऊ लकड़ी में, कभी हल आदि कृषि औजारों में और कभी भूसे में तथा अनाज में आग लगने लगी। इस अपवित्र हवन में रामरूप के घर का अनाज भूसे के साथ स्वाहा हो गया। कई बार ऐसा होता कि घर के किसी कोने में कोई कपड़ा जलता मिलता जिसे कभी किसी ने घर में देखा तक नहीं होता। ऐसे तमाम कपड़े और चीजें जली और अर्ध जली अवस्था में वहाँ पड़ी हैं।

अब तक रूपपुर गाँव के इस अलौकिक तांडव की खबरें दूर-दूर तक फैल चुकी थी और रोज-रोज फैलती जा रही थीं। रामरूप के अनेक शुभचिंतक नाते रिश्तेदार भी आ चुके थे। सब ने अपने-अपने हिसाब से रामरूप की बर्बादी देखी-समझी थी। इनमें कई ऐसे लोग भी थे जिन्होंने अपनी आँखों के सामने जिन्नों की लीला देखी थी और बचाव कार्यों में हिस्सा लिया था। सबने अपने स्तर से रामरूप को इस आपदा से मुक्ति दिलाने के प्रयास प्रारम्भ कर दिये थे।

इन्हीं प्रयासों का नतीजा तब सामने आया जब पनकी (कानपुर) विद्युत गृह के एक बंगाली डॉक्टर उपनाम से जाने जाने वाले तान्त्रिक से सम्पर्क स्थापित किया जा सका। इन सज्जन ने घर में अनेक कीलें गड़वाई और अपनी क्रिया पूरी कर यह कह कर चले गये कि घर कील दिया है फिलहाल इससे घटनाओं की रोक की व्यवस्था हो गयी है। उन्होंने यह भी कहा कि सावन के महीने भर हिन्दु तन्त्र का पता लगाने की कोशिश करते रहे कि इन घटनाओं का नियामक कौन है, कौन ईंटें फेंकता है और आग किसके द्वारा लगायी जाती है लेकिन श्री चन्द्रबली यादव का सारा सिपाहाना अनुभव दाँव पर लग गया पर इन घटनाओं के ऊपर का एक रेशा भी अलग नहीं हो सका। थक हार कर श्री यादव ने भी यही मान लिया कि रामरूप सिंह के ऊपर आयी आपदा इनसानी करामात नहीं बल्कि कुछ और है।

दरोगा जी की बोतल

फिर यह खबर उड़ते-उड़ते गजनेर थाने तक भी पहुँच गयीं। थाने से एक दरोगा जी अपने पूरे विश्वास के साथ रूपपुर आये कि देखते हैं मेरे सामने कैसे होता है यह सब। पर इन दरोगा जी को भी वहाँ से भागना पड़ा। हुआ यह कि ये हलका इंचार्ज वी.पी. वर्मा रामरूप के घर सदल बल घुसे और सारे घर की छानबीन की। छानबीन के बावजूद उन्हें इन उपद्रवों के पीछे इनसानी शरारत नजर आयी। इसीलिए उन्होंने भी बड़े जोर में आकर कहा कि अगर इस घर में जिन्न है तो हमारे झोले में से हमारी बोतल निकाल कर ला दें हमारे हाथ में। कहते हैं सारी भीड़ के समक्ष उनकी बोतल हवा में नाचती हुई आयी और उनके पास जमीन पर रख गयी। इस दृश्य को देख कर दरोगा जी की हालत खराब हो गयी। वे फौरन वहाँ से यह कह कर खिसक लिए चलो भाई यहाँ तो बड़ा गड़बड़ है। कहीं हम लोगों की राइफलें गायब हो गयीं तो सर्विस के लाले पड़ जायेंगे।

जाते वक्त दरोगा जी रामरूप को इस बात की हिदायत भी दे गये कि उन्हें फौरन किसी पहुँचे हुए तान्त्रिक ओझा की तलाश करनी चाहिए क्योंकि जरूर यहाँ किसी दुष्ट आत्मा का साया है।

पुलिस और पी. ए. सी. के जवाब दे देने के बाद रामरूप सिंह ने अपने ऊपर टूटे इस कहर को पूरी तरह से जिन्नों का उत्पात मान लिया। उन्होंने अपने आदमियों को पहुँचे हुए ओझा तान्त्रिक की तलाश में बाहर भेजना शुरू किया। कुछ लोग स्वयं भी रामरूप की इस मामले में मदद करने लगे। एक-एक कर तीन कोठियाँ (कमरे) हैं। मौके पर मुआयना करने पर आँगन में तमाम चीजें उलटी-पलटी, टूटी-फूटी या जली हुई पड़ी थीं। एक नया हल बाउंड्री वाल से सटा अधजली अवस्था में पड़ा था। आँगन के बीचोंबीच एक कपड़ा, जो किसी रजाई का खोल जान पड़ता था, अधजला पड़ा था। इसके बारे में रामरूप का कहना था कि यइ उनके घर में कभी नहीं था। किसी की एक कमीज भी पड़ी थी जो एक ओर जली थी जिससे उसमें एक नक्शे की आकृति का छेद हो गया था। यह भी रामरूप के घर की नहीं थी। इसके अलावा छप्पर का जला हुआ मलबा आँगन व बरामदे के बीच छितरा हुआ पड़ा था। चकिया के पाट ईंटों के अद्वेपलवे, जला हुआ भूसा आदि तमाम ऐसी चीजें थीं जो एक ही नजर में उस घर को अस्त-व्यस्त दर्शा रही थी।

गाँव के लाल सिंह उर्फ माटिया रामश्रय सिंह और जगनू से खोद-खोद कर

पूछने पर ये सभी इस बात की पुष्टि करते हैं कि उन सबने ये तमाम उत्पात को अपनी आँखों के सामने घटित होते देखा है और यह उत्पात इनसानी नहीं, शैतानी है। कोई इन्सान ऐसा नहीं कर सकता।

पड़ोसी गिरंद सिंह से पूछने पर कि रामरूप सिंह के घर में जो चमत्कारिक तबाही हो रही है उसमें कितनी सच्चाई है उनका जवाब था कि जहाँ तक हमने देखा-समझा ठीक ही है। बाद में उन्होंने स्वीकार किया कि तमाम वस्तुएँ उनके घर में आकर गिरती हैं। उन्होंने कहा कि हमारे यहाँ चिमटा बेलन कड़ाही भगौना गिरे हैं।

वहाँ पर तैनात पी.ए. सी. कमाण्डर श्री चन्द्रबली यादव से जब इस मसले पर चर्चा छिड़ी तो उन्होंने विस्तार से उन तमाम बातों की जानकारी दी।

उन्होंने गम्भीरता पूर्वक यह स्वीकार किया कि रामरूप सिंह के मकान की घटनायें मानवीय नहीं दैवी हैं। उन्होंने यह भी कहा कि इस मामले में किसी बड़े तान्त्रिक की मदद लेने से ही काम बन सकता है।

गाँव में पी.ए. सी. की एक टुकड़ी जल्दी गयी ताकि बदले की यह आग फैलती ही न चली जाये। रामरूप सिंह अपने खेत-खलिहानों में लग गये कि कब वह दिन आये जब पी.ए. सी. हटे और बन्दूकों और गोलियों की प्यास बुझे-विश्वाम्भर सिंह की आत्मा भी इसी से शान्ति पाना चाहती थी। मरते-मरते वह कह गये थे कि रूपन बदला ले लेना।

फिर न तो गाँव से पी. ए. सी. ही हटी और न ही दोनों पक्षों को आमने-सामने आने का कोई मौका मिला। नतीजा यह निकला कि रामरूप सिंह धीरे-धीरे भूल गये। उन्होंने अपनी घर-गृहस्थी बनाने संवारने की तरफ ध्यान दिया और उनके परिश्रम व लगन से पहले से सम्पन्न परिवार और अधिक शानशौकत से रहने लगा। विश्वाम्भर सिंह के बाद परिवार के रौबदाब में जो गिरावट आयी थी वह खत्म हो गयी। रामरूप सिंह के परिवार ने न केवल धनधान्य से गाँव के ऊपर श्रेष्ठता बरकरार रखी बल्कि परिवार शिक्षा की ओर भी उन्मुख हुआ। किसानी, पहलवानी, दूध, घी और राइफल तमंचों के अलावा घर में किताबों की भी कद्र होने लगी। रामरूप सिंह अब अपने परिवार की जमींदाराना इमेज को बदल रहे थे। बात कर रहे हैं, सामने कड़ाही रखी है सभी कह रहे हैं, फिर भी किसी कारण व किसी का ध्यान क्षणिक रूप से उस ओर से हटा और पुनः जब उधर नजर गयी तो कड़ाही गायब। रामरूप सिंह कुछ इस तरह बताते हैं इस करतब के बारे में कुन्ती बिटिया बर्तन भी धो रखती जाती और कहती जाती लो बप्पा कर छुल गायब लो बप्पा बटलोई भी गायब और ये इधर रखी बाल्टी भी तो नहीं है अभी तो यहीं थी।

बर्तन गायब होने की इस प्रक्रिया का एक रोचक पहलू यह है कि गायब होने वाले ये बर्तन रामरूप सिंह के घर से अदृश्य होकर उनके पड़ोसी गिरंद सिंह के यहाँ आँगन में जा टपकते। रामरूप सिंह ने बताया कि होता यह था कि इधर से

हम लोग कहते थे लो फलां बर्तन भी गया और गिरंद सिंह के यहाँ से किसी न किसी की आवाज आती कि ये देखो वो गिरा। रामरूप सिंह ने इस बात को विशेष रूप से नोट करने के लिए कहा कि जब भी इधर का बर्तन उधर जाकर गिरता तो गिरंद एण्ड फैमिली कहती कि और लाओ भगवान और लाकर गिराव (भगवान और बरसाओ चीजें)।

यहाँ यह बात बता देना जरूरी है कि गिरंद सिंह का परिवार भी कथित रूप से रामरूप सिंह से ईर्ष्या करता है और उनके प्रतिद्वंद्वी कुछवाहा गुट से शायद स्त्रियों ने उपचार के तहत उसके कपड़े उतारे हों। उसने अपनी शंका का समाधान करने के लिए जब अपनी माँ से पूछा तो माँ और भी चौंक पड़ी। क्योंकि वह तो बराबर कुन्ती के पास ही रही थी। बाद में अपने अविश्वास और कुन्ती के विश्वास की पुष्टि के लिए जब माँ समेत अन्य स्त्रियों ने नेस्तनाबूद कर दीं। घर के अन्दर अनाज रखने के लिए बनाये गये मिट्टी के कुठले बुरी तरह टूट-फूट कर छितर गये और उनके अन्दर रखे अनाज पर काबू पाया गाया। पहले छप्परों पर लगी थी। लेकिन अभी लोग इस आग को बुझा भी न पाये थे कि ब्रह्मदत्त के मकान से किसी ने सूचना दी कि अरे दौड़ो-दौड़ो इधर भी आग लगी है। सारी पलटन बाल्टी पानी ले उधर दौड़ पड़ी। यहाँ आग लगने के पर सामने वाली कोठी (कच्चा कमरा) में समस्या से पूरी तौर पर निपटना पड़ेगा।

लेकिन उनका यह आश्वासन जितना सुनने में आशाजनक था उतना फलीभूत नहीं हुआ। घटनाएँ कुछ कम जरूर हुईं पर रुकी नहीं। इसके बाद कोई चतुरीपुर से एक नट बाबा को ले आया। उस बाबा ने भी कीलें गड़वाईं। रात-भर वह रहा। उसने कीलें गाड़ते हुए गुस्से में कहा था अब साली लग आग।

सुबह तड़के तक जब तक वह बाबा रहा आग नहीं लगी। लेकिन बहुत सबेरे किसी को बिना बताये वह बाबा भी वहाँ से चला गया। ऐसा समझा गया कि बाबा भी शक्ति के आगे कमजोर पड़ गया।

कोई भी देख सकता है यह बर्बादी

11 अगस्त को जब यह प्रतिनिधि रूपपुर पहुँचा तो तब भी वहाँ डेढ़ दो सौ लोगों की भीड़ लगी हुई थी। मनेथू से ही करीब 20-25 लोग साथ हो लिए थे। इनमें श्री शिवचरण सिंह चौहान भी थे।

ठाकुर परिवार के आपदाग्रस्त तीन मकानों में रामरूप का मकान ही सबसे अलग कच्चा और दुर्दशाग्रस्त है। इसी मकान के ठीक सामने कुछ गज की दूरी से रायपुर वाला बम्बा (कैनाल) निकला है। विश्वाम्भर सिंह और ब्रह्मदत्त के मकान में दृष्टिगोचर हुए।

रामरूप सिंह के मकान में बाहरी बाउन्ड्री पार करते ही आँगन है और आँगन के तीनों तरफ वाले एक तान्त्रिक अब्दुल जलील मियाँ भी वहाँ पहुँचे। उन्होंने यह बताया कि जागरण में पढ़कर ही वह यहाँ आये हैं और अब देखेंगे कि कैसे क्या हुआ क्या कुछ कर सकते हैं। जिन्नों की बाबत पूछने पर उन्होंने बताया कि ये दुष्टात्माएँ होती हैं और जिन परिवारों में कुँआरी जवान लड़कियाँ होती हैं वहाँ इनका प्रकोप ज्यादा होता है। क्योंकि ये उनका यौन घोषण करती हैं। उन्होंने जिन्न जिन्नात और खबीस करके भटकती आत्माओं की कई एक श्रेणियों बताईं। इनमें जिन्नात जैसी रूहें नेक काम करती हैं। पूछने पर उन्होंने बताया कि अब रात में वे अपनी प्रक्रिया शुरू करेंगे।

लेकिन दूसरे रोज से ही आग लगने की घटनाएँ पुनः शुरू हो गयीं। इस बीच रामरूप सिंह, कानपुर, बनारस, हमीरपुर, लखनऊ आदि कई जगह तान्त्रिकों के चक्कर में दौड़ लगा चुके हैं पर उनकी समस्या का हल नहीं निकला है।

रूपपुर पहुँचने के लिए कानपुर सरवन खेड़ा के लिए बसें उपलब्ध हैं। वहाँ से दो कोस का पैदल अथवा साइकिल का रास्ता है। मोटर साइकिल वगैरह भी जा सकती है।

दुहरा जीवन

प्रत्येक शुक्ल पक्ष की अष्टमी को 34 वर्षीय कुमारी उतरा हृदार का कार्याकल्प हो जाता है। आप एक कॉलिज की लेक्चरार है किन्तु एक दिन के लिए 19वी शताब्दी के एक बंगाली घराने की गृहिणी बन जाती हैं।

अपने नये व्यक्तित्व में आप एक लज्जालु गृहिणी बन जाती हैं। आप का नाम शारदा हो जाता है। बंगाली ढंग से साड़ी पहनती हैं और माँग में सिन्दूर भरती हैं। आप अपनी मातृभाषा मराठी भूल जाती हैं और ऐसी संस्कृति निष्ठ बंगाली बोलने लगती हैं जैसी 1850 के आसपास बोली जाती थी और उस समय की पर्दा प्रथा के अनुसार वह गैर मर्दों के सामने घूँघट काढ़ लेती हैं।

मोटर कारों, गैस स्टोवों और आधुनिक यंत्रिकाओं से वह चकित हो जाती है। वह सारे दिन दुर्गा देवी के भक्ति गीत लिखती अथवा गाती रहती है। संध्या समय वह अपने माता-पिता को बुलाकर आरती करने को कहती है और अपने शारदा वाले जीवन को बिल्कुल भूल जाती है।

इस प्रकार के दौरे फरवरी 1975 में आरम्भ हुए थे। शारदा के रूप में उसने बताया कि उसके पिता ब्रज नाथ चट्टोपाध्याय थे जो बरद्वान के एक काली मन्दिर के सामने रहते थे। उस की मासी उसे बहुत प्यार करती थी और उन्होंने उसका सम्बन्ध अपने पति के एक भतीजे से निश्चित किया था। उसके ससुर नन्द किशोर मुखोपाध्याय को उक्त सम्बन्ध पसन्द नहीं था। वे सुलना जिले के शिवपुर के थे।

उसके पति एक वैद्य थे, और इस नाते उन्हें दूर-दूर बुलाया जाता था। कभी-कभी तो वह कई-कई दिन बाहर रह जाता था। शारदा के दो अधूरे जा चुके थे। वह तीसरी बार गर्भावस्था में थी जब उसे एक साँप ने काट लिया। उसे इतना और याद रहता है कि उक्त समय वह अपनी मासी के घर थी और फुल चुन रही थी। इसे संयोग ही कहना चाहिए कि जब उतरा होने को थी, उसकी माँ को स्वप्न में एक कोबरा दिखाई पड़ता था जो उसके दाहिने पैर के अँगूठे पर काटने को दौड़ता था कि इतने में उतरा की माँ उसे पैर से हटा देती थी, और चीख कर जाग पड़ती थी। उतरा के जन्म के बाद कभी उक्त स्वप्न दिखाई नहीं पड़ा।

उतरा ने दर्शनशास्त्र से एम.ए. किया और एक कॉलिज में व्याख्याता हो गयी। यों उसे साहित्य में भी शौक है। उसका दृष्टिकोण आधुनिक है और वह स्त्री-स्वातन्त्र्य की समर्थक है। उसका बंगाल अथवा बंगाली से कोई सम्पर्क नहीं रहा, सिवाय इसके

कि उसने शरत्चन्द्र के कुछ उपन्यास पढ़े थे और वह भी मराठी में।

उतरा के पिता जी, श्री बाला साहब हुदार स्पेन के गृह-युद्ध में लड़े थे और वहाँ छह महीने जेल में रहे। वे भारतीय साम्यवादी दल के सदस्य थे, किन्तु 1952 में उन्होंने रेलवे की हड़ताल का विरोध किया, इसलिए उनसे सदस्यता छीन ली गयी। किन्तु वे तान्त्रिक नहीं थे। उतरा ने उन्हीं से धार्मिक लोक सीखे, और दुर्गा देवी की भक्त बन गयी। उसकी माँ भी एक कट्टर धार्मिक महिला है।

पाक्षिक दौरों के अतिरिक्त उतरा में एक विचित्रता यह भी है कि 34 वर्ष की उम्र तक अविवाहित है। श्री हुदार ने बताया कि एक बार एक लड़का उतरा से विवाह करने के लिए तैयार हुआ था किन्तु बाद में वह भी नकार गया। तत्पश्चात् उतरा ने भी कई विवाह प्रस्ताव ठुकरा दिये। जब कभी उसे उससे इसका जिक्र किया, उसने यह उत्तर दिया कि विवाह कोई समस्या नहीं है। मैं अपने पिता जी से खुलकर बात कर लेती हूँ। जब कभी मेरी इच्छा विवाह करने की होगी, उस समय कह दूँगी और सम्बन्ध निश्चित हो जायेगा। किन्तु मुझे अभी विवाह की कोई आवश्यकता दिखाई नहीं देती।

तो उतरा का यही कहना है जिसने एक विवाद खड़ा कर दिया है। परामनी विज्ञानी तो कहते हैं कि यह स्पष्ट रूप से पुनर्जन्म का मामला है। उतरा बीच-बीच में अपने पिछले जीवन में पहुँच जाती है। किन्तु मनोचिकित्सकों का यह मत है कि यह केवल एक मनोविकार है, और आधुनिक चिकित्सा-शास्त्र इसे ठीक कर सकता है।

डॉ. एन.के. सिन्हा इन्दौर के एक होमोपैथ और परामनी विज्ञानी है। वे इस विषय का अध्ययन करके बंगाल गये और उन स्थानों की जाँच की जिनका उल्लेख शारदा करता है। उसकी बताई हुई सारी बातें सही निकलीं।

डॉ. पी. पाल चिन्सुरा विश्वविद्यालय में दर्शन-शास्त्र के अध्यक्ष हैं। वे अमेरिका के डा. स्टीवेन्सन के साथ परामनी विज्ञान में अनुसन्धान कर रहे हैं। उन्होंने भी शारदा की बताई हुई वर्थावली का समर्थन किया है। किन्तु दोनों में से किसी ने शारदा को बंगाल ले जाने का कष्ट नहीं किया।

उतरा इस तरह की अनुभूतियों से थक गयी है और पाँडीचेरी के आश्रम में जाकर शान्ति की खोज करना चाहती है।

(साभार, 'टाइम्स ऑफ इंडिया', 1 मई, 1986)

प्रेतात्माओं का फिल्मांकन

लार्ड बायरन का नाम कौन नहीं जानता। कुपथ के कारण उन्हें इंग्लैंड से निष्कासित कर दिया गया था। अपने जीवन काल के अन्तिम सोपान में वे इटली के वेनिस नगर में रहने लगे थे।

डेनिस इंग्लैंड का एक युवा फिल्म निदेशक था। वो लार्ड बायरन के जीवन पर एक फिल्म बना रहा था। इस सिलसिले में वह वेनिस के मान्सेतिगा गिरजा में पहुँचा जिसमें लार्ड बायरन ने अब तक दिन बिताये थे।

डेनिस ने कैमरा चलाया और दो एक दृश्य फिल्माए इतने में ही अभिलेखन यंत्र; रिकार्डिंग मशीन पर एक अजीब-सी आवाज आने लगी। आवाज तो थी अंग्रेजी में ही लेकिन उसके वाक्य समझ में नहीं आ रहे थे। बीच-बीच में अहसास भी सुनाई पड़ जाते थे।

डेनिस ने इशारे से सबको चुप कर दिया और फिर अपने काम में लग गया। कुछ ही क्षणों में फ़िर आवाजें आने लगीं। फिल्म के लगभग 30 मीटर टुकड़े को विकसित किया गया। क्या देखते हैं कि फिल्म पर एक ऐसे बूढ़े का चित्र आ गया है जो कैमरे के सामने था ही नहीं और वह विचित्र आवाज भी उसी की थी। डेनिस ने ध्यान से चित्र को देखा। वास्तव में आकृति लार्ड बायरन के चेहरे से बहुत मिलती-जुलती थी।

उक्त चित्र गिरजे के चौकीदार को दिखाया गया। उसने उसे तुरन्त पहचान लिया। वह बोला यह लार्ड बायरन की प्रेतात्मा की आवाज और छाया है। आत्मा इस कमरे में रहती है। मैंने उसे कई बार कमरे के बाहर टहलते हुए देखा है।

सन् 1936-37 की बात है एक निर्माता किंग नामी इमारत में फिल्म 'आरम क्रसिस' का चित्रांकन कर रहा था। फिल्म के एक टुकड़े का विकास किया जो चित्र देखकर निर्माता टाइरोल दंग रह गये। नायक के पलंग के पास किसी स्त्री की प्रेतात्मा खड़ी हो गयी थी, और नायक से कुछ कह रही थी। चित्रांकन के समय उक्त स्त्री का कहीं पता नहीं था।

किंग को एक बूढ़े से पता चला कि चित्र मैरीमून नाम की एक बहुत ही सुन्दर स्त्री का था। वह बहुत ही कामुक थी, और प्रतिदन एक नये व्यक्ति को बुलाकर उसके साथ सोती थी। एक दिन उसके पति ने उसे रंगे हाथ पकड लिया, और चाकू से शरीर के टुकड़े-टुकड़े कर दिये। आज भी मून की अतृप्त आत्मा मर्दों की खोज में घूमती है।

एक अन्य फोटो में एक बुढ़िया दिखाई पड़ी जो उक्त इमारत में घड़ी की देखभाल करती थी। उसने आत्महत्या कर ली थी। आज भी उसकी आत्मा छत पर आकर घड़ी में चाबी लगाती है।

एक प्रसिद्ध छायाकार की पत्नी ल्यूलू मृत्यु के बाद पति के स्टूडियों में प्रेत रूप में रहने लगी। वह प्रतिदिन आकर पति से उसके फोटो खींचने का आग्रह करती थी। उसके आते ही उक्त कमरे की बत्ती जल जाती थी। पति ने उसके बहुत से चित्र उतारे थे।

स्फोर्स अमेरिका का एक व्यवसायिक फोटोग्राफर था। उसने अपनी पत्नी की दिवंगत आत्मा के कई नग्न चित्र उतारे थे। उक्त चित्रों ने छायाकार जगत को स्तम्भित कर दिया था।

इंग्लैंड की एक प्रसिद्ध अभिनेत्री थी मार्टिन। एक बार चित्रांकन के किसी खेल में झूले से गिरकर मर गयी थी। उसकी आत्मा हर फिल्मांकन के समय आ जाती है। वह सफेद कपड़े पहने रहती है। उसके चलने की आवाज सुनाई देती है। उसके अनेक चित्र ले लिए गये हैं। उसे इसी प्रकार आते हुए 70 वर्ष हो चुके हैं।

(साभार, 'मासिक नूतन कहानियाँ', अगस्त 1977)

जब सितारों ने भूत देखा

अगर भूत-प्रेत का जिक्र छिड़े तो तकरीबन हर आदमी के पास सुनाने के लिए उसका अपना कोई अनुभव होगा। जहाँ जितना ज्यादा अन्धविश्वास होगा वहाँ उतना ही ज्यादा भूत-प्रेत के किस्से प्रचलित होंगे। फिल्म वालों में अगर आम लोगों से ज्यादा अन्धविश्वास नहीं है तो कम भी नहीं। यहाँ बहुत से लोग प्रेतात्माओं से अपनी मुठभेड़ का किस्सा आपको सुनायेंगे। जो यहाँ पेश है भूतों के बारे में कुछ फिल्म वालों के अनुभवों की कहानी, उन्हीं की जुबानी।

रणधीर कपूर

सबसे बड़ा भूत तो इन्सान ही होता है और इन्सानों में सबसे बड़ा भूत मैं खुद को मानता हूँ। इनसान की खुराफातों के समाने भूत बेचारा कहाँ ठहर सकता है। फिर भी कुछ समय पहले मैंने एक ऐसी चीज देखी थी जो आज भी मेरे दिमाग में अक्सर एक उलझी हुई पहेली की तरह घूमा करती है। कोई पाँच साल हुए हैं। वर्सोवा में एक दोस्त के यहाँ पार्टी थी, वहीं से मैं बबीता के साथ लौट रहा था। रात के कोई दो बज रहे थे। कार मैं चला रहा था। दूर तक सड़क पर सन्नाटा फैला हुआ था। हल्की-हल्की बारिश में सन्नाटा कुछ अजीब लग रहा था। अचानक मेरी कार की रोशनी में एक बच्चा नजर आया। एकदम मेरी कार के करीब से भागता हुआ समुद्र की तरफ चला गया। मैंने घबराकर ब्रेक लगाया वह अन्धेरे में तब तक गायब हो चुका था।

कोई 6-7 साल का रहा होगा वह। उसके बदन पर कोई कपड़ा नहीं था। कहा जा सकता है कि वह किसी झुग्गी वाले का बच्चा रहा होगा। तो सवाल यह है कि रात के उस पहर में और बारिश में इस तरह कहाँ जा रहा था। जिस दिशा में जाते हुए मैंने देखा था उधर आबादी नहीं थी। बाद में मैंने वर्सोवा में रहने वाले दोस्तों से उसका जिक्र किया तो उन्होंने बताया कि कोई दो महीने पहले एक औरत ने वहीं कहीं अपने बच्चे के साथ समुद्र में कूद कर आत्महत्या की थी।

कुमार गौरव

मैं भूत-प्रेत पर यकीन नहीं करता, पर एक रात गोवा के एक सुनसान तट पर मैंने जिस औरत को देखा था, मैं नहीं कह सकता कि वह औरत ही थी या कुछ और।

हम लोग एक फिल्म की शूटिंग के सिलसिले में गोवा में थे। एक रात मुझे समुद्र में नहाने की सूझी। अपने दो दोस्तों के साथ मैं जिस कॉटेज में ठहरा था वह समुद्र के किनारे ही था, काफी रात हो चुकी थी। दोस्तों से कहा, वे तैयार न हुए तो मैं अकेला ही नहाने निकल पड़ा। काफी देर तक मैं लहरों में तैरता रहा। हल्की-हल्की चाँदनी में सब कुछ रहस्यपूर्ण लग रहा था। जी भर कर तैरने के बाद मैं बाहर निकला तो चाँद की रोशनी में मैंने एक आकृति को कुछ फासले पर देखा। उसकी पीठ मेरी तरफ थी। अपनी जगह वह बिल्कुल खामोश खड़ी थी। मुझे लगा कि वह मेरा साथी है। इसीलिए मैंने आवाज दी। वह कुछ न बोला तो मैं उसके करीब पहुचाँ और गाली देते हुए उसके कूल्हे पर लात मार दी। उसने पलट कर देखा तो मुझे एक सत्तर-बहत्तर साल की औरत का चेहरा नजर आया। इतना वीभत्स चेहरा मैंने कभी नहीं देखा था। मैं इस तरह डर गया कि मेरे मुह से आवाज न निकली। और वह आराम से चलती हुई धुँधली चाँदनी में धीरे-धीरे गायब होती गयी। कॉटेज में लौटने के बाद मैं सारी रात सो नहीं सका। मैं यही सोचता रहा कि आखिर कौन थी वह।

सुरेश ओबराय

हैदराबाद में मेरे एक दोस्त के परिवार ने मकान बदला था। जिस नये मकान में वे लोग आये थे, उसके मालिक ने सारा मकान तो उनके हवाले कर दिया मगर एक कमरे में उसने ताला लगा दिया। उसने बताया था कि उस कमरे में उसका कुछ सामान रखा हुआ था। एक बड़ा सा ताला कमरे के दरवाजे पर झूलता रहता था। एक दिन मैं दोस्त के साथ उस घर के आँगन में बैठा बातें कर रहा था कि अचानक किसी के कहराहने की आवाज सुनायी दी। कराहने की वह आवाज कुछ ऐसी थी जैसे कोई बहुत सख्त तकलीफ में हो। उस वक्त दोपहर का ठीक एक बजा था। मुझे लगा कि वह आवाज उसी बन्द कमरे के अन्दर से आयी है। उसके बारे में मैं अपने दोस्त से पूछना ही चाहता था कि तभी नजर उसके चेहरे पर पड़ गयी। वह बहुत बुरी तरह डरा और घबराया हुआ था। फिर मैंने गौर किया कि घर के दूसरे लोगों का चेहरा भी उड़ा हुआ है। मुझे मालूम हुआ कि हर रोज ठीक दोपहर के एक बजे उस बन्द कमरे से उसी तरह कराहने की आवाज आती थी।

ढाई-तीन महीने वहाँ रहने के बाद उन लोगों ने दूसरा मकान ले लिया और बन्द कमरे का रहस्य रहस्य ही रहा।

पूनम ढिल्लन

चण्डीगढ़ में हम लोग एक डॉक्टर के मकान में किरायेदार की हैसियत से रहते थे। डॉक्टर की माँ की मौत उसी मकान में सीढ़ियों पर पाँव फिसल जाने से अचानक

हुई थी। हमने उसे नहीं देखा था। बस, यह घटना सुनी थी। उस मकान में एक अजीब-सा सपना लगभग छः महीने तक मैं हर रोज देखती रही। एक बूढ़ी औरत घर का दरवाजा खोलकर चुपके से आती थी। उसके एक हाथ में एक काली मुर्गी होती थी और दूसरे हाथ में छुरा। धीरे आकर वह मेरी पलंग के पास बैठ जाती और जमीन पर छुरा रगड़ना शुरू कर देती थी। उसका पूरा ध्यान छुरे पर होता था। वह किसी और तरफ नहीं देखती थी। उसके चेहरे पर झुर्रियों का जाल होता था और आँखें किसी मुर्दे की तरह बुझी-बुझी सी। कुछ देर तक वह जमीन पर छुरा तेज करती रहती फिर जिस खामोशी से आती उसी खामोशी से वह उठकर छुरे और मुर्गी के साथ वापस चली जाती। मैं नहीं जानती कि उस सपने का क्या मतलब हो सकता था। लेकिन यह कम हैरानी की बात नहीं कि मैं लगातार छह महीने तक यही एक सपना हर रोज देखती रही।

जॉनी वाकर

कोई बीस साल हुए। मैं अजीत व कुछ और दोस्तों के साथ इंदौर शिकार खेलने गया था। उन दिनों उस इलाके में एक तेंदुए ने बड़ी दहशत फैला रखी थी। आबादी में घुसकर वह जानवर उठा ले जाता था। जिस गाँव में हमारा पड़ाव था वहाँ के लोगों ने उस तेंदुए को मारने के लिए हमसे प्रार्थना की। हम भी पीछे हटने वाले तो थे नहीं। तेंदुए की तलाश में लग गये। दिन में ढूंढा रात को जंगलों में कई जगह मचान लगाकर उसका इंतजार किया पर नाकामी ही हाथ लगी। मचानों पर कई रात बिताने के बाद मेरे साथियों ने हार मान ली। उन सब की राय थी कि अब इस तेंदुए का ख्याल छोड़ दिया जाये।

पर मुझ पर उसे मारने की धुन सवार थी। एक रात एक बकरी को लेकर मैं अकेला ही जंगल में निकल गया। एक पेड़ के साथ जहाँ मचान पहले से लगा हुआ था, मैंने बकरी बाँधी और राइफल सम्भाल कर मचान पर चढ़कर बैठ गया। जंगल का अन्धेरा सन्नाटा और अकेला मैं न जाने किस वक्त बकरी की रिरियाती आवाज सुनकर मैंने होशियार होकर नीचे देखा तो एक तेंदुआ बकरी की तरफ झपटता हुआ नजर आया। मैंने अंदाजे से ही गोली चला दी। टार्च की रोशनी में मैंने अच्छी तरह तड़पते हुए तेंदुए को भी देखा और फिर उसकी लाश को भी। बकरी भी एक तरफ पड़ी अन्तिम साँस ले रही थी। गोली लगने से पहले तेंदुए ने उसे अच्छी तरह झंझोड़ दिया था। मैं बेफिक्र होकर वहीं मचान पर झपकी लेने के लिए लेट गया। सोचा कि सुबह जाकर गाँव वालों को खबर करूँगा- वहीं लोग तेंदुए को उठाने का इन्तजाम करेंगे।

और तड़के जब मेरी आँख खुली तो देखा कि तेंदुए का कहीं पता नहीं है और बकरी सही-सलामत अपनी जगह पर बँधी हुई है। मेरी हैरानी की सीमा न रही। मैंने

तेंदुए का शिकार सपने में कतई नहीं किया था। मेरी राइफल से गोली चली थी। नाल में बारूद के कण मौजूद थे। रात की सारी बातें मुझे अच्छी तरह याद थीं। लेकिन अब कहीं तुंदुए की लाश नहीं थी। उसका कोई निशान भी नहीं था और न ही कहीं खून का धब्बा। मैंने उस घटना के बारे में किसी को बताया नहीं पर मुझे पूरी तरह यकीन है कि मैंने उस तेंदुए को मारा था और उसे मरते देखा था। अब यह मुझे नहीं मालूम कि वह तेंदुआ ही था या तेंदुए के रूप में कुछ और।

जितेन्द्र

हम मैसूर के जंगल में शूटिंग कर रहे थे। लोकेशन आबादी से बहुत दूर होने के कारण हम सबके रहने का प्रबन्ध वहीं तम्बुओं में कर दिया गया था। दिन में शूटिंग होती और रात को हम सब गप्पें मारते या ताश खेलते। एक रात भूतों की बात चली तो हमारे एक स्थानीय साथी ने बताया कि भूत तो इस जंगल के भी काफी चर्चित हैं। उसने कई डरावनी कहानियाँ उनके बारे में सुनाईं। दूसरे लोग तो खामोश रहे पर मैंने साफ कह दिया कि भूतों पर मैं यकीन नहीं करता। मेरे साथी ने कहा—आपकी बात अगर किसी भूत ने सुन ली तो वह आपको परेशान कर सकता है। मैंने उसकी बात हँसी में उड़ा दी। पर उस रात मेरे साथ जो कुछ बीता उसका कोई मतलब मैं आज तक ढूँढ़ नहीं सका हूँ। रात भर मेरे माथे पर कोई चिकोटी भरता रहा। आँख खोलकर देखता तो कोई नजर न आता, आँख मूँदकर सोने की कोशिश करता तो कोई जोर से मेरे माथे पर चिकोटी काट कर मुझे हड़बड़ाकर आँख खोलने पर मजबूर कर देता। सुबह मैंने शीशे में देखा तो माथे पर तेज नाखूनों के निशान जगह-जगह बने हुए थे। शुक्र है कि वहाँ हमारी शूटिंग का आखिरी दिन था।

सिर्फ कल्पना नहीं

क्या वाकई भूत-प्रेत होते हैं। क्या भटकती आत्माएँ ही भूत हैं। कुछ भी स्पष्ट नहीं कहा जा सकता। कहते हैं कि जिस व्यक्ति की अल्पायु में अस्वाभाविक मृत्यु हो जाती है, उसकी आत्मा भटकती है।

आस्ट्रेलिया में बीरिमा नगर के 'थ्री लेग ओंमेन होटल' परिसर में, आज भी लूरेटिआ डकली नामक एक खूबसूरत युवती का भूत घूमता है। लूरेटिआ की फाँसी पर लटकाकर हत्या कर दी गयी थी और उसके सिर पर डॉक्टरी-परीक्षण किया गया था। हत्या के लगभग 120 वर्ष पश्चात् भी लूरेटिआ डकली के भूत का आना एक अनबूझ पहेली है।

वैसे, अजीबोगरीब आवाजों का गूँजना, ढोल बजना, पदचापों का सुनाई देना, दोपहर के वक्त पत्थर पड़ना आदि भूत की मौजूदगी के कुछ स्पष्ट लक्षण माने जाते हैं। ऐसा इंग्लैंड के सफोक शहर स्थित बौलिंग हाउस में हुआ। बंगले के रसाईघर की घंटी एकाएक सन् 1538 में गूँज उठी। घंटी लगातार दो महीने तक बजती रही। घंटी किसी व्यक्ति द्वारा नहीं बजाई गयी। तो क्या यह किसी भूत का कमाल था।

'रीडर्स डाइजेस्ट' पत्र समूह द्वारा प्रकाशित 'फोकमिथ्स एण्ड लिजहंस ऑफ ब्रिटेन' में लिखा है कि बग्घी, साईकिल, समुद्री जहाज और हवाई जहाज के भी भूत होते है। 'डोरसेट' स्थित सेनफोर्ड ओरकास गंगले में एक नहीं बल्कि 18 भूतों का आना जाना है। इनमें एक कुत्ते का भूत भी शामिल है।

आपको यह जानकर ताज्जुब होगा कि बुक आफ फैक्टस एण्ड रिर्काडस के अनुसार लन्दन के ओल्ड विक थियेटर में कई बार विश्वविख्यात साहित्यकार विलियम शेक्सपीयर का भूत भी आ चुका है। लेकिन, हाल ही में कनाडा निवासी एडविन मरविश द्वारा थियेटर के रंग रूप में परिवर्तन के उपरान्त शेक्सपीयर का भूत गायब हो गया है। कहते हैं कि पृथ्वी पर वास्तविक जीवन में सर्वप्रथम भूत प्राचीन यूनान में देखा था। आज से लगभग दो हजार वर्ष पूर्व कथित भूत एथीनेडोरस नामक व्यक्ति ने देखा था।

एक और दिलचस्प मामला है ईस्टर्न ट्राई-स्टार एयरलाइंस का। इस एयरलाइंस की उड़ानों के अधिसंख्य यात्रियों व कर्मचारियों का दावा है कि उड़ान के दौरान कप्तान बॉब लॉफट और कल-पुर्जे विशेषज्ञ डान रेपो की आत्मा उन के साथ थी। स्मरण रहे कप्तान बॉब लॉफट और विशेषज्ञ डान रेपो सहित 100 अन्य यात्रियों

की मृत्यु, इसी एयरलाइंस के अन्तर्गत, एक दुःखद हवाई जहाज दुर्घटना में हो गयी थी। विमान दुर्घटना सन् 1973 में, फलोरिडा के समीप हुई थी और तभी से उनके भूत ईस्टर्न ट्राईस्टार एयरलाइंस के विभिन्न विमानों में भटकते रहते हैं।

अस्पतालों में

भूत-प्रेत विषषज्ञों का दावा है कि भूत हरेक अस्पताल में निवास करते है। देश-विदेश के अस्पताओं में भूत अक्सर देखे गये हैं। ऐसा ही एक अस्पताल है—लन्दन का सेंट थामस। इस अस्पताल में एक नर्स का भूत, प्राचीन नर्सिंग पोशाक पहने बार-बार आता है। भूत रोगी को चाय, पानी या कोई अन्य उपहार भेंट करता है। लेकिन भूत बेहद मनहूस है। जिस मरीज को दर्शन देता है, वही दो-चार दिन बाद चल बसता है।

नर्स के कथित भूत के आने के अनेक सबूत भी प्राप्त हो चुके हैं। एक बार 75 वर्षीय रोगी नर्स से बोला- मुझे और पानी नहीं चाहिए। अभी तो दूसरी नर्स दे गयी है। अचम्भे की बात है कि उस वार्ड में कोई अन्य नर्स या आया नहीं थी। इस घटना के दो दिन बाद उस रोगी का देहान्त हो गया।

एक और घटना—नर्स 37 वर्ष की बीमार महिला का हाथ-मुँह पोछ गयी। कुछ समय बाद, दूसरी नर्स उसका मुह पोंछने लगी। बीमार महिला उसे रोकते हुए बोली-स्सिटर तुम तो कभी-कभार आती हो। वह नर्स कहां है जो बेचारी सारा दिन मेरी सेवा में जुटी रहती है।

यह सुनकर नर्स हैरत में पड़ गयी। वहाँ वह अकेली ड्यूटी पर थी। अगली सुबह महिला परलोक सिधार गयी।

भूत-प्रेत विशेषज्ञ डॉ. पाल टर्नर ने इस मामले की गहराई से जाँच की। वह इस निष्कर्ष पर पहुँचे कि भूत सचमुच सेंट थामस अस्पताल में नर्स रह चुकी थी। काफी बरस पहले अस्पताल की सीढ़ियों से गिरकर उसकी अस्वाभाविक मौत हो गयी थी।

यही नहीं कैम्ब्रिज के एंडरबुल अस्पताल में भी एक अत्यन्त दयालु आत्मा भटकती है। मगर यह आत्मा सिर्फ उसी रात आती है जब कोई नर्स या डॉक्टर मारफीन की डोज माप रहा हो। ऐसा करते समय, डॉक्टर या नर्स के कन्धे पर एक अज्ञात औरत का हाथ आ टिकता है और आवाज गूँज उठती है- प्रिय सावधान।

अस्पताल के कर्मचारियों से पूछताछ करने पर पता चला कि यह आत्मा नर्स की है। बेकसूर नर्स ने अनजाने में एक रोगी को मारफीन की अत्यधिक डोज दी थी। नर्स की गलती के कारण बेचारा रोगी मर गया। नर्स के दिल को भारी धक्का लगा और उसने फन्दे से लटककर आत्महत्या कर ली।

क्या सचमुच प्रेत योनि का अस्तित्व है?

हमारे समाज में भूत, प्रेत, ब्रह्म, डिह, जिन्न चैुड़ल आदि की बहुत-सी कथाएँ चलती हैं। अधिकांश घटनाओं में यही बताया जाता है कि अमुक व्यक्ति ने अमुक स्थान पर प्रेत देखा। देखने वाला व्यक्ति प्रायः अकेला रहता है। प्रेत, रात्रि के समय दिखते हैं। प्रेतों का वास मुख्य रूप से श्मशान के आसपास होता है। लोक में विश्वास प्रचलित है कि प्रतिनबिया कर बोलते है।

ब्रह्म के बारे में विश्वास है कि अकाल मृत्यु के बाद ब्राह्मण ही ब्रह्म होता है। जो व्यक्ति ब्राह्मण की हत्या करता है, ब्रह्म उसके पूरे परिवार को नष्ट कर देता है। भूत-प्रेत आदि की शान्ति को ओझा लोग कर लेते हैं पर ब्रह्म शान्ति नहीं हो पाती। ब्रह्म अपने शत्रु को छोड़कर सामान्य लोगों का कल्याण करते हैं। उत्तर प्रदेश, बिहार एवं उत्तरी भारत के अन्य राज्यों में ऐसे बहुत से ब्रह्म स्थान हैं जहाँ लोग अपने कष्टों के निवारण के लिए जाते है। ब्रह्म के प्रभाव से लोग प्रेत बाधा से मुक्त हो जाते हैं। ब्रह्म स्थल पर पहुँचते ही लोग बेहोशी की दशा में बताते है कि वे किस प्रकार प्रेत के चुंगल में फँस गये। लोग प्रेत बाधा से मुक्त होते हैं। कुछ मजारों पर भी जाने से जौनपुर के सबल ब्रहम एवं रैकल ब्रहम बहुत जागता माने जाते हैं। बिहार के हरस ब्रह्म उनसे भी आगे है। डिह और सत्तीचौरा पर भी लोग प्रेत बाधा से मुक्त होते हैं। ब्रह्म की भाँति डिह एवं सत्ती ऐसे ही लोग होते हैं जिनकी अकाल मृत्यु हो जाती है।

प्रेत योनि होती है या नहीं, इस प्रश्न पर नये सिरे से विचार किया जाता है। नीचे कुछ घटनाएँ दी जा रही हैं। घटनाएँ बिल्कुल सत्य हैं। घटनाओं से सम्बन्धित व्यक्तियों एवं स्थानों के नाम भी सत्य हैं। इन घटनाओं की विशेषता यह है कि ये सभी लेखक के परिवार एवं सम्बधिन्यों के अनुभव है। लेखक का विश्वास है कि घटनाओं के वर्णन में किसी प्रकार का अतिरंजन एवं विरूपीकरण नहीं है।

इन घटनाओं में से दो ऐसी हैं जिनमें प्रेत को न केवल देखा गया है वरन् उनसे बात भी की गयी है। दृष्टि भम्र तो हो सकता है परन्तु जब कथोप-कथन होता है तो श्रवण एवं जिह्वा का भी प्रयोग होता है। इसलिए श्रवण जिह्वा एवं आँख तीनों ज्ञानेन्द्रियों से देखी गयी घटना को अप्रामाणिक भी नहीं कहा जा सकता।

घटना-1

मेरे अग्रज श्री मुरलीधर त्रिपाठी हैं। घटना 1653 की है। जौनपुर जिले में केराकत तहसील में हमारी दवा की दुकान थी। केराकत बाजार से 3 मील उत्तर में हमारा गाँव अकबरपुर है।

जून का महीना था। लगभग 7 बजा था। दुकान बन्द करके भाई साहब साइकिल पर रवाना हुए। रास्ते में एक गाँव छितौना पड़ता है। छितौना के आगे एक पोखरा है।

पोखरे पर भाई साहब ने एक ऐसे व्यक्ति को देखा जिनकी हत्या 1652 में गला दबाकर कर दी गयी थी। उसका नाम नंगू तिवारी था। नंगू हमारे ही खानदान के थे और पद में चाचा लगते थे। भाई साहब से उनकी देखा-देखी हुई। नंगू चाचा से भाई साहब की बातें ठेठ भोजपुरी में कुछ इस प्रकार हुई—

भाई साहब—कहा बच्चा, तुन्त मरि न गयल रहत्य।

नंगू—हाँ बचउ वे जीविता अवस्था में भी अपने से छोटों को बचउ कहते थे मरि त गयल रहली, बकी लेकिन आजकल यहीं रहीला।

इसके बाद दोनों लोग साथ-साथ चलने लगे। सड़क पर भाई साहब पूरब की तरफ थे। वे अपनी बायीं तरफ साइकिल लेकर चल रहे थे। साइकिल के पश्चिम की ओर चार कदम पर नंगू चल रहे थे। साइकिल बायीं तरफ से चलने का कारण यह था कि भाई साहब ने सोचा कि अगर नंगू चाचा कोई हरकत करेंगे तो इसी साइकिल से उन्हें ढकेल देंगे। चलते-चलते एक बार नंगू चाचा ने यह भी कहा कि बचउ डरैक जरूरत नाहीं।

भाई साहब ने देखा कि नंगू चाचा चन्नटदार सफेद मलमल का कुर्ता पहने है। दोनों व्यक्तियों में दूरी इतनी अधिक थी कि भाई साहब नंगू चाचा को छू नहीं सकते थे। वैसे भी भाई साहब की हालत खस्ता थी इसलिए छूने का प्रश्न ही नहीं उठता था।

पोखरे से आगे नाला पड़ता है। नाले से लगा हुआ उस समय एक छोटा-मोटा वन था, जिसमें पलाश के पेड़ थे। आजकल वह वन उजड़ गया है। वन के ठीक ऊपर आम के चार पेड़ हैं। जिन्हें पचपेड़वा कहा जाता है। पचपेड़वा से थोड़ी दूरी पर नउआ का बाग शुरू होता है। इसके आधा फर्लांग पर हमारा गाँव ही आ जाता है।

जब भाई साहब नउआ के बाग पहुँचे तो धीरे-धीरे नंगू चाचा पश्चिम की ओर खिसकने लगे। फिर बातचीत हुई।

भाई साहब—बच्चा घरे न चलव्य।

नंगू—नाहीं बचउ, उ महुआ के पेड़ देखत हउवा न। वहीं पर रहीला। गाँव में ना जाइत।

इसके बाद जब नंगू चाचा कुछ दूर हट गये तो भाई साहब भागे लंक लेकर। गिरते-पड़ते घर पहुँचे। रात भर बेहोश रहे। सवेरे सारी घटना बताई।

जो लोग इस घटना के बारे में और जानना चाहें वे भाई साहब से बात कर सकते हैं।

घटना-2

हमारे सगे मामा थे। उनके पुकारने का मिसिर था। हमारा ननिहाल गाजीपुर जिले में सिघौना ग्राम में है। एक बार मामा जी हमारे यहाँ आयें और रात को आठ बजे की ट्रेन से केराकत स्टेशन पर सवार हुए अपने घर जाने के लिए। ट्रेन रात को छह बजे ओडिहार पहुँची। 11.30 पर उनको ओडीहार से वाराणसी जाने वाली ट्रेन मिली। ओडिहार से चलकर ट्रेन राजवाड़ी स्टेशन पर रुकी। ओडिहार के बाद यह पहला स्टेशन है। सिघौना राजवाड़ी एवं ओडिहार स्टेशन के बीच में है। मामा जी राजवाड़ी से उतरकर गाँव की ओर चले। स्टेशन के पास गोमती नदी पर पुल बना है। इसी पुल से होकर गाड़ी राजवाड़ी जाती है। जब वे पुल पार कर इस पर लगभग बारह बजे रात को पहुँचे तो देखा एक आदमी अपनी ठोड़ी लाठी पर टिका कर खड़ा है और आगे बढ़े तो देखा उनके पिता जी हैं। मामाजी ने सोचा कि रात के कारण शायद पिताजी उन्हें लिवाने आ गये हैं। उस व्यक्ति और मामा जी में इस प्रकार बातें हुई--

मामा जी—बाबू।

व्यक्ति—का।

इसके बाद वह व्यक्ति आगे-आगे चलने लगा और मामा जी पीछे-पीछे। कुछ दूर चलने के बाद वह पीछे हटने लगा और दोनों में इस प्रकार बातें हुई—

मामा जी—बाबू कहा जात हउंवा।

व्यक्ति—हम तोहर बाबू ना हई।

ऐसा कहकर वह व्यक्ति ना जाने कहाँ लुप्त हो गया। मामा जी किसी तरह घर आयें। साल भर बीमार रहे और इसी बीमारी में उनका देहान्त हो गया।

घटना-3

एक है शकुन्तला देवी। हमारी बुआ अमती है और अभी जीवित है जौनपुर शहर में उनका विवाह रमाकान्त शुक्ल से हुआ। लगभग बीस वर्ष पहले की बात है। शकुन्तला बुआ अपने मैके हमारे गाँव में आयी थी। केराकर जाते समय दोपहर में छितौना के पोखरे में उन्होंने अपनी लड़की को शौचाया। इसी के बाद में प्रेत बाधा में फँस गयी। जिस प्रेत ने उन्हें पकड़ा था, वह पाँच वर्ष का एक बच्चा था। इसी पोखरे के पास एक गाँव है। जिसे गठिया कहते हैं। गठिया के किसी गोसाईं परिवार

का लड़का इसी पोखरे में डूब कर मर गया था।

अब हालत यह है कि धीरे-धीरे बुआ जी बकने-झकने लगीं। उन्हें कई ब्रहम स्थलों पर ले जाया गया, लेकिन कोई लाभ नहीं हुआ। बुआ के ऊपर इस ब्रहम की सवारी यदा कदा होती रहती है। जब सवारी नहीं रहती है तो वे सामान्य रहती है। उनका दावा है कि जब उनके कमरे में ब्रह्म आता है तो बाहर से कोई भी व्यक्ति देख सकता है। उसकी आवाज सुन सकता है।

लाल किले की ये अज्ञात आत्माएँ

कोहरे से भरी सर्दी की ठेठ अँधियारी रात। दिल्ली का मशहूर लाल किला और शाहजहाँ का किला-ए-मुबारिक नींद के साये में एकदम चुप है। लेकिन, अचानक ही नौबतखाने के अहाते में एक गोरा अंग्रेज दाखिल होता है।

सिर पर फलैट हैट, बदन पर मटमैले रंग का ग्रेट फीट। कोई अफसर है शायद।

उसके काले रंग के जूते चमरमराहट डरावनी है। कदम थम गये और साथ वाले मकान के दरवाजे पर दस्तक दी। अन्दर से ऊँची और भारी आवाज दस्तक देती है। ओवर कोट वाला साहब बडे सलीके से जवाब देता है—गुड ईवनिंग सर-गुड ईवनिंग।

और, इसी सलाम के साथ गोरा साहब अन्धेरे में लौटता है। शायद घूमते-घूमते अजायब घर की ओर गया है। सुनते है कि यह अंग्रेज जीता जागता आदमी नहीं, बल्कि किसी ऐसे अंग्रेज आफिसर की आत्मा है, जिसे लाल किले से काफी लगाव था, जो अपनी कोई अधूरी लालसा छोडकर अल्लाह को प्यारा हुआ। लाल किले पर अंग्रेजों का अरसे तक कब्जा रहा था।

हाँ, वह भी शायद सर्दी की एक सुबह थी। चार बजे होंगे। किले का एक हज्माम अफसरों की हज़ामत बनाने निकला। कुछ ही कदम गया होगा कि यह गोरा साहब उसे भी मिल गया। अफसरी लहजे से पूछ बैठे—

ऐ कीदर जाता है।

हज्जाम भाई को काटो तो खून नहीं। सर्दी में और सर्द हो गया। रुक-रुककर बात निकली—हुजूर मैं तो हुजूर का खिदमतगार हूँ।

जबाब मिला-ठीक है जाओ। दस कदम के बाद हज्जाम ने लौटकर देखा—हैटवाला अंग्रेज गुम था। किले की वह सड़क पहले जैसी वीरान थी। कुछ और लोगों को यह अंग्रेज लोग दिखा है, पर क्या मजाल कुछ कह जाये।

बुजुर्गों का कहना है कि जिस वीराने में 40 दिन तक चिराग ना जले, वहाँ कुछ ऐसी शक्तियाँ विराजमान हो जाती हैं, जिन्हें पराशक्ति कहा जाता है। देखने वालों का कहना है कि लाल किले के कुछ सुनसान इलाकों में कभी-कभार ऐसी आत्माएँ

दिखाई दी हैं। उनकी खासियत यह है कि वह किसी को परेशान नहीं करती बेशर्ते उनका कोई अपमान न करे।

सुना है कि एक बार कुछ चौकीदारों की गप्पगोष्ठी में मुगल बादशाहों की धज्जियाँ उड़ायी जा रही थीं कि अचानक एक हवा जैसी अनजानी शक्लशाही बुज से निकली और गुर्रायी—तुम्हें किसने रखा है गुस्ताखियाँ करने को। इस गूँज के साथ हवा चली गयी और गप्पगोष्ठी चुप्पी में बदल गयी।

कुछ ऐसे किस्से कहानियाँ और आँखों-देखा हाल सुनकर लगता है कि इनमें बहुत से मामले ऐसे सम्बन्धित होंगे जो शाही दबदबे का शिकार हुए या किसी शाही षड्यन्त्र में पिस कर रह गये। इतिहास के पन्ने गवाह हैं कि लाल किले ने जमाने की कई करवटें देखी है, यह वही किला है जिसने कई तरह के साम्राज्यों के ऐसे आराम, ठाठबाट, जुल्मोंसितम और उनका पतन देखकर आजादी की सुबह देखी है। उस जमाने में जाने कितनी दुआयें और बद-दुआएँ किले पर मंडराती रही होंगी।

कहते हैं कि इससे पहले इसी जगह अफगानों का एक टूटा-फूटा किला था। लेकिन बाद में शाहजहाँ ने आगरा से राजधानी बदलने पर 1639 में नौ करोड रुपये की लागत से करीब नौ वर्ष में यह किला बनवाया था। आज भी दीवाने-आम, दीवाने-खास और लाल किले की बुलन्द ऊँचाईयाँ उसकी मुस्तैदी की गवाह है।

बरसों पहले की बात है। यहाँ के एक ऊँचे अफसर किसी निजी मामले से काफी परेशान थे। हर रात खुदा को याद करते। एक रात उन्हें घर की खिड़की से सुनाई दिया, फिक्र मत करो-सब ठीक हो जायेगा-इसे सँभालो।

बुजुर्ग देखते क्या हैं कि एक सफेदपोश दाड़ी वाला बूढ़ा जिसकी शक्ल बादशाह से मिलायी जा सकती है, एक खूबसूरत ताबीज फेंक गया। इन साहब को यकीन हो गया कि इनका सामना किसी रूहानी ताकत से हो गया था। किस्से कुछ ओरों से भी सुन्ने को मिले है। याद रहे कि 1858 में लाल किले के अन्तिम मुगल सम्राट बादुरशाह जफर पर गदर के अभियोग में यहाँ मुकदमा चला था।

बताया जाता है कि इसी सफेदपोश रूहानी बुजुर्ग ने एक अफसर का बढ़िया काम देखकर उसे वरदान दिया था कि उसे कोई छिपा हुआ खजाना मिलेगा। लेकिन उन्होंने खुशी में आकर वह बात घरवालों को बता दी और वरदान बेअसर हो गया। शायद रूहानी बुजुर्ग फिर कभी खुश हो।

और यह किस्सा दीवानेआम का है। कुछ बूढ़ों ने रात के वक्त इस मैदान में एक सात फुटे पहलवान को दंड बैठक लगाते देखा है। यह रूहानी पहलवान इतना विशाल हद्यी है कि बड़ी से बड़ी व्याधि रफूचक्कर हो जाये। कहते है कि शाही जमाने में कुछ ऐसे पहलवान भी शाही हवेलियों के मेहमान होते थे।

वैसे तो भारत सरकार के पर्यटन विभाग के सुप्रयास से ध्वनि और दृश्य कार्यक्रम लाल किले के गौरवपूर्ण इतिहास को हर रोज दोहराता है लेकिन एक साहब ने यहाँ के खास महल से संगीत की मधुर ध्वनियाँ सुनी हैं। उन्होंने खोज करनी चाही तो वहाँ से आवाज आयी नालायक जुते पहनकर जा रहा है।

जाने यह तमाशे क्या थे और कैसे थे, कौन जाने। लेकिन यह पक्का है कि लाल किले की यह अजीबोगरीब कहानियाँ सदियों तक अजीब रहेंगी। लाल किला आज भी हँसी और खुशी से भरपूर है और भरपूर रहेगा।

एक महिला की रूह

विश्वाम्भर में, सामान्य स्थलों से लेकर राज प्रासादों तक में पशुओं से लेकर राष्ट्राध्यक्षों तक ही रूहों के भटकने के असंख्य विवरण मिलते हैं। निसन्देह सभी प्रामाणिक नहीं होते किन्तु अनेक ऐसे उदाहरण भी हैं जिनका विवरण विद्वान, सम्मानीय व सत्यनिष्ठ व्यक्तियों ने किया है और ऐसे भी बहुत से जिन्हें समय-समय पर विभिन्न लोगों ने अनुभूत किया है। ऐसी रूहें जिनके चित्र भी लिए जा सके हों विरली ही होती है। सेहम के किले में भटकती एक रूह का चित्र लेने का दो फोटोग्राफर्स का दावा है।

क्रिसमिस के धूमधाम वाले दिन थे। सारा घर मेहमानों से भरा हुआ था। मेजबान लार्ड एवं लेडी चार्लस टाउन्स हैण्ड के यहाँ ठहरे हुए अनेक मेहमानों में कर्नल लाफट्स की एक फुटेज भी थी। कहते हैं श्रीमती लांफट्स का दोनों ही मेजबानों से रिश्ता भी था।

एक रात की बात है, कर्नल लांफट्स, एक अन्य मेहमान श्री हांकिन्स के साथ बैठे शंतरंज खेल रहे थे, दोनों ही खिलाड़ी टक्कर के थे, बड़े काँटे की जोड़ थी, फिर भी लम्बी होती हुई आखिर बाजी एक निर्णय पर समाप्त हुई। समय आधी रात से भी ऊपर निकल चुका था। थके हारे दोनों खिलाड़ी अपने शयनकक्षों की ओर बढ़ लिए। जब वे दोनों एक दूसरे को गुड नाईट कह रहे थे, श्री हाकिन्स ने कर्नल का ध्यान कुछ दूर स्थित श्रीमती चार्ल्स के कमरे के सामने खड़ी एक महिला की ओर आकृष्ट करते हुए कहा, देखिए तो इस महिला ने कैसी विचित्र पोशक पहन रखी है।

कर्नल को कुछ कम दिखाई देता था वे तुरन्त उस महिला को नहीं देख सकें, किन्तु जब उन्होंने अपनी आँखों पर चश्मा चढ़ाया तो उन्होंने देखा कि बहुत पुराने ढंग की पोशाक में लिपटी एक महिला धीरे-धीरे चलते हुए दृष्टि से ओझल हो गयी।

लौटने से पूर्व कर्नल ने इस महिला को एक बार और देखा। इस बार कर्नल ने उससे आमने-सामने होने की ठान ली। वे जल्दी से सीढ़ियाँ चढ़े और कुछ ही क्षणों में उन्होंने पाया कि उनके समक्ष उच्च कुलीन प्रतीत होने वाली महिला खड़ी है। इस महिला ने जरी के बेल बूटेदार वस्त्र पहन रखे थे, बालों को एक जूड़े में सिर पर टोपी की तरह बाँध रखा था। उसकी सम्पूर्ण आकृति किसी अपार्थिव रोशनी से आलोकित-सी दिखाई दे रही थी। सर्वाधिक विद्रूपात्मक बात यह थी कि इस महिला के चेहरे पर आँखों के स्थान पर मात्र दो खाली गड्ढे थे।

कर्नल ने इस महिला का चित्र बनाकर अन्य मेहमानों को भी दिखलाया।

कुमारी को फिर भी विश्वास नहीं होता था। उसने लार्ड चार्ल्स से पूछा कि क्या वे भी भूत-प्रेत में विश्वास करते हैं। लार्ड चार्ल्स ने उत्तर दिया मैं विश्वास कैसे ना करूँ। कल रात ही की बात है जब मैं अपने कमरे में जा रहा था मैने इस महिला भूत को अपने आगे आगे-जाते देखा था।

इसी महिला भूत को देखने का विवरण एक विख्यात लेखक व कैप्टन फ्रैडिक मेरियट द्वारा भी मिलता है। घटना उस समय की है जब रेनहम नामक इस भवन समारोह में कैप्टन मेरियट भी पुनर्सज्जा पर आयोजित, एक उपस्थित थे। वैसे कैप्टन मेरियट से लेखक के रूप में परिचित हर व्यक्ति, यह जान सकता है कि भूत-प्रेत के अस्तित्व में, विश्वास करने वाले वे अन्तिम व्यक्ति ही हो सकते हैं और शायद इसीलिए जब उन्होंने बहुत से मेहमानों को किसी महिला भूत के भय से भागते देखा तो उन्होंने अपने मेजबान से कहा, आप मेरे सोने का प्रबन्ध उस कथित भूतहा कमरे में ही कर दें, मैं प्रमाणित कर दूंगा कि भूत-प्रेत की यह सब बात कोरी बकवास है।

कैप्टन साहब के सोने का इन्तजाम, उनके कहे अनुसार उसी भूतहा कमरे में कर दिया गया। इस कमरे में ब्राउन लेडी आफ रेनहम के नाम से जानी जाने वाली महिला का एक विशाल चित्र टंगा हुआ था। उसने भूरे रंग की साटेन की पोशाक पहन रखी थी और उनके गले में एक बहुत ही सुन्दर गुलबन्द पड़ा हुआ था। मोमबत्ती की धीमी-धीमी रोशनी में कैप्टन की दृष्टि जब चित्र पर पड़ी तो वह उसे देखते ही रह गये। वे कुछ डर भी गये थे, यह कैप्टन नहीं मानते लेकिन उन्होंने यह अवश्य माना कि उन्हें लगा था कि उस चित्र में कुछ असाधारण-सा है। यह ढूँढ़ते हुए उनकी निगाह चित्र की आँखों पर पड़ी। क्या वास्तव में किसी की आँखें अन्दर धँसी हुई और चमकती हुई हो सकती है। और उन्हें लगा उन आँखें को दृष्टि में अनिष्टता के भाव उभर रहे थे। धीरे-धीरे उन्हें लगा यह अनिष्ट भाव निश्चल न होकर पल प्रतिपल तीव्रतर होता जा रहा है। मात्र कल्पना ही होगी। कैप्टन सर भटक कर अन्य कार्यों में व्यस्त होने लगे।

अभी उन्होंने अपने अंदरूनी वस्त्र ही धारण किये थे कि दो युवक उनके कमरे में आये। दूसरे दिन शिकार का कार्यक्रम निश्चित किया हुआ था। युवक अपनी बन्दूकों के बारे में कुछ तकनीकी बातें पूछने आये थे। दूसरे दिन प्रातः ही रवाना होना था। अतः देर रात होने पर भी बंदूकों को ठीक से समझना आवश्यक था। बाकी सभी सो चुके थे इसलिए कैप्टन उन्हीं वस्त्रों में उन युवकों के साथ कमरे की ओर चल दिये। कुछ देर में काम निपटा कर जब वे उन्हीं दोनों युवकों के साथ अपने कमरे की ओर आते हुए एक संकीर्ण अन्धेरे से बरामदे से गुजर रहे थे। तीनों ने दूसरी ओर से एक महिला को आते देखा। अपने वस्त्रों के प्रति सचेत कैप्टन अपने दोनों साथियों के साथ पास के कमरे में छुप गये। लेकिन जैसे ही निकट आने

पर कैप्टन ने उस महिला को देखा उनका सम्पूर्ण शरीर भय से सन्न रह गया। कुछ देर पहले जो चित्र उन्होंने अपने कमरे में देखा था मानो वहीं चित्र रूप में गतिमान हो उनके निकट आ रहा था।

महिला के हाथ में एक जलती हुई मोमबत्ती थी जिसकी रोशनी में उसकी भूरी साटेन की पोशाक झिलमिला रही थी। कदमों की कोई आहट किये बिना जब वह महिला आकृति उनके कमरे के दरवाजे के पास से गुजरी तो उसने एक क्षण कमरे में दृष्टि डाली। वह दृष्टि कैप्टन के अपने शब्दों में ऐसी पैशाचिक थी कि कुछ पलों के लिए भयाकान्त तीनों के हृदय की गति ही रुक गयी। मेहमानों पर तो सामान्यतः कोई गोली नहीं चलाता-अतः जब कैप्टन ने सीधे उस महिला पर गोलियाँ दागी तो हमें स्वीकार करना होगा कि उस समय तो सारे स्वयं उस महिला के अपार्थिव अस्तित्व के बारे में निश्चित हो चुके थे। गोलियाँ महिला आकृति से होती हुई सामने स्थित कमरे के दरवाजे में जा धंसी। महिला उसी तरह धीरे-धीरे चलते हुए विलुप्त हो गयी।

उपरोक्त दोनों ही विवरण बहुत पुराने, लगभग 1835 के है, रेनहम की इस कथित महिला की रूह को इसी तरह भटकते हुये 1835 से पूर्व और बाद में और भी अनेक व्यक्तियों ने देखा है।

1626 के आसपास पुनः इसकी चर्चा जोरों पर होने लगी, लेडी टाउंसहैण्ड ने बतलाया कि रेनहम हाल ही उन्हीं सीढ़ियों पर उस महिला की रूह से उनके पुत्र और उनके एक मित्र की मुलाकात भी हुई है। दोनों ने उसे कमरे में टंगे हुए ब्राउन लेडी आफ रेनहम के चित्र के शदृश्य पाया। इन दोनों को इस बात की पूर्व जानकारी भी नहीं थी कि वहाँ इस तरह महिला की रूह को अन्य व्यक्ति पहले भी देख चुके हैं।

और, 16 सितम्बर 1636 की बात है। कैप्टन प्रोवेन्ड व इन्द्रशिरा नामक दो फोटोग्राफर्स रेनहम हाल के अंदरूनी चित्र ले रहे थे। प्रोवेन्ड जैसे ही चलते हुए सदियों का एक चित्र लेकर दूसरे चित्र हेतु तैयारी कर रहे थे कि उनके साथी इन्द्र ने देखा कि एक छायात्मक आकृति सीढ़ियों पर मानों फिसलतीसी उसकी ओर आ रही है। प्रोवेन्ड के पीछे खड़े शिरा ने फलेशगन चला दी। प्रोवेन्ड मजाक उडाते रहे कि भूत प्रेत कुछ नहीं होते और यदि होते भी तो उनका चित्र आना सम्भव नहीं। किन्तु जब चित्र तैयार हुआ तो उसमें सीढियों पर एक स्पष्ट एक पूरी मानवाकृति दिखलाई दी।

उस समय के विशेषज्ञों ने चित्र की प्लेट की जाँच करने पर किसी प्रकार की धोखा-धड़ी नहीं पाई। यह चित्र अभी भी कन्ट्री लाईफ फोटोग्राफी लाईब्रेरी में रखा हुआ है। इसके बाद पिछली दो शताब्दियों से अनेक व्यक्तियों द्वारा रेनहम हाल में एक महिला की रूह को भटकते हुये देखने के अनेक विवरण मिलते हैं।

व्यक्तिगत अनुभव

विनोद पाल

मैंने प्लैंचर प्रणाली से कई बार अपने दादा और कई अन्य दिवंगत आत्माओं से सम्पर्क स्थापित किया है। सबसे पहले हम जाँच करते थे कि वास्तव में वही आत्मा है जिससे हम बात करना चाहते हैं या कोई और। इस परीक्षा के लिए हम कुछ पिछली घटनाओं के विषय में प्रश्न करते थे। जब उनका सन्तोषजनक उत्तर मिल जाता था तभी आगे बढ़ते थे। उस समय हमने एक बार स्वर्गीय अभिनेत्री मीना कुमारी से भी बातें की हैं।

किन्तु इस प्रणाली में एक खराबी यह है कि इसके माध्यम से स्वास्थ्य और मस्तिष्क पर दुष्प्रभाव पड़ता है। हमसे कई आत्माओं ने यह भी कहा है कि इस प्रकार बुलाए जाने पर उन्हे कष्ट होता है, क्योंकि वह अपने पूर्वजन्म के सम्बन्धियों से सम्पर्क नहीं रखना चाहते, इसलिए हमने यह प्रक्रिया करनी ही छोड़ दी। बहुतों को इस बात पर अचरज होगा किन्तु तथ्य यह है कि सितारों के आगे जहाँ और भी है।

(साभार, 'हिन्दुस्तान टाइम्स', शनिवार, 15 जून, 1956)

मरणोपरान्त प्रवचन

पी.एन. विजयवर्गीया

अध्यातम निकेतन, कोटेश्वर रोड, ग्वालियर-12, के एक महान सन्त 'मलिक साहब' का देहान्त 12 फरवरी 1953 को हो गया। किन्तु आश्चर्य की बात है कि 17 से 23 फरवरी तक प्रतिदिन दिवंगत आत्मा से हमारा सम्पर्क होता था। रात के 8.30 से 9.30 बजे तक प्रतिदिन हम उनका प्रवचन तन्मय होकर सुनते थे। हम उनसे प्रश्न करते थे और बहुत ही सन्तोषजनक उत्तर पाते थे।

हमने 20 फरवरी के प्रश्न का आमलेखन दो कैमरों में कर लिया है। जिस किसी को इस विषय में रुचि हो, आकर स्वयं सुन लें।

(साभार, 'हिन्दुस्तान टाइम्स', शनिवार, 15 जून, 1956)

भाग-2

स्याँस (Seance)

विषय प्रवेश

यह विद्या आधुनिक रूप में बहुत पुरानी नहीं है। फिर भी इसे आरम्भ हुए लगभग 100 वर्ष हो गये हैं। तिस पर भी अभी तक इसे एक विज्ञान का पद प्राप्त नहीं हुआ है। कारण, अब भी बहुत से शिक्षित व्यक्ति इसे सन्देह की दृष्टि से देखते हैं और इसे कोई नियमित विद्या मानने को तैयार नहीं हैं।

रात्रि का समय है। निस्तब्धता छाई हुई है। एक कमरे में एक हल्की, तीन टांगों वाली, गोल मेज रखी हुई है और हल्का-सा प्रकाश हो रहा है। कमरे में दिन-भर धूप, कपूर और अगरबत्तियाँ जलाई गयी हैं। अतः कमरे में सुगन्ध बनी हुई है। कमरे की अलमारियों में कुछ धार्मिक पुस्तकें रखी हुई हैं। दीवारों पर अवतारों और महापुरुषों के चित्र टंगे हुए हैं। एक चित्र एक ऐसे व्यक्ति का भी है, जिसका हाल ही में देहावसान हुआ है। उसी की आत्मा का आह्वान करने के लिए मेज के चारों ओर पाँच व्यक्ति बैठे हैं।

उन पाँचों व्यक्तियों में से एक प्रदर्शक है, जो इस विद्या का जानकार दिखाई देता है। वह शेष व्यक्तियों से कहता है—

"सब लोग अपने हाथ के पंजे खोल कर मेज पर इस प्रकार रखो कि एक की उँगलियाँ दूसरे की उँगलियों को छूती रहें।"

सब लोग ऐसा ही करते हैं। तब प्रदर्शक कहता है,

"सब लोग दिवंगतात्मा का ध्यान करो और उसे बुलाओ। यदि मेज एक ओर उठती हुई प्रतीत हो तो उसे अपने हाथ से रोकना मत किन्तु स्वयं हाथ का दवाब देकर उसे दूसरी ओर से उठाने का प्रयत्न भी मत करना।"

सब लोग दो-चार मिनट बिल्कुल शान्त बैठे रहते हैं। तब प्रदर्शक कहता है," यदि इसमेज में कोई आत्मा आ गयी हो तो मेज में एक खटका दें।

आश्चर्य की बात है कि मेज कुछ टेढ़ी होकर एक ओर को उठ जाती है और फिर एकदम से सीधी हो जाती है। उठी हुई टांग खटके की आवाज के साथ जमीन से लग जाती है। तब प्रदर्शक कहता है, "यदि वही आत्मा हो, जिसे हम बुलाना चाहते हैं, तो दो खटके दें, अन्यथा तीन खटके दें।"

मेज दो खटके देगी या तीन।

अब प्रश्नोंत्तर होने लगेंगे। प्रश्न ऐसे होंगे, जिनका उत्तर हाँ या ना में हो। मेज के खटकों द्वारा उत्तर मिलते जायेंगे।

इसी को स्याँस कहते हैं।

यह स्पष्ट है कि सब प्रश्न ऐसे नहीं हो सकते, जिनके उत्तर हाँ या ना में दिये जा सकें। अतएव, अब दूसरा ढंग अपनाना पड़ेगा। प्रदर्शक पाँचों व्यक्तियों का नम्बर रख देता है। 1,2,3,4,5 तब आत्मा से पूछता है।

"क्या आप पेंसिल, कागज द्वारा प्रश्नों के उत्तर देना पसन्द करेंगी? यदि हाँ तो किस माध्यम के द्वारा? जितना उस माध्यम का नम्बर हो, उतने ही खटक दीजिए।"

खटकों के अनुसार उक्त व्यक्ति के सामने कागज रख दिया जाता है और उसके हाथों में पेंसिल थमा दी जाती है। उससे प्रदर्शक कहता है–

"हाथ को ढीला छोड़ दो। यदि पेंसिल अपने आप चले तो उसे रोकना मत। किन्तु स्वयं अपनी इच्छा से लिखने का प्रयत्न भी मत करना।"

अब क्रिया चालू हो जाती है।

लकड़ी की एक तख्ती भी आती है, जिसमें पेंसिल लगाने के लिए छेद बना रहता है। तख्ती के नीचे तीन पहिये लगे रहते हैं। माध्यम उस पर हल्का-सा हाथ रखे रहता है। उक्त उपकरण को प्लैंचेट (Planchet) कहते हैं। यदि प्लैंचेट हो तो सुविधा रहती है।

इस प्रक्रिया के कुछ प्रकारान्तर भी होते हैं। कुछ लोग मेज के बदले घड़े पर आत्मा को बुलाते हैं। कुछ लोग थाली में उलट कर गिलास रख लेते हैं और बातों में प्रायः समानता रहती है।

माध्यम कौन हो सकता है, इसके लिए कोई स्पष्ट नियम ज्ञात नहीं हैं। कहते हैं कि जिसका सरल, निष्कपट स्वभाव हो, वह अच्छा माध्यम हो सकता है। कुछ माध्यमों को तो मेज की भी आवश्यकता नहीं रहती। वह स्वयं 'हाले' में चले जाते हैं और अपने आप बातें बताने लगते हैं। 'हाला' एक प्रकार की सुप्तावस्था होती है, जिसमें मनुष्य अपने असली रूप को भूल जाता है और एक दूसरा ही व्यक्तित्व धारण कर लेता है।

मेज पर 3,4,5 अथवा 7 व्यक्ति बैठते हैं। मेज हल्की क्यों रखनी चाहिए, इसका कारण तो स्पष्ट है, अथवा जो भी शक्ति मेज में आती है, हमें उसका कार्य सुगम करना चाहिए। यदि मेज भारी होगी तो उसका उठना सुगम नहीं होगा। किन्तु मेज तीन टांग की क्यों होती है, गोल ही क्यों होनी चाहिए और उस पर सदैव विषम संख्या के व्यक्ति ही क्यों बिठाए जाते हैं, इन बातों का उत्तर हम नहीं दे सकते। केवल इतना जानते हैं कि जितने व्यक्तियों ने यह प्रयोग किया है, सब यही कहते हैं कि इसी प्रकार सफलता मिलती है और हमारा भी यही अनुभव है।

यह विद्या अभी अविकसित है। अभी इसमें बहुत शोध-कार्य की आवश्यकता है। वर्षों के अनुसन्धान के पश्चात् ही इसके रहस्य का पता चलेगा।

अस्तु, 35-40 वर्ष पहले की बात है। मेरे मित्र डा० भीखनलाल आत्रेय एक स्याँस का प्रदर्शन कर रहे थे। आप काशी हिन्दू विश्वविद्यालय में दर्शन विभाग के अध्यक्ष रह चुके हैं। हाल ही में आपकी मृत्यु हुई है। आपको युवावस्था में स्याँस का बहुत शौक था और आपको इस दिशा में काफी सफलता भी मिली थी। मेज पर एक आत्मा आयी, जिनके घर पर स्याँस हो रहा था, उनके किसी आत्मीय का स्वर्गवास हो चुका था। उसी की आत्मा को यह लोग बुलाना चाहते थे। किन्तु मेज पर कोई दूसरी आत्मा आ गयी। माध्यम के द्वारा उससे बातचीत होने लगी।

आ—मैं एक अंग्रेजी सिपाही की आत्मा हूँ, जो 1857 के गदर में मारा गया था।

प्र—जिस आत्मा को हम बुलाना चाहते हैं, वह क्यों नहीं आयी?

आ—आज काशी से ही एक महान व्यक्ति का स्वर्गारोहण हुआ है। बहुत सी आत्माएँ उसके स्वागत में लगी हुई हैं। जिसे आप बुलाना चाहते हैं, वह भी उक्त स्वागत में ही गयी हुई है।

प्र—काशी में तो आज किसी बड़े आदमी का स्वर्गवास हुआ ही नहीं है। यदि होता तो हमें अवश्य पता होता।

आ—वह व्यक्ति आप लोगों की दृष्टि में बड़ा नहीं है, हमारे विचार में महान् है।

प्र—काशी की कौन-सी गली में स्वर्गवास हुआ है?

आ—मुझे गलियों के हिन्दी नाम कठिनाई से ही याद रहते हैं। किन्तु मैं नक्शा खींचकर उसका मार्ग बता सकता हूँ?

माध्यम के हाथ से उक्त आत्मा ने नक्शा खींचकर बताया कि किस सड़क से जाना होगा, कहाँ-कहाँ मुड़ना होगा। आत्मा के द्वारा इतना और पता चला कि दिवंगत व्यक्ति किसी मठ का साधु था। इस समय सब लोग श्मशान घाट से लौट कर आ चुके हैं और गली में साधुओं का भण्डारा हो रहा है।

इस नक्शे के साथ एक व्यक्ति दौड़ाया गया। वह नक्शे के अनुसार मोड़ों और गलियों में मुड़ता गया। जब गन्तव्य स्थान के पास पहुँचा तो देखा कि गली में जोर की रोशनी हो रही है। वहाँ जाने पर लोगों से पूछा तो पता चला कि आज उसी गली के एक मठ के एक साधु का स्वर्गवास हुआ है। अभी साधुओं का भण्डारा हो चुका है। देखा कि सब लोग पत्तलें आदि हटाने में लगे हुए हैं।

जब मैंने यह किस्सा सुना, मुझे भी स्याँस का शौक हुआ। मैंने कुछ दिन संकेन्द्रण का अभ्यास किया। दो-चार बार डा० आत्रेय के साथ स्याँस पर बैठा, तत्पश्चात् स्वयं स्याँस का प्रदर्शन करने लगा। अधिकतर अवसरों पर मुझे सफलता मिली, दो-एक बार असफल भी रहा। दो-चार अनुभव यहाँ लिखता हूँ—

मुरादाबाद का जिक्र है। एक परिवार के बुजुर्ग थे श्री ब्रजभान, जिनका देहान्त हो चुका था। उन लोगों ने सुन रखा था कि मैं इस ढंग की क्रिया करता हूँ। अतः मुझे बुलाकर कहा कि उनकी आत्मा को बुलाऊँ। स्याँस में कई व्यक्ति बैठे हुए थे, जिनमें उनके बेटे और एक पोता भी था। दिवंगतात्मा से पूछा गया कि यह किसके द्वारा प्रश्नों का उत्तर देगी। उन्होंने अपने पोते की ओर इशारा किया। मैंने पोते के हाथ में कागज और पेंसिल दे दिये और दिवंगतात्मा से कहा कि अपने हस्ताक्षर करे। उन्होंने अपने पोते के द्वारा इस प्रकार हस्ताक्षर किये—

—ब्रजभान

1. मुझे बहुत आश्चर्य हुआ। तब उनके बेटों ने बताया कि ब्रजभान जी बहुत थोड़ी हिन्दी जानते थे। जीवन-भर उन्होंने इसी प्रकार हस्ताक्षर किये थे। उनके वही खाते मँगाए गये और हस्ताक्षरों की तुलना की गयी। हर जगह नाम इसी प्रकार लिखा हुआ था और लिखाई भी पूर्ण रूप से मिलती थी।
2. बनारस नगर में एक बार स्याँस हो रहा था। एक आत्मा ने मेज में आकर बताया कि—

   "आप लोगों में एक ऐसा व्यक्ति बैठा हुआ है, जो अपनी माँ को पीट कर आ रहा है।"

   इतना सुनते ही उक्त व्यक्ति की आँखों से अश्रुधारा बह निकली। उसने स्वीकार किया कि बात बिल्कुल सच थी।
3. बनारस का ही एक और जिक्र है। स्याँस में 5 व्यक्ति बैठे हुए थे। ब्र, ब्र के ससुर शि, ब्र के साले प्र और ब्र की दो सालियाँ इ और उ।

   ब्र की सास की आत्मा को बुलाया गया जिनका स्वर्गवास हाल ही में हुआ था। बहुत से प्रश्नों के पश्चात् यह पूछा गया कि "थोड़े ही दिन बाद जो ब्र की पत्नी के बच्चा होने वाला है, वह लड़का होगा या लड़की?"

   उत्तर—होगा तो लड़का मगर

   प्रश्न—मगर से आप का क्या मतलब?

   उत्तर—मेरा मतलब है कि लड़का होगा और

   प्रश्न—क्या आप की इस विषय में कोई विशेष इच्छा है?

   उत्तर—हाँ, यदि सब प्रकार ठीक रहे तो उस लड़के को एक प

   कई बार प्रश्न करने पर उत्तर मिला कि बच्चे को एक परैम्बुलेटर दिया जाये। दिवंगत महिला बहुत कम शिक्षा प्राप्त थीं। वह 'परैम्बुलेटर' शब्द का ठीक-ठीक उच्चारण नहीं कर पाती थी। अतः उन्होंने पहले परैम्बुलेटर लिखने का प्रयत्न किया, फिर उसके बदले 'बच्चों की गाड़ी' लिख दिया।

   आत्मा से कई बार घुमा-फिरा कर पूछा गया कि 'यदि सब प्रकार ठीक

रहे' का क्या अर्थ है। किन्तु कोई स्पष्ट उत्तर नहीं मिला। हमें निश्चय हो गया कि कोई अनहोनी घटना होने वाली है।

लगभग एक महीने बार ब्र की पत्नी को लड़का हुआ। लड़के की गरदन में नाल फँसा हुआ था। अतः लड़का होते ही मर गया।

शि एक अविश्वासी व्यक्ति थे। उससे कहा गया कि "आप कोई ऐसा प्रश्न कीजिए, जिसका ठीक उत्तर मिलने पर आपको विश्वास करना पड़े कि वास्तव में आपकी स्वर्गीया पत्नी की ही आत्मा बोल रही है।" शि ने कहा,

"मैं एक ऐसी बात मन में सोच लेता हूँ जिसे सिवाय स्वर्गीया महिला के और मेरे, संसार में कोई तीसरा प्राणी नहीं जानता। यदि वह उस बात की ओर इशारा कर दे तो मैं मान जाऊँ।

आत्मा से यह प्रश्न किया गया। उत्तर इस प्रकार था,

"मैं समझ गयी यह किस बात की ओर इशारा कर रहे हैं, किन्तु क्या यह इस बात को भूल गये कि यह बात बच्चों के सामने कहने की नहीं है?"

शि को मानना पड़ा कि उक्त बात ऐसी ही थी।

4. हम लोग काशी हिन्दू विश्वविद्यालय के एक मकान की छत पर बैठे हुए थे। डॉ. आत्रेय के अतिरिक्त एक तीसरे सज्जन और थे, जो अब भी विद्यमान हैं।

थोड़ी देर के प्रश्नोंत्तर के बाद एक प्रश्न किया गया और कहा गया कि यदि उत्तर हाँ में हो तो दो खटके दो, नहीं तो तीन। उत्तर में मेज में 12 खटके दिये। हमने प्रश्न फिर दुहराया। इस बार 20 खटके हुए। कई बार यही प्रश्न किया गया। बार-बार उत्तर ऊटपटांग मिला। तब डा॰ आत्रेय ने कहा, मालूम होता है कोई दृष्ट आत्मा आ गयी है। फिर, आत्मा को सम्बोधित करके कहा।

"हम समझ गये तुम कोई और हो जो केवल तंग करने के लिए आयें हो। एक खटका देकर चले आओ।"

इसके उत्तर में मेजें अपने केन्द्र के चारों ओर घूमने लगी। फिर उससे वही बात कही गयी। उत्तर में मेज ठुमुक-ठुमुक कर छत पर फुदकने लगी।

पाठक मेरा विश्वास करें। न मैं विक्षिप्त हूँ, न जानबूझ कर झूठ बोल रहा हूँ। मकान में कोई चौथा व्यक्ति नहीं था। न मेज के आसपास कोई डोरी अथवा उपकरण छिपा हुआ था। अतएव, धोखेबाजी का कोई प्रश्न ही नहीं था। घटना आँखों देखी है, कानों सुनी नहीं।

स्याँस का एक नियम यह भी है कि यह प्रक्रिया सदैव कमरे के अन्दर करनी चाहिए। कदाचित् इसमें भी कोई रहस्य हो। हमने इस नियम की अवहेलना की थी

और स्याँस खुली छत पर किया था।

अब हम थोड़ी-सी घटनाओं का उल्लेख करेंगे, जिनमें से अधिकतर का विवरण हमने अखबारों से काट कर रखा है। हमें पूरा विश्वास है कि इनके लेखकों ने भी सच्चाई से ही काम लिया होगा। हम यह सुनने को तैयार नहीं हैं कि कोई शिक्षित व्यक्ति जानबूझ कर इस प्रकार पाठकों को धोखा देगा।

अपनी ही मृत्यु की सूचना

एक बंगाली डॉक्टर को स्वास्थ्य के कारण जवानी में ही उत्तर प्रदेश में आकर बसना पड़ा। उन्हें आत्माओं और स्याँस पर तनिक भी विश्वास नहीं था। तिस पर भी एक दिन इलाहाबाद में उनके मित्रों ने बहला-फुसला कर उन्हें स्याँस में बिठा दिया।

चार-पाँच मित्र हल्के से प्रकाश में एक कमरे में बैठे हुए थे। थोड़ी देर बाद प्रदर्शक ने कहा कि कोई आत्मा आ रही है। कमरे में एक ओर एक काला पर्दा पड़ा हुआ था, जिस पर एक धुँधली-सी छाया दिखाई पड़ने लगी। धीरे-धीरे छाया ने मनुष्य का रूप धारण कर लिया। माध्यम हाले में जा चुका था।

प्रदर्शक ने पूछा, "तुम कौन हो"

माध्यम ने उत्तर दिया, "मैं...गाँव का पंचू हूँ, उक्त गाँव में मेरा पैतृक घर है।"

डॉक्टर महोदय तुरन्त बोल उठे, "किन्तु मैं तो जानता हूँ कि गाँव का पंचू अभी जीवित है।"

माध्यम ने स्पष्ट रूप से उत्तर दिया, "मैं पंचू ही हूँ। मैंने गाँव के बाहर एक बरगद के पेड़ से फाँसी लगाकर पिछली रात आत्महत्या कर ली है।

और तब आत्मा अन्तर्ध्यान हो गयी।

डॉक्टर महोदय ने उक्त महोदय के सम्बन्ध में अपने सम्बन्धियों को पत्र लिखकर पता चलाया। घटना बिल्कुल सत्य थी। पंचू ने ठीक उसी रात बरगद के पेड़ से लटक कर आत्महत्या कर ली थी।

(साभार, 'नार्दन इंडिया' पत्रिका)

हत्या का रहस्य

घटना ब्रह्म देश की है। श्रीमती मा ओमकीन के पति एकाएक लापता हो गये। दो सप्ताह बाद श्रीमती जी ने स्याँस कराया। माध्यम एक स्त्री थी। वह उसके पति की सी बोली में बोली।

"मैं उस दिन चाँगन गाँव में जुए में 600 क्याट (एक सिक्का) जीता था। घर लौट रहा था कि रास्ते में डाकुओं ने घेर लिया। डाकू गिनती में पाँच थे और नकाब पहने हुए थे। चाँगन और म्यागन गाँवों के बीच में जो पुल पड़ता है, उसी के पास वे लोग मुझे मिले थे। वह मुझे जबरदस्ती जंगल में ले गये। वहाँ पहुँच कर उन्होंने मेरे ऊपर खड़गों से प्रहार किया और तब उन्होंने मेरी गर्दन काट दी। फिर मुझे जंगल में गाड़ दिया। खोद कर मेरे शरीर को जमीन में से निकलवाओ और ढंग से उसकी अन्तयेष्टि कराओ।"

इस हृदय-द्रावक सन्देश के मिलते ही म्बेहॉक गाँव के आसपास खोज आरम्भ हो गयी। खोज मण्डली में एक हैड कॉन्स्टेबल था जिसे एक स्थान पर रंगीन कपड़े का एक सिरा जमीन से निकला हुआ दिखाई दिया। उसने उसे खींचा। वह एक लुंगी थी, जिस पर खून के दाग पड़े हुए थे और जमीन में से बड़ी बदबू आ रही थी।

जमीन खोदने पर ओमकीन का क्षत-विक्षत शरीर निकल आया। किस कारण हत्या की गयी थी, यह पता नहीं चल पाया। यह ठीक प्रकार से नहीं मालूम हो सका कि मृत व्यक्ति उस दिन जुए में कुछ जीता था या नहीं। उसके शरीर पर तो कोई पैसा मिला नहीं। किन्तु इतना पता चला कि वह ऐसे दल का नेता था जो छापे मार कर गाँव वालों को तंग किया करता था। इस प्रकार उसके बहुत से दुश्मन पैदा हो गये थे। सम्भव है उन्हीं में से कुछ लोगों ने बदले में उसकी हत्या कर दी हो।

(साभार, 'नार्दन इंडिया' पत्रिका)

एक सन्देशा

तुषारकान्ति घोष

यह घटना श्री विधु भूषण मलिक के घराने की है, जो इलाहाबाद के उच्च न्यायालय के मुख्य न्यायाधीश रह चुके हैं। मलिक जी का विवाह श्रीमती लीला देवी से हुआ था जो कलकत्ता उच्च्य न्यायालय के न्यायाधीश श्री शारदा चरन मित्र की पुत्री थी। वधु के साथ हरिदासी नाम की नौकरानी भी मलिक जी के विवाह में आयी थी। उसने लीला जी को बचपन से पाला था, अतः अब भी मलिक जी के घर में आकर उन्हीं की सेवा में लग गयी।

श्रीमती लीलावती वर्षा बीमार रह कर प्रौढ़ावस्था में ही स्वर्गवासिनी हो गयी। तत्पश्चात् मलिक जी का सबसे छोटा पुत्र ज्याति हरिदासी के प्रति उतना सहिष्णु नहीं था, जितना कि वह आशा करती थी। अतः हरिदासी ने निश्चय किया कि वह अपने गाँव चली जायेगी। मलिक जी ने उसे रोकने का बहुत प्रयत्न किया, किन्तु वह रुकने के लिए राजी न हुई। मलिक जी ने उसकी जीवन-पर्यन्त सेवा के लिए 15 रुपये महीना पेंशन बाँध दिया। प्रतिमाह वह उसे गाँव पेंशन भेजने लगे।

कुछ दिन पश्चात् मलिक जी को हरिदासी का एक पत्र मिला, जिसके पते पर 'विधु भूषण' के बदले 'विभूति भूषक मलिक' लिखा हुआ था। मलिक जी को अचरज हुआ। उन्होंने सोचाकि हरिदासी, जो इतने वर्ष उनके घर रह चुकी हैं, इस प्रकार की गलती नहीं कर सकती कदाचित् हरिदासी मर गयी है और उसके बदले कोई अन्य व्यक्ति उनकी पेंशन ले लिया करता है। उन्होंने इस बात की जाँच-पड़ताल की किन्तु कुछ ठीक से पता नहीं चला। तब मलिक जी ने पेशन भेजनी बन्द कर दी। कुछ दिन हरिदासी की ओर से एक और पत्र आया। इस पत्र में भी उनका नाम विभूति भूषण मलिक लिखा हुआ है। अब उन्हें विश्वास हो गया कि हरिदासी अब इस संसार में नहीं है और पत्र किसी और के भेजे हुए हैं अतः उन्होंने पेशन भेजना दुबारा आरम्भ नहीं किया।

श्री प्रफुल्ल कुमार सरकार मलिक जी के एक सम्बन्धी थे। आप रेलवे वित् विभाग में एक बहुत ऊँचे पद पर नियुक्त थे। इसी से समझ लेना चाहिए कि वह कितने विश्वसनीय थे। यों भी सब लोग जानते थे कि वह एक बहुत ही सत्यवादी

और ईमानदार व्यक्ति थे। अतः उनके साक्ष्य को झुठलाया नहीं जा सकता।

सरकार जी अपनी आँख के इलाज के लिए इंग्लैंड गये थे। वह एक बार "सर ऑलिवर लॉज साइकिल सोसायटी के स्याँस में बैठे हुए थे। बहुत से प्रश्नोंतरों के बाद माध्यम ने सब लोगों से पूछा, क्या यहाँ इलाहाबाद उच्च न्यायालय के मुख्य न्यायाधीश का कोई सम्बन्धी बैठा हुआ है। न्यायाधीशा जी की पत्नी की आत्मा एक सन्देशा देना चाहती है।"

सरकार जी ने कहा कि वह मलिक जी के सम्बन्धी हैं और वह अवश्य उक्त सन्देशा मलिक जी तक पहुँचा देंगे। माध्यम ने सरकार से कहा, "मलिक जी की पत्नी की आत्मा अपने पति के पास तीन सन्देश भिजवाना चाहती है।"

1. आजकल आप अत्यधिक परिश्रम कर रहे हैं। ऐसा मत कीजिए।
2. अब आत्मिकीय विषयों में रुचि लिया कीजिए।
3. अपनी नौकरानी को अलग मत कीजिए।

श्री सरकार ने उक्त तीनों बातें एक पत्र में मलिक जी को लिख भेजी। उक्त पत्र का फोटो पत्र नार्दन इंडिया पत्रिका में छपा था, जहाँ से वह घटना उद्धृत की गयी है। पत्रिका की तारीख हमारे पास नहीं है। किन्तु पत्र की मुहरों से पता चलता है कि पत्र लन्दन से 31 अक्तूबर, 1951 को इलाहाबाद पहुँचा।

पत्र मिलने पर मलिक जी ने दुबारा पूछताछ की। पता चला कि हरिदासी अभी तक जीवित है। उन्होंने पेंशन तो दुबारा चालू कर ही दी, बीच के दिनों का बकाया भी उसके पास भेज दिया।

(साभार, 'नार्दन इंडिया' पत्रिका)

मोती की टाई-पिन

फ्राँस का एक फौजी अफसर था, जो लड़ाई में मारा गया था। उसके लगभग एक महीने बाद उसकी एक बहन स्याँस कर रही थी कि अफसर की ओर से एक सन्देश आया।

"माँ से कह दो कि मेरी मोती की टाई-पिन उस लड़की को दे दें, जिससे मैं विवाह करने वाला था।"

बहन ने लड़की का नाम और पता पूछा। आत्मा ने बताया और बहन ने लिख लिया। उस पते पर पत्र भेजा गया, तो वापस लौट आया। डाकखाने ने लिखा कि उस पते पर उस नाम की कोई लड़की नहीं रहती। अतः लोगों ने समझा कि सन्देशा ही गलत था।

लगभग छह महीने बाद फौज के अफसरों ने मृत अफसर का सारा व्यक्तिगत सामान उसके परिवार के पास आयरलैंड भेजा। उससे पता चला कि मृत व्यक्ति ने वास्तव में उसी नाम की लड़की से सगाई कर ली थी, जिसका नाम सन्देश में भेजा था। लड़की का पता भी मौजूद था और मोती की टाई-पिन भी। उसमें सगाई के विषय में किसी को भी नहीं बताया था। सगाई के थोड़े दिन बाद वह लाम पर चला गया था।

जब कोई लाम पर जाता है तो उससे पूछा जाता है कि उसका सबसे समीप का सम्बन्धी कौन है। मृत अफसर ने उसी लड़की का नाम दिया था। आत्मा ने जो सन्देशा भेजा था उसमें लड़की का नाम ठीक था, किन्तु पता गलत था। यह सम्भव है कि पता लिखने में उसकी बहन से गलती हो गयी हो।

स्याँस के समय उक्त अफसर की बहन यह तो जानती थी कि उसका देहान्त हो चुका है, किन्तु सगाई वाली बात न वह जानती थी, न अफसर की माँ और न उस लड़की का उन लोगों ने कभी नाम सुना था।

एक महान आत्मा

स्वर्गीय श्री रामचन्द्र वर्मा को एक पत्र देशपूज्य राष्ट्रपति राजेन्द्र प्रसाद ने लिखा था। उसकी अविकल अनुकृति यहाँ दी जाती है। मौलिक पत्र वर्मा जी के निवास स्थान, 47, लाजपत नगर, मल्हहिया, वाराणसी-2 में सुरक्षित है।

राष्ट्रपति भवन, नयी दिल्ली
3 जनवरी, 55
प्रिय श्री रामचन्द्र जी वर्मा,

आप द्वारा अनूदित और मेरे पास भेजी हुई पुस्तक 'देवलोक' के लिए धन्यवाद स्वीकार कीजिए। इधर मुझे लिखने-पढ़ने का समय नहीं के बराबर मिलता है, तो भी इस पुस्तक को पाकर मैंने बहुत चाव से पढ़वाया (महिम टाईप की वजह से पढ़वा कर सुना) और प्रायः तीन चौथाई समाप्त करने के बाद आपको धन्यवाद दे रहा हूँ। इसमें लिखे वर्णन चाहे प्रचलित भौतिक विज्ञान के प्रांगणों द्वारा अप्रमाणिक माने जायें, पर मेरा विश्वास है कि उनका आधार सत्य है।

मेरी दिलचस्पी इस पुस्तक में कुछ हाल के निजी अनुभवों के कारण हुई है। आत्म विज्ञान सम्बन्धी पश्चिमी देशों में भी आजकल बहुत अनुसन्धान हो रहा है और अंग्रेजी में भी ऐसे ग्रन्थों का एक अच्छा समूह बन गया है। मैंने जो स्वयं देखा और अनुभव किया है उसका थोड़ा जिक्र आपसे कर देना उचित होगा।

एक सज्जन हैं, जिनके माध्यम से कोई महान आत्मा अपना सन्देश दिया करती है और वे सन्देश अद्‌भुत रीति से आते हैं, जिनको किसी तरह से धोखा या इन्द्रजाल नहीं कहा जा सकता। अपने प्रश्नों को लिख कर कुछ सादे कागज के साथ लिफाफे में बन्द करके और अगर चाहें तो उस पर मुहर लगाकर, जिसमें यह सन्देह न होने पाए कि लिफाफा खोला गया है, आप वहाँ रख दीजिए। जब वह महान आत्मा उस माध्यम द्वारा अपने को व्यक्त करना चाहती है, लिफाफा ज्यों का त्यों बन्द रहेगा और उसके अन्दर रखे हुए सादे कागज पर प्रश्नों के उत्तर लिखे मिलेंगे। इस तरह के लिफाफे एक साथ कई एक रख दिये जाते हैं और एक-एक को उठा कर देखा जाता है तो उन पर कुछ संकेत लिखा मिलता है, जिससे मालूम हो जाता है कि इसका काम पूरा हो गया है या इसे फिर किसी दूसरे समय प्रो॰ करना ऐसा आदेश लिखा होता है। लिफाफा खोलने पर लिखने वाले का उत्तर मिलता है।

यही नहीं, जब किसी जिज्ञासु पर कृपा होती है और माध्यम प्रार्थना करता है और प्रार्थना करने पर कुछ फूल, अक्षत, धूप इत्यादि वहाँ रखा जाता है और वहीं सादे कागज और पेंसिल रख दी जाती है। माध्यम और जिज्ञासु कुछ दूरी पर बैठे या खड़े रहते हैं और देखते-देखते फूल हिलने लगते हैं, पेंसिल उठ कर खड़ी हो जाती है और कागज पर चक्कर लगाने लगती है तथा कागज फिर कुछ देर के बाद उलट जाता है। अगर सन्देश पूरा नहीं हुआ रहता तब या तो कागज फिर कुछ देर के बाद स्वयं उलट जाता है और उस पर पेंसिल लिखती है या अगर कागज नहीं रहता तो पेंसिल नहीं उठती तो फिर दूसरा कागज रख दिया जाता है और उस पर पेंसिल उठती है और सन्देश लिख देती है। सन्देश समाप्त हो जाने पर पेंसिल फिर नहीं उठती, यह स्वयं मैंने कई बार अपनी आँखों से देखा है। वहाँ बैठे-बैठे सामने कुछ चीजें स्वयं आ के टपक पड़ती हैं या आसपास में पाई जाती हैं, जैसे मूँगा, छोटे-छोटे जंत्र, ताबीज और कभी-कभी मणि भी जैसे नीलम, पुखराज इत्यादि।

कभी-कभी फूलों में से एक महात्मा का चित्र भी आँखों के सामने खड़ा होता है, जिसमें एक जटाधारी योगी आसन लगाए बैठे हुए होते हैं और उनकी आँखों में एक सुन्दर सहृदयता और करुणा देखने में आती है। कभी-कभी यह चित्र ज्यों का त्यों स्थाई रह जाता है और कभी जैसे आता है, वैसे ही लोप हो जाता है। इसी प्रकार देवी-देवताओं जैसे राम-कृष्ण के चित्र भी सामने आते हैं, इससे भी और अद्भुत बातें देखने में आती हैं। इसे मैंने स्वयं देखा है और मेरे पास दी हुई वस्तुओं में से कुछ मौजूद हैं; चित्र भी मौजूद हैं।

यह सब चूँकि मैं जानता था, मेरी दिलचस्पी इस पुस्तक में हुई और मैंने यह पढ़ी।

आशा है आप अच्छे होंगे।

आपका,
राजेन्द्र प्रसाद

लिंडबर्ग का बच्चा

बात पहलो मार्च, 1922 की संध्या की है, जब एक नरपिशाच ने बीसवीं शताब्दी का सबसे कुख्यात अपराध किया था।

कर्नल चार्ल्स लिंडबर्ग का मकान न्यू जर्सी में होपवेल से कुछ किलोमीटर की दूरी पर था। उक्त नराधम ने अपनी कार सड़क से थोड़ी दूर खड़ी की जो जंगल में होकर लिंडबर्ग के घर जाती थी। कार की पिछली सीट पर से उसने अपनी टूटवां सीढ़ी उठाई और उसे लिंडबर्ग के लॉन तक ले गया। वहाँ उसने सीढ़ी के टुकड़ों को ठीक से लगाया और सीढ़ी मकान की दीवार के सहारे ठीक उस कमरे की खिड़की से सटाकर खड़ी कर दी, जिसमें लिंडबर्ग का 20 महीने का बच्चा सो रहा था। कुछ ही क्षण बाद वह लड़के को लेकर सीढ़ी से उतरा। किन्तु सीढ़ी टूट गयी और दोनों गिर कर जमीन पर आ पड़े और इस प्रकार पुलिस को जो अगले दिन वहाँ पँहुची, अपराध का अता-पता मिल गया।

बच्चे के अपहरण से संसार-भर में कुहराम मच गया। जो कोई सुनता था, उक्त अपराधी को भरपेट कोसता था। बहुत से ऐसे ल।ग भी इस मामले में रुचि लेने लगे, जिससे समस्या तो क्या सुलझती उसके हल में और देर होती गयी।

वर्जीनिया के नॉरफक नगर का एक व्यापारी थ'. जिसने कहा कि अपराधियों ने उससे सम्पर्क स्थापित किया है। कई दिन नष्ट हो गये तब कहीं पता चला कि वह केवल धोखे की टट्टी थी।

अपराधी का एक पत्र मिला जिसमें लिखा था कि लड़का एक नाव में बन्द है। अधिकारियों ने बहुत खोज की किन्तु नाव का पता नहीं चला। पत्र तो वास्तविक था किन्तु नाव का कोई अस्तित्व नहीं था।

ब्रांक्स नगर में एक सनकी स्कूल मास्टर रहता था, जिसने उसी क्षेत्र के एक समाचार-पत्र में विज्ञापन दे दिया। संयोग इसे कहते हैं- अपहर्ता उसी अखबार को पढ़ा करता था। विज्ञापन में लिखा था कि इतना रुपया दे दो तो बच्चे को पा जाओगे।

उद्धार-धन सोने के प्रमाण-पत्रों में दिया गया जिनका प्रचलन सरकार ने बन्द कर दिया था। उक्त पत्रों के द्वारा पुलिस के पंजे में ब्रूनो हॉप्टमैन नाम का एक पुराना जर्मन सैनिक आ गया। वह ब्रांक्स के समीप एक छोटे से मकान में सपत्नीक रहता था। वह बेकार था किन्तु उसके पास इस प्रकार की उल्टी-सीधी का पर्याप्त

मृदुला की कहानी

मृदुला शर्मा एक कुशल गृहणी है, जिसने दो विषयों में एम.ए. की उपाधि प्राप्त की है किन्तु दो जन्मों में।

पहला एम.ए. उसने हिन्दी में किया काशी हिन्दू विश्वविद्यालय से दूसरी राजनीतिक शास्त्र में मेरठ विश्वविद्यालय से। किन्तु उक्त दोनों उपाधियों में पूरे एक जीवन का अन्तराल है। मृदुला का विश्वास है कि उस का वर्तमान जीवन पिछले जीवन का पुनर्जन्म है।

अभिलेख के अनुसार उसका पहला जन्म देहरादून में हुआ था और मृत्यु सन् में 28 वर्ष की उम्र में। उसकी मान्यता है कि वह फिर में नासिक में पैदा हुई। पहले जीवन में वह वैश्य थी, इस जीवन में ब्राह्मण है।

यों तो आप इस कहानी को मृदुला की भ्रांति कह कर टाल सकते हैं किन्तु वर्जीनिया के प्राचार्य डा. आयी. स्टीवेन्सन ने जो परामनोविज्ञान के प्रोफेसर हैं वह 19 मार्च को बंगलौर का दौरा किया था। उन्होंने इस मामले का गहन अध्ययन और अनुसन्धान करके यह निष्कर्ष निकाला कि यह सुनिश्चित रूप से मुदला का पुनर्जन्म हुआ है। इसके अतिरिक्त इस समस्या का और कोई हल है ही नहीं।

मृदुला के माता-पिता को अचरज के साथ कौतूहल भी हुआ था। उन्होंने मृदुला को प्रोत्साहित किया और तथ्य की छानबीन करने लगे। वे मृदुला को लेकर देहरादून पहुँचे। मृदुला उनको अपने पिछले जन्म के घर पर ले गयी। वहाँ पर एक बुढ़ी बैठी हुई थी। उसने उसे तुरन्त पहचान लिया और उसकी गोदी में जा बैठी। बूढ़ी ने उसे नहीं पहचाना किन्तु वह भी उसका दुलार करने लगी। तब मृदुला एक दूसरी महिला की ओर मुडी और उससे बोली तुम मेरी छोटी बहन हो।

महिला ने उतर दिया यह कैसे सम्भव है मैं कितनी बडी हूॅ और तुम तो अभी एक बच्ची ही हो।

मृदुला—मैं तुम्हारी बडी बहन मुन्नू हूँ।

महिला स्तब्ध रह गयी। उसने जाँचने के लिए मृदुला से कई प्रश्न किये जिनका मृदुला से तत्काल उत्तर दिया। तब महिला को विश्वास हो गया कि मृदुला वास्तव में उसकी पिछले जन्म की बड़ी बहन मुन्नू है।

फिर भी माँ को विश्वास नहीं हुआ। उसने समझा की बच्ची नासमझी में प्रलाप कर रही है। यह सिद्ध करने के लिए वह मृदुला को घर के कोने-कोने में ले गयी।

उसने सभी कमरों को पहचान लिया और वह कमरा भी बता दिया जिसमें वह रहा करती थी। उसमें एक छत का पंखा टंगा हुआ था। जिसे देखकर वह बोली कि यह पंखा तो पहले यहा नहीं था। उसके पिताजी ने बताया कि यह पंखा थोड़े ही दिन पहले इस कमरे में लाकर टाँगा गया था।

मकान के दूसरे कक्ष को देखकर मृदुला ने कहा कि यह भाग तो नया बना है। यह बात भी सही थी। मकान के उस भाग का जीर्णोद्वार हुआ था।

तब मृदुला को घर के बाहर ले गये यह देखने के लिए कि यह आस-पड़ोस के लोगों को भी पहचानती है या नहीं। एक बूढ़े व्यक्ति को देखकर उसने कहा–

इस दुकानदार से कुछ मत लेना इसने मेरा बटुआ छीन लिया था। दुकानदार ने इस बात को स्वीकार किया। उसने उर्दू दैनिक मिलापश्री खुशहाल चन्द जो अब आनन्द स्वामी कहलाते हैं को देखते हुए पूछा कि स्वामी जी आपने गेरूए वस्त्र धारण किये हुए है। आप तो पहले सफेद कपडे पहना करते थे। खुशहाल चन्द जी यह सुनकर हक्के बक्के रह गये।

उसके पिता जी यह सब नाटक देख रहे थे। बोले-बच्ची तुमने और तो सबको पहचान लिया, किन्तु अपने पुराने नौकर; मुझे को भूल गयी। वह बूढ़े से चिपट कर बोली तुम नौकर नहीं मेरे पिता हो।

मृदुला की माँ यह सब देखकर प्रफुल्लित हो गयी। उसने उसे उस दिन से अपनी बेटी ही माना है। उसके विवाह में उसे एक बढिया बंगला 10,000 रुपये नकद और गहने आदि दिये।

लेखक श्री जावेद हसन ने उससे बंगलौर में पूछा कि अपनी स्मृति के अतिरिक्त तुम्हारे पास और क्या प्रमाण है इस बात का कि तुम वास्तव में मून्नू का पुनरावतार हो।

मृदुला ने कहा कि डा. स्टीवेन्सन कहते हैं कि मेरे पुवर्जन्म में कोई सन्देह नहीं है। वे अब मेरे जन्मचिन्ह का अध्ययन कर रहे हैं। उनका मत है कि पुनर्जन्म में भी जन्मचिन्ह अक्षुण्ण बना रहता है।

एक बात और उसे यह भी याद है कि उसकी पिछली माँ ने उसे एक सोने की जंजीर भेंट की थी। उसे वह सदैव पहने रखती थी। मरते समय भी वह उसके गले में थी।

मृदुला कहती है कि वह मेरा पहला व्यक्तित्व था, यह दूसरा है।

प्रश्न–क्या तुम्हें याद है कि तुम्हारी मृत्यु कैसे हुई थी।

उतर–मुझे ऐसा प्रतीत होता था कि कोई मेरी टांगें मरोड रहा था। मुझे बहुत दर्द हो रहा था जो नीचे से उठकर ऊपर जाता था। इसके अतिरिक्त सिर में भारी पीड़ा हो रही थी और इसके बाद मैं अन्तर्ध्यान हो गयी।

प्रश्न–क्या अपनी मृत्यु के बाद का अनुभव सुना सकती है।

उत्तर—जब मैंने शरीर छोड़ा ऐसा मालूम हुआ कि मानों मैं हवा में उड़ रही हूँ। अब तो उसकी धुँधली सी याद रह गयी है। किन्तु जब मैं दो वर्ष की थी, तब तो स्पष्ट रूप से याद था।

मैं आकाश में तैर रही थी। मैं सितारों तक जाकर लौट आयी।

प्रश्न—तुम उस समय क्या पहने थी।

उत्तर—तनिक भी याद नहीं।

प्रश्न—तुमने क्या खाया था।

उत्तर—कुछ नहीं।

(साभार, 'टाइम्स ऑफ इंडिया', रविवार)

काली भक्त और प्रेतात्माएँ

लगभग तीन वर्ष पहले की एक रात। मुसलाधार वर्षा हो रही थी। ऐसे में युवा शिवदयाल अकेले ही एक निर्जन जंगल के बीच से कहीं चले जा रहे थे। वातावरण में भयानकता व्याप्त थी। उसे घने जंगल में बिजली की तीखी लपलपाहट का आभास तो एकाधबार ही मिलता था लेकिन रह-रहकर होने वाली बादलों की गड़गड़ाहट से समूची धरती बार-बार दहल-सी उठती थी। मानो अगले ही कदम पर वज्रपात हुआ हो।

शिवदयाल विवश-से जंगल के बीहड़ रास्ते पर भीगते काँपते चले जा रहे थे। कहीं पल भर रुकने का टोर नहीं। उस निर्जन बीहड़ जंगल में शरण मिलती भी तो कहाँ।

सहसा ही शिवदयाल को दायीं तरफ थोड़ी-सी ही दूरी पर एक प्रकाशपुंज दिखाई पड़ा। भीषण वर्षा से त्रस्त शिवदयाल के कदम तत्काल उसी ओर मुड़ गये। कुछ और निकट पहुँचने पर शिवदयाल को उसी प्रकाश में एक भव्य मन्दिर दिखाई पड़ा। जान में जान आयी। वह दौड़ते हुए मन्दिर के बरामदे में जाकर खड़े हो गये।

उन्होंने खिड़की से झाँककर भीतर देखा तो सामने ही माँ काली की एक विशाल प्रतिमा दिखाई पड़ी। मूर्ति की ऊँचाई कम से कम आठ फुट तो रही ही होगी। उनकी प्रचण्डता का शाश्वत आभास बड़ा ही सजीव था। कण्ठ में नरमुण्डों की माला। हाथ में खप्पर। शूल-शक्तिधारिणी काली माँ की ऐसी दिव्य आभा शिवदयाल के लिए बड़ी ही चमतकारिक-सी लगी। वह एकटक महाकाली की प्रतिमा की ओर निहारते ही रह गये। भावविभोर सहसा एक अद्‌भुत घटना घटी।

उन्होंने देखा माँ काली के होठों के बाहर लपलपाती हुई रक्तिम जिह्वा अचानक ही लुप्त हो गयी। इसके साथ ही प्रतिमा के मुखमण्डल पर व्याप्त विकरालता भी अदृश्य हो गयी। उसके बदले देवी के मुखमण्डल पर मोहिनी छवि दमक उठी। अब शिवदयाल को माँ काली की मूर्ति मुस्कराती सी दीख रही थी।

शिवदयाल स्वयं चमत्कार के कारण मूर्तिवत खड़े विस्फारित नेत्रों से माँ काली की प्रतिमा की ओर अपलक निहार रहे थे। उन्हें तन-मन की सुधि नहीं रही।

तभी मन्दिर के भीतर से एक मदुनारी कण्ठ गूंज उठा। वत्स क्या चाहता है। आधी रात को तू यहाँ क्यों आया है।

वह दिव्य स्वर सुनकर तो शिवदयाल भय से सिहर उठे। शरीर पसीने से नहा

उठा। गला सूख गया। वह कुछ समझ नहीं पा रहे थे कि इस निर्जन जंगल के बीच स्त्री की आवाज कहाँ से आ सकती है। इस भीषणवर्षा में आधी रात को कोई औरत तो यहाँ आने का साहस कल्पना में भी नहीं कर सकती। कहीं ऐसा तो नहीं कि स्वयं माँ काली ही बोल रही हो?

इस कल्पना से शिवदयाल भयविह्वल होकर थर-थर काँपने लगे।

उसी समय आवाज दुबारा गूँज उठी। तू डरता क्यों है? बोल तू आधी रात को यहाँ किस लिए आया है, क्या चाहिए तूझे ?

शिवदयाल में अब साहस का संचार हुआ। वैसे भी वह माँ काली के भक्त थे। बहुत दिनों से काली माँ की पूजा-भक्ति करते थे। माँ काली के कहने पर उन्हें विश्वास-सा हो चला कि वह स्वयं ही बोल रही है। तब उन्होंने कहा माँ बाहर मुसलाधार वर्षा हो रही है। पानी से बचने के लिए मैं यहाँ आ खड़ा हुआ हूँ।

बस इतनी-सी बात। माँ काली का दिव्य स्वर पुनः गूंज उठा। अच्छा अपना हाथ इधर बढ़ा।

शिवदयाल ने आदेश पाते ही यंत्रवत् अपना हाथ खिड़की में लगे सीखचों के बीच से अन्दर बढ़ा दिया।

दूसरे ही पल हाथ पर कुछ भार-सा अनुभव करके उन्होंने देखा तो चमत्कृत रह गये। उनके हाथ में तवा के आकार की एक विचित्र-सी वस्तु आ गयी थी लेकिन यह कब, किधर से आ गयी, उनके हाथ में किसने दी, यह शिवदयाल नहीं देख सके। वह भयमिश्रित आश्चर्य के साथ उस तवाकार वस्तु की ओर देखते खड़े थे कि वही दिव्य नारी स्वर दुबारा गूँज उठा। 'जा' अब तू वर्षा से नहीं भीगेगा। यह और बहुत-सी विपत्तियों तथा दुष्ट शक्तियों से भी तेरी रक्षा करेगा। और सुन तू यहाँ नित्य आधी रात को आकर पूजा किया कर। इस उपासना साधना से तुझे एक विलक्षण सिद्धि प्राप्त होगी।

कुछ पलों के लिए सन्नाटा छाया रहा। फिर उसी दिव्य नारी कण्ठ ने आदेश दिया अच्छा अब तू जा।

शिवदयाल तवाकार वस्तु को सँभालकर मुड़े और मन्दिर के बरामदे से बाहर निकलने को ही थे कि भीतर से गूँजी वही आवाज फिर सुनाई पड़ी—यह भी सुनता जा, इसे खूब सँभालकर रखना। सावधान। जिस दिन यह तेरे हाथ से निकल जायेगा, उस दिन तू संकट में पड़ जायेगा।

और सहसा शिवदयाल की नींद टूट गयी।

यह स्वप्न था।

आँख खुलते ही शिवदयाल एक बारगी चौंककर उठ बैठे। उन्होंने देखा न वर्षा है, न जंगल और न ही है माँ काली की वह विराट प्रतिमा। वह तो अपने घर में सोए पड़े हैं।

बड़ा ही अद्‌भूत् सपना था।

लेकिन सोते समय देखे गये इस स्वपन ने भी अद्‌भूत कर दिया। उन्होंने देखा कि सपने में कां काली के मन्दिर के भीतर हाथ बढ़ाने पर जो विचित्र-सी तवाकार वस्तु उन्हें मिली थी वह इस समय भी साकार उनके हाथों में मौजूद है।

शिवदयाल को अपनी आँखों पर विश्वास नहीं आया। उन्हें लगा कि शायद वह अब भी सपने की अनुभूतियों से छुटकारा नहीं पा सके हैं। उन्होंने विक्षिप्त की भाँति अपने भीतर को झटके दिये। झंझोड़ डाला। चुटकियाँ काटीं। आँखें मल-मलकर देखा। लेकिन चमत्कार वह विचित्र तवाकार वस्तु लुप्त नहीं हुई। सपने में माँ काली के मन्दिर में उपलब्ध वह दिव्य वस्तु अब भी उनके हाथ में मौजूद थी।

शिवदयाल कुछ देर तक विमूढ़-से बैठे एकटक उसे ताकते रहे। फिर बड़ी देर तक उस तावाकर वस्तु को उलट-पलटकर देखते रहे।

यह कैसा रहस्यमय स्वप्न था। शिवदयाल कुछ समझ नहीं सके। वैसे उन्हें एक विचित्रसी अनुभूति और हो रही थी। उन्हें स्वयं ऐसा प्रतीत हो रहा था मानों उन्होंने सपने में जो कुछ देखा था वह वास्तव में भीगते हुए जंगल के बीच चले जा रहे थे। फिर दिव्य प्रकाशपुंज से आकर्षित होकर मन्दिर में पहुँच गये और आखिर उन्होंने उठकर वह देवी प्रदत्त तवाकार वस्तु अपने सन्दूक में सुरक्षित रख दी और दुबारा बिस्तर पर पड़ गये। लेकिन इसके बाद वह फिर सो नहीं पाए। मन में वह चमत्कारिक स्वप्न ही मंडराता रहा।

सुबह उठकर उन्होंने यह विलक्षण कहानी अपने घर वालों तथा मित्रों को सुनाई। जहाँ तक सपने की बात थी, उसमें किसी को भी क्या आपत्ति हो सकती थी। लेकिन शिवदयाल ने जब सन्दूक से निकालकर वह विचित्र तवाकार वस्तु सामने रख दी और कहा कि सपने में माँ काली ने उसे यही वस्तु दी है, तो सभी की आँखों में अविश्वास झलक उठा।

भला कोई भी कैसे मानता कि सपने में मिली चीज जागने के बाद भी हाथों में साकार पड़ी रह सकती है।

वैसे शिवदयाल बड़े ही शान्त, सरल और गम्भीर व्यक्ति थे। सब जानते थे कि वह कोरी गप हाँकने वाले ओछे युवकों में से नहीं हैं, फिर भी कोई उनकी इस बात पर विश्वास नहीं कर पा रहा था।

उस समय तो शिवदयाल की बात को लोग कोरी कल्पना ही मानते रहे, लेकिन इसके बाद कुछ ऐसी रहस्यमय अलौकिक घटनाएँ हुईं कि लोगों को इस चमत्कारिक घटना पर भी विश्वास करना ही पड़ा।

संसार में कभी-कभी ऐसे रहस्यमय अलौकिक काण्ड होते रहते हैं, जिनके विषय में पढ़-सुनकर सामान्यतः किसी को भी एकबारगी विश्वास नहीं हो पाता। ऐसी घटनाओं का विवरण किसी भुक्तभोगी व्यक्ति के मुँह से सुनने पर भी लगता है कि

वह तिलस्मी कहानी जैसी कपोलकल्पित बातें कर रहा है। लेकिन जब उनके साथ घटित काण्डों की पुष्टि अनेक लोग विशेषकर ऐसे लोग करने लगते हैं, जिन्होंने स्वयं प्रत्यक्ष रूप से वह सब देखा या भुगता हो, तब ऐसे काण्डों को एकदम कपोल कल्पित कहकर उनकी उपेक्षा नहीं की जा सकती।

प्रस्तुत कथा के एक नहीं, चार-चार पात्र इस आलोकिक काण्ड के भुक्तभोगी थे और वे चारों आज भी जीवित हैं। उनके अतिरिक्त जबलपुर में ही अनेक ऐसे व्यक्ति हैं जो इस घटनाक्रम की पुष्टि करते हैं। उनमें से किनते ही लोगों ने प्रत्यक्ष रुप से देखा तथा अनुभव किया है कि घटनाक्रम में उलझे उन चारों युवकों को कैसे-कैसे और क्या-क्या भुगतना पड़ा तथा उन पर इन आलोकिक घटनाओं की क्या प्रतिक्रिया हुई। इतना ही नहीं इस घटना का विवरण प्राप्त करने के लिए जब हमने स्वयं शिवदयाल, उनके घर वालों, टोला पड़ौस के व्यक्तियों द्वारा शिवदयाल के साथ-साथ अन्य भुक्तभोगी उनके तीनों मित्रों से मुलाकात की, तब उन लोगों के साथ जाकर स्वयं घटनास्थलों को भी देखा और हमें स्वीकार करना पड़ेगा कि उक्त दौरे में हमें भी इस बात की प्रत्यक्ष अनुभूति हुई कि उन क्षेत्रों में अवश्य अशरीरी, अलौकि शक्तियों का वास है।

यह कथा हमें स्वयं भुक्तभोगियों ने ही आपबीती के रुप में सुनाई थी—

यह अलौकिक घटना आज से तीन वर्ष पहले घटित हुई थी। शिवदयाल के साथ भुक्तभोगी तीन व्यक्ति और थे-नारायण प्रसाद, सुरो और भगवान दास। चारों के बीच घनिष्ठ मैत्री थी और ये चारों के चार किशोरावस्था से ही धर्म की ओर आकर्षित हो गये थे। भक्तिपूजा आदि की ओर उनका झुकाव इतना गहरा था कि और किसी काम में नही न लगता और तो और इसी चक्कर में उलझे रहने के कारण शिवदयाल को छोड़ कर और लोग मैट्रिक भी पास न कर सके। उनकी उम्र उस समय 22 से 27 वर्ष के अन्दर थी। शिवदयाल उन दिनों बी.ए. प्रथम वर्ष के छात्र थे।

स्वयं शिवदयाल को भी साधना उपासना के विधिविधान अथवा तन्त्र विद्या के विषय में पूर्ण ज्ञान तो नहीं था लेकिन चारों मित्रों में से शिवदयाल को ही इस तरह की सबसे अधिक जानकारी थी और वह माँ काली के सच्चे भक्त थे। उनकी शक्ति और महिमा में उन्हें प्रबल विश्वास तथा आस्था थी। वे चारों सामान्य ढंग से काली की पूजा किया करते थे।

इसी बीच एक रात सहसा शिवदयाल ने वह विलक्षण सपना देखा और माँ काली से वह अदभुत तवाकार वस्तु पाई।

शुरू में तो और लोगों की तरह ही शिवदयाल के इन तीनों मित्रों को भी इस आलौकिक घटना पर विश्वासन हीं आया, लेकिन शिवदयाल के बार-बार कहने पर उन्हें यकीन हो गया। उनकी श्रद्धा और भी पकी हो गयी। उन्हें लगा कि माँ काली

उनसे प्रसन्न है और इसीलिए उन्होंने शिवदयाल को साक्षात दर्शन देकर साधना का आदेश दिया है।

बस, ये तीनों शिवदयाल के साथ नित्य आधी रात को शारदा मन्दिर जाकर देवी की उपासना एवं तन्त्र साधना करने के लिए तत्पर हो गये।

यह शारदा मन्दिर जबलपुराहर के निकट ही मदन महल पहाड़ी पर स्थित है। शारदा देवी का यह मन्दिर दूर-दूर तक महशूर है तथा यहाँ का बड़ा दर्शनीय स्थल है रानी दुर्गावती का ऐतिहासिक किला।

मदन महल की यह पहाड़ी विचित्र आकृतियों वाली विशाल चट्टानों से भरी पड़ी है। इसके आसपास के क्षेत्र में चारों ओर कितनी ही कब्रें तथा दरगाहें है। इस क्षेत्र के विषय में कहा जाता है कि वहाँ अशरीरी शक्तियों का जमघट लगा रहता है और आयें दिन रहस्यमय चमत्कारिक घटनाएँ होती रही हैं।

रात तो रात उस विरान इलाके में दिन के समय भी गहरा सन्नाटा छाया रहता है। रामनवमी और दुर्गापूजा के पर्वों पर वहाँ मेले लगते हैं। इन अवसरों को छोड़कर वहाँ प्रायः निर्जनता की व्याप्त रहती है। यदा-कदा बाहरी पर्यटकों का कोई दल उधर से गुजरता दिखाई पड़ जाता है।

लेकिन साधना के लिए तत्पर चारों युवकों को इस एकान्त और भयावने सन्नाटे की कोई परवाह नहीं थी। मध्यरात्रि से कुछ पहले लगभग साढ़े ग्यारह बजे शिवदयाल, नारायण प्रसाद, सुरेश और भगवान दास रानीताल से निकलते और गहन, नीरव एकान्त के बीच से पैदल ही गुजरकर 12 बजते-बजते शारदा मन्दिर पहुँच जाते। वहाँ कोई घंटा भर तक पूजा पाठ करने के बाद वे रात लगभग एक बजे घर लौटते।

यह रवैया देखकर चारों के ही घर वालों ने उनका विरोध किया। डांटा-फटकारा, समझाया-बुझाया, लेकिन उन चारों को ही सिद्धि प्राप्त करने की ऐसी धुन सवार थी कि उन्होंने किसी की भी न मानी। उनका आधीरात को जाकर साधना करना नित्य का क्रम बन गया।

वैसे उस निर्जन क्षेत्र के विषय में वह शुरू से ही सुनते आयें थे कि वहाँ भूत-प्रेतों का वास है। कितनी ही चमत्कारिक घटनाओं की डरावनी कहानियाँ भी सुनी थी उन्होंने, लेकिन उनसे भी वे डिगे नहीं। धीरे-धीरे आधी रात को उस बीहड़-सुनसान इलाके में आते-जाते बीस-बाइस दिन बीत चले लेकिन उन चारों की कोई भी वैसी बात नहीं दिखाई पड़ी। न तो कभी किसी प्रेतात्मा से उनकी भिड़ंत हुई, न कोई अन्य भयावनी घटना ही घटित हुई।

उस रोज शिवरात्रि का पर्व था। रोज की तरह आज भी चारों मित्र आधी रात को शारदा मन्दिर की ओर चल पड़े। जबलपुर-नागपुर वाली मेन रोड छोड़कर वे शारदा मन्दिर की तरफ जाने वाली पगडंडी पर चलने लगे। कोई डेढ़ फलांग

बाद नारायण प्रसाद की निगाह अचानक दायीं ओर जा पड़ी। पहाड़ी-चट्टानों के आसपास उसे कोई डेढ़ सौ आदमियों की भीड़-सी दिखाई पड़ी। उनमें से कुछ लोग खड़े थे, कुछ लोग बैठे थे।

नारायण को आश्चर्य हुआ। उसने शिवदयाल को उधर इशारे से दिखाते हुए कहा दयाल भाई आज भला इतनी रात गये। इतने सारे आदमी चट्टानों पर भीड़ लगाए क्यों बैठे हैं।

शिवदयाल ने उधर निगाह डाली तो वह भी चौंक पड़े। उनका ध्यान विशेष रुप से उन लोगों की वेशभूषा की ओर भी गया। उन तमाम आदमियों ने एकदम सफेद कपड़े पहन रखे थे और हर आदमी के सिर पर सफेद ही पगड़ियाँ बन्धी हुई थी। इस विचित्रता पर शिवदयाल संशक हो उठे लेकिन उन्होंने ऊपर से अवहेलना-सी दिखाते हुए कहा अरे आज शिवरात्रि है न। कहीं आसपास के गाँवों से आयें लोग होंगे। मालूम पड़ता है कि यहाँ आराम करने के लिए रुक गये हैं।

और चारों साथी फिर सहज भाव से बातें करते हुए अपनी राह बढ़ने लगे। अचानक भगवान दास संशक स्वर में बोल उठे, लेकिन गुरु, एक बात बड़ी अजीब लगती है। इतने सारे आदमी ही आदमी है। उनके बीच न तो कोई औरत है न एक भी बच्चा।

हूँ! शिवदयाल ने भी गम्भीर होकर उधर ही देखते हुए कहा बात तो सचमुच सोचने लायक है। दाल में कुछ काला है।

सहसा उन्होंने देखा की पहाड़ी चट्टानों के पास सन्नाटा खींचकर मूर्तिवत खड़े लोगो के बीच से पाँच व्यक्ति निकलकर इसी पगडंडी की ओर बढ़ने लगे। उन्हें अपनी ओर ही आते देख ये लोग कुछ व्यस्त से हो उठे। नारायण ने कुछ घबराहट के साथ कहा मामला कुछ टेढ़ा हो लगता है। ये पाँचों तो हमारी तरफ ही आ रहे हैं।

और कुछ ही पल बाद वह पाँचों भयावने व्यक्ति पाँच-सात कदम की दूरी पर ही उनकी राह रोककर खड़े हो गये। उनकी भाव-भंगिमा और वेशभूषा कुछ ऐसी थी जिसे देखकर लगता था कि वे और चाहे कुछ भी हो, मनुष्य तो नहीं हैं।

उन्हें रास्ता रोककर खड़ा देख चारों मित्रों पर देहान्त तारी को गयी। अब तक सुनी-सुनाई कितनी ही कहानियों की भयावनी यादें उन पर हावी होने लगी। भगवानदास तो घबराकर भागने को उद्यत हो गया। बोला गुरु भाग चलो। आज तो बुरे फँसे।

लेकिन शिवदयाल ने साहस नहीं छोड़ा। बोले-यारों जरा हिम्मत से काम लो। अगर कोई ऐसी-वैसी बात होगी तो भी माँ काली हमारी रक्षा करेगी।

वैसे वास्तविकता यह थी कि उन पाँचों विशालकाय व्यक्तियों का रंग-ढंग देखकर स्वयं शिवदयाल भी भीतर ही भीतर घबरा उठे थे फिर भी वे मित्रों के साथ जहाँ के तहाँ स्थिर खड़े रहे।

तब उन पाँचों में से एक ने आगे बढ़कर अमानवीय गुर्राहट भरी आवाज में कहा यह हमारा इलाका है तुम लोग इस रास्ते से नहीं जा सकते।

नारायण ने हिम्मत बाधंकर कहा-भाई राह बाट तो सबकी होती है किसी एक की नहीं। फिर आप लोग हमें आने-जाने से रोकने वाले कौन होते हैं।

हम कोई भी हों तुम्हें इससे कोई मतलब नहीं। लेकिन यह बात साफ-साफ सुन लो कि हम यह नहीं चाहते कि कोई हमारे सामने हमारे इलाके से गुजरे।

यह तो आपकी ज्यादती है। हम लोग न कोई नुकसान करते हैं न किसी का कुछ बिगाड़ते हैं। लेकिन आप लोग तो उलटे हमारे काम में अड़ंगेबाजी कर रहे हो।

आखिर आप है कौन? शिवदयाल ने दुबारा पूछा। सुनना ही चाहते हो तो सुनो मैं प्रेतों का सरदार हूँ। उस अमानवीय व्यक्ति ने भयावने स्वर में कहा और वह उधर जितने भी लोग दिखाई पड़ रहे हैं वे सब भी प्रेत ही हैं।

वह तो हमें भी मालूम है। शिवदयाल ने अचानक जोश में आकर धमकी भरी आवाज में कहा, अब आप हमारी राह छोड़कर हट जाइए, इसी में आपकी भलाई है।

प्रेतों का सरदार शिवदयाल की धमकी सुनकर एकदम नाराज को उठा। गुर्राकर बोला देखो। तुम लोग हद से ज़्यादा बढ़-चढ़कर बोल रहे हो। वैसे हम लोग किसी को सताने वाले उपद्रवी प्रेतों में से नहीं है। हम शान्ति के साथ अपने लोक में ही मग्न रहते हैं लेकिन तुम लोग हमें कुछ करने के लिए मजबूर कर रहे हो। फिर उसने चेतावनी सी दी। आज तो तुम इस रास्ते से चले जाओ, लेकिन बस आज ही भर! भविष्य में तुम लोगों का इस राह पर कदम भी रखने का मतलब होगा, मौत को दावत देना।

प्रेतों का सरदार मुड़कर उस तरफ चला गया, जिधर प्रेतों की जमात खामोश बैठी थी। शिवदयाल और उनके तीनों मित्र मन्दिर की ओर बढ़ चले। दो ही कदम बाद उन्होंने मुड़कर पीछे देखा तो कोई भी न था। रात का गहन सन्नाटा भांय-भांय कर रहा था। प्रेत-मण्डली इन दो ही पलों में लुप्त हो गयी थी।

वे लोग तेज़-तेज़ डग रखते हुए शारदा मन्दिर जा पहुँचे। मन्दिर के प्रांगण में पहुँचाने वाली सीढ़ियाँ उन्होंने पार की ही थी कि अचानक ही किसी के खाँसने की आवाज सुनाई पड़ी। चारों साधकों के रोंगटे खड़े हो गये। कुछ ही देर पहले वह पहाड़ी के प्रेतों की भीड़ से बचकर किसी तरह यहाँ पहुँचे थे। अब यहाँ भी उन्होंने चौकन्नी निगाह से हर तरफ देखा लेकिन कहीं कोई भी नहीं दिख पड़ा। तब आखिर खांस कौन रहा था। घबराहट के मारे वे जहाँ के तहाँ ठिठक गये।

सबसे पहले शिवदयाल का ही आत्मविश्वास सजग हुआ। उन्होंने बात हँसी में उड़ाने की कोशिश की। यारो! यह क्या बात हुई। अरे, हम डेढ़ सौ प्रेतों का घेरा तोड़कर तो यहाँ तक चले जाये, लेकिन जरा-सी खाँसी की आवाज से हमारे

औसान ढीले पड़ रहे हैं। छोड़ो, होगा कुछ। चलो, हम तो हाथ-पाँव धोकर अपना काम करें।

बाकी साथी भी कुछ सहज हुए। उन्होंने रोज की तरह बावड़ी में उतरकर हाथ-पाँव धोऐ और बरामदे में ही आसन जमाकर माँ काली की पूजा करने लगे।

उनकी साधना में कोई विघ्न नहीं पड़ा, लेकिन कोई घंटाभर बाद जब वह पूजा समाप्त करके बाहर निकले तो दुबारा वहीं खाँसी सुनाई पड़ी। नसों में सनसनी-सी दौड़ गये। चारों के चारों फिर स्तम्भित रह गये। लेकिन इस बार उन्होंने स्पष्ट देखा कि बावड़ी के पास ही खड़ी एक वृद्धा खाँस रही है। इसने गाढ़े लाल रंग की साड़ी पहन रखी थी। चारों अवाक् खड़े उसी की ओर देखने लगे। वह कौन है? इतनी रात को मन्दिर में कैसे आयी। यहाँ खड़ी क्या कर रही है?

वह भय से उबरकर कुछ सोच-समझ पाते, इसके पहले ही अचानक वृद्धा ने उन लोगों को इशारा करके पास बुलाया।

भगवान दास भय के मारे हकला उठा, दयाल भाई वह-वह तो हमें बुला रही है आज तो बुरे फँसे।

शिवदयाल ने हिम्मत बँधाई? डरो मत यार! वह कोई प्रेतात्मा नहीं हो सकती। उसकी साड़ी का रंग नहीं देखते।

गुरु तुम समझते नहीं। ये प्रेतात्माएँ मायावी होती है। उनके लिए कुछ मुश्किल है क्या। जब जैसा भी चाहें रूप धारण कर सकती हैं। कौन जाने यह हमें धोखे से पास बुलाकर क्या करना चाहती है।

क्या पागलपन की बातें करते हो! शिवदयाल ने उन्हें झिड़की देकर समझाया। अभी तो हम लोग मन्दिर में खड़े हैं। यहाँ भला किसी अशुभ आत्मा को आने की क्या हिम्मत पड़ सकती है। वैसे भी हमारी रक्षा करने वाली माँ काली तो है ही। चलो देखें तो सही क्या बात है। वह कौन है? हमसे क्या चाहती है?

मैं तो, भाई नहीं जाऊँगा! भगवान ने साफ मना कर दिया।

सुरो भी दो कदम पीछे हटकर बोला, मैं भी नहीं जाता बाबा।

शिवदयाल ने उन्हें विचलित देखकर दबाव डालना उचित नहीं समझा। बोले, अच्छा ठीक है। तुम दोनों यहीं रुके रहो। घबराना मत। मैं और नारायण भाई देखकर आते हैं।

नारायण प्रसाद के साथ शिवदयाल वृद्धा की ओर बढ़े ही थे कि सहसा वह बावड़ी में उतरकर अन्तधयान हो गयीं। शिवदयाल और नारायण लपककर बावड़ी के पास पहुँचे। उन्होंने झांककर भीतर देखा लेकिन वृद्धा की कहीं छाया तक नहीं दिखाई पड़ी। इस अद्‌भुत काण्ड से वे दोनों भी रोमांचित हो उठे। समूचे शरीर में भय की सिहरन दौड़ गयी। वे वापस मुड़े ही थे कि सहसा एक नारी स्वर सुनाई पड़ा। बस डर गये। पत्थर की प्रतिमा की तो पूजा करोगे और मुझसे डर लगेगा।

यही भक्ति है तुम्हारी। इस तरह तुम्हें सिद्धि कैसे मिल सकती है।

दोनों ही एक साथ चौंककर पलटे और दुबारा बावड़ी में झाँकने लगे। आँखें गड़ा-गड़ाकर कोना-कोना तक झाँक लिया पर वहाँ किसी की परछाई तक नहीं दीख पड़ी। हारकर वे चारों अभिभूत से मन्दिर के बाहर निकले और घर की ओर लौट पड़े। रास्ते में उस रात कोई और घटना नहीं हुई। चारों सकुशल घर पहुँच गये।

दूसरी रात शिवदयाल फिर साढ़े 11 बजे के लगभग शारदा मन्दिर में आ मिला लेकिन भगवान दास नहीं पहुँचा। तीनों मित्र उसे भी साथ लेने के लिए उसके घर जा पहुँचे। लेकिन पिछली रात की घटनाओं से त्रस्त भगवानदास ने उनके साथ जाने से साफ मना कर दिया। बोला बाबा मुझे नहीं चाहिए ऐसी साधना और सिद्धि।

अतः उस रात केवले वही तीनों शारदा मन्दिर की ओर चले। कल की प्रेत लीला के कारण आज शिवदयाल ने सावधानी के लिए सपने में माँ काली से मिली वह विलक्षण तवाकार वस्तु भी अपने साथ ले ली थी। इससे उनका आत्मविश्वास दुगुना हो गया था। उन्हें पूरा भरोसा था कि माँ काली से प्राप्त यह कवच साथ रखने पर उनके साथ कोई अनहोनी घटना नहीं होगी। जब तक यह पास रहेगा, तब तक कोई खतरनाक से खतरनाक दुष्ट आत्मा भी उनके पास फटकने की हिम्मत नहीं कर सकती।

सच्ची बात यह है कि आज उन सबको रास्ते में खतरा होने की आकांशा त्रस्त कर रही थी। पिछली रात प्रेतों के सरदार ने उन्हें इस राह से दुबारा न गुजरने की चेतावनी जो दी थी।

रोज की तरह आज भी वे मेन रोड छोड़कर उसी पगडंडी पर उतर पड़े और निर्भीकता के साथ काली मन्त्र तथा दुर्गाकवच का जाप करते हुए शारदा मन्दिर की ओर बढ़ने लगे। कल उन्होंने जिन चट्टानों के पस प्रेतों की भीड़ लगी देखी थी, आज पास पहुँचने पर उन तीनों को वहाँ रहस्यमयी घना कोहरा छाया दीख पड़ा।

यह मार्च का महीना था।

फाल्गुन के इन दिनों में उतनी ठंड नहीं होती। उस रात भी मंद शीतल बयार चल रही थी लेकिन वातावरण में वैसी ठंडक नहीं थी। इस कारण चट्टानों पर छाया कोहरा उन्हें अस्वाभाविक-सा लगा, लेकिन इससे तीनों काली भक्तों को कोई परेशानी नहीं हुई। वह समझ गये कि यह रहस्यमय कोहरा और कुछ नहीं उन प्रेतात्माओं की ही माया है। इस काण्ड से वे तीनों मित्र जरा भी विचलित नहीं हुए क्योंकि आज उनके पास स्वयं माँ काली से मिला हुआ रक्षा कवच भी तो था।

वे जरा भी झिझके बिना मन्दिर की ओर बढ़ते रहे। कुछ ही देर बाद वे उस जगह पहुँच गये जहाँ पहाड़ी चट्टानों से लेकर पगडंडी तक कोहरा छाया था। उस क्षेत्र में पैठते ही अचानक कोहरा इतना घना हो गया कि उन्हें लगा मानो वे अन्धे हो गये हों। एकदम पास होते हुए भी वे एक दूसरे को देखने में असमर्थ थे।

तभी सहसा शिवदयाल की चीख सुनाई पड़ी। पकड़ो। पकड़ो। किसी ने मेरे हाथ से तवा छीन लिया।

इसके साथ ही उन तीनों पर दहशत हावी को गयी। वे आतंकित होकर नेत्रहीनों की तरह एक-दूसरे को खोजते हुए हाथ फैलाकर भटकने लगे, साथ ही नाम ले-लेकर चीख पुकार मचाने लगे।

तभी किसी की अमानवीय कड़क भरी आवाज गूँज उठी, मैंने कहा था आइन्दा इस राह से गुजरने की हिम्मत मत करना। अब अपनी बदगुमानी की सजा भुगतो।

और उस भयावनी आवाज के साथ-साथ ही कोरे का वह रहस्यमय वातावरण भी टूट-सा गया। धुँध छंट गयी। माँ काली के तीनों भक्त भय विहल से धरती पर निढाल पड़े थे। कोहरा छंटते ही उनकी दृष्टि लौट आयी थी। वे बेहाल जरूर थे लेकिन अचेत नहीं हुए थे। कुहासा दूर होने पर उन्होंने फटी-फटी आँखों से देखा, सामने प्रेतों का वही खौफनाक सरदार चार अन्य प्रेतों के साथ खड़ा उन्हें खूँखार आँखों से घूर रहा था।

तीनों साधकों ने उठकर खड़े होने की चेष्टा की। लेकिन हिल तक नहीं सके। लगा, मानों उनका अंग-अंग किसी अदृश्य बन्धन से जकड़ा हुआ है। दहशत के मारे उन्हें काली-मन्त्र और दुर्गाकवच के जाप की भी सुध न रही। सहसा उन्हें अनुभव हुआ कि वे बिना किसी सहारे के अधर में उठे जा रहे है वे हवा में उड़ चले। आँखें बरबस मुंदने लगी, फिर चेतना लुप्त हो गयी।

जब होश आया तो उन्होंने देखा, तीनों ही उस पगडंडी से दूर कहीं और पड़े हैं। पास ही एक कब्र थी।

वे झटके से उठ खड़े हुए। पूरब में हल्की सी लाली छाई थी। सवेरा हो गया।

तो वे रात भर इसी कब्र के पास अचेत पड़े रहे।

वैसे उन तीनों की हालत खराब थी। उन्हें कुछ ऐसा अनुभव हो रहा था मानो किसी भीषण बवंडर मे फँस कर, वे सहसा आसमान में उड़ गये थे और तेज़ चक्कर खाते-खाते बुरी तरह झंझोड़े जाने के बाद सहसा जमीन पर गिर पड़े थे। उनका जोड़-तोड़ कर रहा था। खूब तेज ज्वर के कारण तीनों का सिर भन्ना रहा था।

वह कहाँ आ पड़े थे, कुछ अनुमान नहीं लग सका, लेकिन कब्र के पास से हट कर कुछ दूर जाने पर जगह उनकी पहचान में आ गयी, तब वे सिहर उठे। वे लोग गुप्तेश्वर के पास वाले श्मशान घाट मे पड़े थे।

कुछ देर बाद वे कुछ प्रकृतिस्थ हुए तो शिवदयाल ने चिन्ता से व्यग्र होकर कहा, अब क्या होगा नारायण भाई! मां काली द्वारा दी गयी वह तवाकार वस्तु तो मेरे हाथ से निकल गयी। अब हम संकट में पड़ गये।

शिवदयाल को सपने में काली द्वारा दी गयी वह चेतावनी याद आ रही थी।

उन्होंने कहा था खूब सँभालकर रखना। सावधान! जिस दिन यह तेरे हाथ से निकल जायेगा, उस दिन तू संकट में पड़ जायेगा। इसी कारण शिवदयाल और घबरा रहे थे। उनका आत्मविश्वास भी भंग हो गया था।

नारायण प्रसाद ने कहा, चलो मदन महल चलकर देखते हैं। शायद वहीं कहीं पगडंडी के आसपास मिल जाये। हो सकता है तुम्हारे हाथ से छूटकर वहीं गिरा हो।

नहीं यार! वह हाथ से छूट कर नहीं गिरा था। शिवदयाल ने व्यग्र होकर कहा मुझे अच्छी तरह याद है। उस गहरे कोहरे में किसी ने झपट्टा-सा माकर बरबस छीन लिया था। उसांस के साथ उन्होंने निराश स्वर में कहा उसे प्रेत ले गये होंगे तो अब क्या मिलेगा।

लेकिन इतनी भयानक घटना भुगत चुकने पर भी उनकी आस्था नहीं टूटी थी। वे कल्पना में भी विश्वास नहीं कर पा रहे थे कि उस वस्तु को किसी ने छीन का हड़प लिया होगा। फिर भला माँ काली द्वारा दी गयी उस दैवी वस्तु को प्रेतात्माएँ छू भी कैसे सकती हैं।

सुरो ने सांय के साथ कहा-फिर भी एक बार चलकर देखें तोसही शायद मिल ही जाये।

ज्वर से लस्त होने पर भी वे तीनों फिर पैदल ही मदन महल की ओर बढ़ चले।

प्रेतात्माओं की माया से ग्रस्त उन चट्टानों के निकट पहुँचकर उन तीनों ने उस इलाके का चप्पा-चप्पा छान मारा लेकिन वह दैवी वस्तु नहीं ही मिली। निराश होकर वे लौट पड़े।

दिन निकल आने के बाद ही वे अपने-अपने घर पहुँचे। तीनों की हालत खराब थी। वे बेहाल-से बिस्तर में पड़े रहे। तीनों को ही लगातार चार दिनों तक भयंकर ज्वर चढ़ा रहा। इस अवधि में वे साधना के लिए शारदा मन्दिर नहीं जा सके। पूजा में विघ्न पड़ने के कारण वे भीतर ही भीतर छटपटाते रहे, पर वश नहीं चला।

पाँचवें रोज सुबह करीब-करीब एक साथ ही तीनों को ज्वर से छुटकारा मिल गया।

लेकिन उसी रोज नारायण प्रसाद को सहसा ही जबलपुर के बाहर जाना पड़ गया। इससे कोई फर्क नहीं पड़ा। वह तो साधना के पीछे दीवाने थे। रग-रग में भक्ति का नाश व्यापा हुआ था।

उस रात वह फिर अकेले ही शारदा मन्दिर की ओर चल पड़े। माँ-बाप तथा घर के सभी लोगों ने उनको रोकने की कोशिश की, लेकिन शिवदयाल ने किसी की नहीं मानी।

नियम के अनुसार आधी रात के कुछ ही पहले घर से निकल पड़े। वह अकेले

ही अपनी धुन में खो, दुर्गाकवच का जाप करते हुए मन्दिर की ओर चल पड़े।

प्रेतों वाले उस चट्टानी इलाके को पार करके वह कब शारदा मन्दिर की सीढ़ियों तक जा पहुँचे, इसका पता खुद उन्हें भी नहीं लगा।

बावड़ी में हाथ-मुँह धोकर पवित्र होने के बाद वह मन्दिर के बरामदे में जा पहुँचे। यथास्थान पहुँचकर उन्होंने साष्टांग प्रणाम किया। फिर विधि के अनुसार पूजा शुरू करने के पहले अगरबत्तियाँ निकालीं। तब अचानक ही याद आया कि माचिस तो है ही नहीं। असल में माचिस रोज नारायण के पास हुआ करती थी। खुद शिवदयाल को कभी लाने की जरूरत नहीं पड़ी, सो आज अकेले आते समय भी उन्हें माचिस की याद नहीं रही।

वह परेशान-से बैठे सोच ही रहे थे कि क्या किया जाये कि एक चमत्कार हुआ। शून्य से आकर एक माचिस खट से उनके सामने गिरी। शिवदयाल स्वयं इस अद्भूत घटना से काँप उठे। इन्हें इतना साहस न हुआ कि माचिस उठाकर अगरबत्तियाँ सुलगा ले।

तभी निस्तब्ध वातावरण में एक भयानक स्वर गूँज उठा, जलाओ, जलाओ अगरबत्तियाँ! तुम्हें माचिस की ही जरूरत थी न।

शिवदयाल ने चौंककर पीछे देखा, एक विकराल पुरूष की आकृति दिखाई पड़ी, काला भुजंग, विशालकाय भयानक पुरुष। सन की तरह सफेद दाढ़ी-मूँछें तथा केश कन्धे तक लहरा रहे थे। पकी हुई उजली दाढ़ी-मूँछों के बीच उसके काले चेहरे पर अंगारी की तरह दहकती आँखों की लपक और भी भयावनी लग रही थी। शिवदयाल पसीने से तर-बतर होकर थर-थर काँपने लगे। डर के मारे उनका गला सूख चला।

तभी उस विकराल पुरुष ने अनेक्षाकृत मृदु स्वर में कहा-डरो नहीं मैं भैरव बाबा हूँ। तुम अगरबत्तियाँ सुलगाकर माँ काली की पूजा करो।

यह सुनकर शिवदयाल की भक्ति सजग हो उठी। भय से छुटकारा मिला। उन्होंने माचिस उठाकर अगरबत्तियाँ सुलगाईं फिर बिना मुड़कर देखे ही हाथ पीछे बढ़ाकर माचिस वापस करने लगे, लेकिन किसी ने माचिस न ली तो उन्होंने फिर पलटकर देखा वह विकराल पुरुष आकृति अदुश्य हो चुकी थी।

माचिस वहीं रखकर शिवदयाल माँ काली की पूजा करने लगे।

विधिवत् कोई घंटे भर बाद पूजा-पाठ करके वह मन्दिर से बाहर निकले और घर के लिए लौट पड़े।

मदन महल की चट्टानों के पास उन्हें सहसा प्रेतों के उसी सरदार की आकृति दिखाई पड़ी। शिवदयाल ने उसे देखते ही समझ लिया कि आज फिर वह उत्पात करेगा अतः उन्होंने जोरजोर से काली मन्त्र का जाप शुरू कर दिया।

लेकिन दूसरे ही पल प्रेतों का सरदार ठीक उनके सामने खड़ा दिख पड़ा। उसने

गरजकर कहा तू अब ऐसे नहीं मानेगा। वह पलक झपकते अदृश्य हो गया।

और दूसरे ही पल विश्वदयाल ने अपने सिर पर पहाड़-सा बोझ अनुभव किया। वह सहसा विक्षिप्त से होकर चीख पड़ा, मैं प्रेतों का सरकार हूँ। मेरे रहते कोई भी इस रास्ते से नहीं जा सकता।

वे इसी प्रकार पागल की तरह बड़बढ़ाते-बुदबुदाते हुए अचेतना अवस्था में ही न जाने कब अपने घर पहुँच गये। वहाँ भी वह तरह-तरह की अजीब हरकतें करते रहे और बार-बार चिल्लाकर अपने को प्रेतों का सरदार बताते रहे।

उनकी यह दशा देखकर घर वाले बुरी तरह घबरा उठे। थोड़ी ही देर में यह चर्चा तेजी से फैल गयी। मुहल्ला पड़ोस के लोगों की भीड़ लग गयी। शिवदयाल के पिता मथुरा प्रसाद जी ने एक मशहूर तान्त्रिक को बुलवाया। उसने आकर शिवदयाल को देखा और झाड़-फूँक शुरू कर दी, लेकिन बड़ी कोशिश करने पर भी शिवदयाल की हालत में कोई सुधार नहीं दिखाई पड़ा। आखिर तान्त्रिक ने पस्त होकर कहा शिवदयाल किसी बड़ी शक्तिशाली प्रेतात्मा के चंगुल में पड़ गये हैं। इस बाधा को दूर करने के लिए कोई विशेष पूजा करनी पड़ेगी।

मथुरा प्रसाद जी बेटे की दशा देखकर घबरा रहे थे। उन्होंने बड़े अनुनय भरे स्वर में कहा जो भी बन पड़े, कीजिए। मेरे बेटे को इस प्रेतबाधा से छुटकारा दिलाइए।

तान्त्रिक दूसरे दिन आने के लिए कह कर चला गया। उस रात शिवदयाल एक पल को भी सो नहीं सके। वह रात भी विचित्र हरकतें करते रहे। कभी बड़बड़ाते, कभी चीख-चीखकर अपने को प्रेतों का सरदार घोषित करते हुए तरह-तरह की धमकियाँ देने लगते और कभी रो पड़ते।

अले रजा न तो वहीं तान्त्रिक आया न दूसरा ही कोई सुबह समय पर आ सका। शिवदयाल का वही हाल रहा।

दोपहर को वह घर की सबसे ऊपर वाली मंजिल की छत पर खड़े रोते हुए कुछ बड़बड़ा रहे थे कि अचानक किसी ने पीछे से उनका कुर्ता पकड़कर खींचा। शिवदयाल चौंककर पलटे तो देखा, चार साल की एक अपरिचित-सी बालिका खड़ी है।

शिवदयाल कुछ कहते, इसके पहले ही सहसा बालिका ने विचित्र स्वर में पूछा, क्यों रो रहा है तू? क्या परेशानी है तुझे?

उसे जवाब देने की जगह शिवदयाल ने घुड़ककर पूछा-तू है कौन। यहाँ कैसे आ गयी।

बालिका ने हँसकर कहा, यह सब तुझे बाद में मालूम हो जायेगा। पहले तो तू मेरे पैर धुला दे।

शिवदयाल आश्चर्यजनक रूप से शान्त हो गये। उन्होंने देखा बालिका के पाँव पिंडलियों तक कीचड़ से सने थे। उन्होंने पूछा, यह कीचड़ कहाँ से लगाकर आयी है।

ग्वारी घाट से। उत्तर लिमा।

शिवदयाल बोले, चल नीचे पैर धुलवा दूँ।

बलिका बोली-मैं ऐसे नीचे नहीं चलूँगी। तू मुझे गोद में उठाकर ले चल।

चल नहीं सकती तो ऊपर कैसे आ गयी।

नहीं बताऊँगी। बालिका ने मचलकर कहा। आखिर शिवदयाल उसे गोद में लेकर दूसरी मंजिल पर पहुँचे और ड्रम से पानी निकाल-निकाल कर चार-पाँच बार उस विचित्र बालिका के पाँव धोए।

गमछे से पोंछ दे। बालिका बोली।

शिवदयाल ने गमछे से उसके पाँव पोंछ भी दिये।

भीतर कमरे में ही बैठी शिवदयाल की माँ यह सारा दृश्य देख रही थी। लेकिन उन्हें बालिका नहीं दिखाई पड़ रही थी। इसलिए शिवदयाल की हरकतें और बोलना उन्हें बड़ा विचित्र लग रहा था। उनको यही प्रतीत हो रहा था कि शिवदयाल प्रेतात्मा में ही यह सारी हरकतें कर रहा है और अपने आप बड़बड़ा रहा है। जब नहीं रहा गया तो वह बेटे से पूछ बैठीं दयाल यह क्या कर रहा है तू? किससे बातें कर रहा है ?

लेकिन शिवदयाल ने कोई उत्तर नहीं दिया, मानो माँ की बात वह सुन नही पाया हो।

माँ ने प्रेत वाली बात सोचकर चुप्पी साध ली।

पाँव धुल-पुँछ जाने के बाद बालिका ने अचानक ही शिवदयाल से कहा अच्छा अब मैं जाती हूँ। 'जा'

बालिका चल पड़ी, लेकिन सीढ़ियों के पास पहुँचकर वह उमक गयी। उसने मुड़कर शिवदयाल से फिर कहा, मैं जा रही हूँ।

जा न, शिवदयाल ने उचककर कहा। बालिका सीढ़ियों से उतरने लगी। नीचे पहुँचकर वह फिर ठमकी। उसने शिवदयाल की ओर देखते हुए कहा, देख, तू चिन्ता मत कर, मैं उसे अपने साथ ही लिए जा रही हूँ। तू अब ठीक हो जायेगा। अब मैं जाती हूँ।

तो जाती क्यों नहीं। शिवदयाल ने झुंझलाकर कहा - बार-बार बता क्या रही है।

और बालिका सहसा अदृश्य हो गयी।

दूसरे ही पल शिवदयाल को एकदम से हलकापन अनुभव हुआ। लगा मानो सिर पर लदे बोझ से अचानक ही मुक्ति मिल गयी हो और इसके साथ ही एकाएक शिवदयाल की चेतना जागृत हो उठी। उन्होंने सोचा-कहीं स्वयं माँ शक्ति ही तो बालिका का रूप धारण करके नहीं आयी थी।

शिवदयाल तत्काल दौड़कर छलांक लगाते हुए सीढ़ियों से उतरे। सड़क पर

पहुँचकर उन्होंने चारों ओर निगाह दौड़ाई, लेकिन दूर-दूर तक कहीं भी बालिका की झलक दिखाई नहीं पड़ी। शिवदयाल वहीं ठगे से खड़े रह गये।

तभी मथुरा प्रसाद जी आ पहुँचे। उनके साथ एक साधु भी था। वह वहीं तान्त्रिक था, जिसे उन्होंने बाद में बुलवाया था। मथुरा प्रसाद जी ने साधु को इशारे से बताया कि यही उनका लड़का है, जो प्रेतबाधा से ग्रस्त है।

तान्त्रिक पलभर तक शिवदयाल की आँखों में आँखें गड़ाकर देखता रहा, फिर उसने कुठ अचरज के साथ कहा - मुझे तो इन पर भूत-प्रेत की कोई छाया नहीं दिख पड़ती।

शायद इस समय ठीक हो लेकिन अचानक ही दोरा-सा पड़ता है तब मुझे तो कुछ भी नहीं हुआ है बाबू। सहसा शिवदयाल एकदम सहज स्वर में बोल उठे, आपने नाहक ही साधु बाबा को कष्ट दिया।

लेकिन शिवदयाल के पिताजी उन्हें आग्रहपूर्वक घर में ले आयें। कमरे में पहुँचकर तान्त्रिक ने प्रथम मन्त्रोच्चार किया, लेकिन शिवदयाल पर कोई भी प्रतिक्रिया नहीं हुई। वह सहज बने बैठे रहे। अन्ततः तान्त्रिक ने पूरे विश्वास के साथ घोषण कर दी कि शिवदयाल पर किसी भी भूत-प्रेत की छाया नहीं है।

सभी इस घटना पर चमत्कृत थे कि शिवदयाल को लगा हुआ प्रेत अपने आप कैसे उतर गया। तान्त्रिक ने सारी बात सुनकर बताया कि ये लोग साधना कर रहे थे जिसमें प्रेतों ने अड़ंगा लगा दिया। इसी कारण माँ काली की शक्ति और प्रेतों के बीच टकराव हुआ। यह माध्यम बन गये। इसलिए इनको यह दशा भुगतनी पड़ी लेकिन माँ काली की कृपा से ही इन्हें उस प्रेत के चंगुल से मुक्ति मिल गयी।

उसी तान्त्रिक साधु शिवदयाल को एक ताबीज देकर उसे दायीं भुजा में बाँधने के लिए कहा। साथ ही उसने परामर्श दिया, आप अब साधना सिद्धि के चक्कर में मत पड़िए, इसी में आपका हित है।

तब से शिवदयाल ने साधना से अपने को विरत ही कर लिया। उसके बाद से शिवदयाल और उनके मित्र फिर कभी रात को शारदा मन्दिर में पूजा-साधना के निमित नहीं गये। हाँ, पर्व आदि विशेष अवसरों पर दिन में अवश्य दर्शन करने जाते रहते हैं।

शिवदयाल अब जबलपुर में व्यस्त कारोबारी गृहस्थी जीवन बिता रहे हैं।

भाग-3

पुनर्जन्म

विषय प्रवेश

कार्तिक के महीने की एक रात्रि है। एक झोपड़ी में एक वृद्धा सो रही है। झोपड़ी के बाहर एक छोटा-सा आँगन है जो पौधों और बेलों से घिरा हुआ है। आँगन के बीचोंबीच में एक गमले में तुलसी का पौधा है। एक कोने में एक दीया है, जिसमें इतना तेल भरा हुआ है कि रात-भर दीया जलता रहे।

मध्य रात्रि बीत चुकी थी। तुलसी ने दीये से कहा,

दीये रे दीये, कोई बात कहो, जिससे रैन कटे।'

दीया बोला, 'एक कहानी सुनाता हूँ।'

प्राचीन समय में एक थे राजा धृतराष्ट्र, जो जन्म से अन्धे थे। उसके सौ पुत्र थे, जिन्हें लोग कौरव कहते थे और पाँच भतीजे थे, जो पाँडव कहलाते थे।

'एक बार कौरवों और पाण्डवों में घमासान युद्ध हुआ। भगवान कृष्ण पाण्डवों की ओर थे। 18 दिन के घोर युद्ध में समस्त कौरव मारे गये और पाँचों पाण्डव बचे रहे। दोनों ओर के बहुत से सैनिक मारे गये। जीत पाण्डवों की ही हुई।

धृतराष्ट्र पुत्र-शोक में विह्वल थे। एक दिन उन्होंने कृष्णजी से पूछा, 'महाराज, मैंने ऐसा कौन-सा पाप किया था कि मेरे सौओं पुत्र मेरे सामने मारे गये? इस जन्म में तो मैंने ऐसा कोई पाप नहीं किया।'

कृष्णजी बोले, 'तुम स्वयं योगी हो। ध्यान लगाकर देखो। इस जन्म में न किया होगा तो किसी पिछले जन्म में किया होगा।'

धृतराष्ट्र ने समाधि लगाई। जब समाधि से उठे तो बोले, 'महाराज! मैं पिहले 100 जन्म का इतिहास देख गया हूँ, उनमें से किसी में भी मैंने ऐसा कोई पाप नहीं किया।'

कृष्णजी बोले, 'क्या तुम्हारे केवल 100 ही जन्म हुए हैं। उनसे पहले जन्मों का हाल भी तो देखो।

धृतराष्ट्र ने कहा, 'भगवान! इतनी मुझ में शक्ति नहीं है, जो 100 जन्मों से पहले की बात जान लूँ।'

कृष्णजी बोले, 'लो मैं तुम्हें दिव्य शक्ति देता हूँ। अब इसके सहारे फिर देखो।'

भगवान से दिव्य शक्ति पाकर धृतराष्ट्र फिर समाधिस्थ हुए। अब जो आँख खोली, भगवन! अब मैं समझ गया।

कृष्ण—क्या समझे?

धृतराष्ट्र—महाराज, आप तो त्रिकालदर्शी हैं। आपसे क्या छिपा हुआ है जो मुझसे पूछते हैं।'

कृष्ण—फिर भी, मैं तुम्हारे मुँह से सुनना चाहता हूँ।

तब धृतराष्ट्र ने इस प्रकार पिछला वृत्तान्त सुनाया।

महाराज! मेरे 140 जन्म पहले की बात है। मैं एक देश का राजा था। मुझे बागवानी का शौक था। प्रतिदिन बाग की सैर करने जाया करता था। बाग के बीच में एक सरोवर था। दर्जनों माली थे। सैकड़ों प्रकार के फूल और पौधे थे। चारों ओर बहार ही बहार दिखाई देती थी। जिधर निकल जाओ फूलों की महक दिल को मोह लेती थी।

एक दिन बाग की सैर कर रहा था कि एक हंस और हँसनी का जोड़ा आया और बोला, महाराज हम दोनों तीर्थ-यात्रा के लिए जा रहे हैं। हमारे सौ अण्डे हैं। पया इन्हें रख लीजिए। इनमें से बच्चे निकलेंगे। उन्हें पाल लीजिएगा। कुछ महीने में हम लोग तीर्थ-यात्रा से लौटेंगे तो वापस ले जायेंगे।

मैंने कहा, जहाँ राज्य में सैकड़ों जीव पलते हैं, तुम्हारे 100 बच्चे भी पल जायेंगे। मुख्य माली के पास रख जाओ।

हँसों का जोड़ा अपने 100 अण्डे मुख्य माली के पास रख कर चला गया। इधर मेरा बागवानी का शौक फीका पड़ गया। बाग में जाना छूट-सा गया। एक दिन रसोइये ने आकर कहा, महाराज, आज मांस नहीं मिला। शाकाहारी भोजन ही बनाना पड़ेगा। मैंने कहा, बिना मांस के भोजन में तो स्वाद नहीं आयेगा। एक बार फिर जाओ और कहीं न कहीं से मास लेकर आओ।

रसोइया गया और एक हंस का बच्चा ले आया। उसका मांस पकाकर खिलाया। बड़ा स्वादिष्ट लगा। मैंने रसोइये से कहा, इसी प्रकार का स्वादिष्ट मांस प्रतिदिन खिलाया करो।

रसोइया प्रतिदिन एक हंस का बच्चा ले आया करता था और पकाकर मुझे खिला दिया करता था।

कुछ महीने बाद हंसों का जोड़ा आया और मुझसे अपने बच्चे माँगने लगा। मैंने कहा कि बाग में जाकर माली से ले लो।

वह बोले, महाराज आप ही चल कर दिलवा दीजिए।

मैं उनके साथ बाग को गया। बाग की तो दशा ही बदल चुकी थी। अब तो पूरा जंगल ही बना हुआ था। चारों ओर झाड़-झंकाड़ ही दिखाई दे रहे थे। मैंने माली को बुलाकर कहा कि हंसों के बच्चे वापस दे दे।

माली बोला, बच्चे अब कहाँ? महाराज आपका रसोइया प्रतिदिन एक बच्चा ले जाया करता था। इस प्रकार सारे बच्चे समाप्त हो गये।

तब मेरा माथा ठनका। मैं हँस और हंसिनी से बोला, तुम्हारे बच्चे तो मेरे पेट में उतर गये। किन्तु यह अपराध मुझसे अनजाने में हुआ है। हो सके तो क्षमा कर दीजिये।

हँस बोला—भूल-चूक सबसे होती है। तुमने जानबूझ कर तो हमारे बच्चे खाये नहीं। धोखे में तुमसे यह पाप हुआ है। मैं तुम्हें क्षमा करता हूँ।

हँसनी बोली, यह तो क्षमा कर देंगे। किन्तु मैंने तो उन बच्चों को इतने दिन तक अपने पेट में रखा था। उनकी ममता तो मैं जानती हूँ। मैं कैसे क्षमा कर सकती हूँ। मैं तुम्हें शाप देती हूँ कि जिस प्रकार आज मैं अपने 100 बच्चों के लिए बिलख रही हूँ, उसी प्रकार तुम भी किसी दिन अपने 100 बच्चों के लिए फूट-फूट कर रोओगे।

कृष्णजी बोले—राजन! अब सब समझ में आ गया। अब मुझे सन्तोष हो गया।

यह कहानी सच्ची है या कपोल-कल्पित, इसका हमें पता नहीं। किन्तु इसका आधार है कर्म सिद्धान्त, आवागमन और पुनर्जन्म, यह आधार गलत नहीं है। कोई समय था जब पश्चिम के प्रायः सभी विद्वान हमारे इन सिद्धान्तों की खिल्ली उड़ाया करते थे और उनमें से अधिकतर अब भी उड़ाते हैं। किन्तु जिन्होंने तत्सम्बन्धी साहित्य पढ़ा है और इस प्रकार की घटनाओं की परीक्षा करके देख चुके हैं, वह मानते जा रहे हैं कि यह सिद्धान्त अटल सत्य है। इस प्रकार की सच्ची और परीक्षित घटनाओं की संख्या सहस्रों तक पहुँच चुकी है और उन्हें बड़े-बड़े दार्शनिक, वैज्ञानिक और मनोवैज्ञानिक ठोस प्रमाण की कसौटी पर कस चुके हैं। इसलिए घटनाओं को मिथ्या कहना सत्य से मुँह मोड़ लेना होगा।

बचपन में हम बहुत-सी कहानियाँ सुना करते थे जिनका आरम्भ सदैव कार्तिक के दीये से ही होता था। इस कार्तिक के दीये का बहुत महत्व है। हमारे पुर्वज हरेक बात में धार्मिक पुट देते थे ताकि लोग उसका अवश्य पालन करें। बहुधा लोग कार्तिक भर प्रतिदिन प्रायः नदी में स्नान करने जाते हैं। कार्तिक में शरद ऋतु आरम्भ ही होती है। यदि इसी महीने सुबह तड़के उठने और नदी में स्नान करने की आदत पड़ जाये तो जाड़ों भर निभ जाती है। अन्यथा, यदि कार्तिक में ही आलस्य ने आ घेरा तो जाड़ों पर इस कृत्य का आरम्भ होना कठिन हो जाता है।

कार्तिक के महीने का ही दूसरा कृत्य यह है कि धार्मिक वृत्ति के व्यक्ति विशेषकर स्त्रियाँ संध्या समय पीपल तले दीया जला आती हैं। पुराने समय में पेड़ अधिकतर बस्ती से थोड़ी दूर हुआ करते थे। दीया जलाने के बहाने स्त्रियों का दो-तीन किलोमीटर का टहलना हो जाता था। दीये में इतना तेल या घी डाला जाता था कि सारी रात जलता रहे। इससे एक लाभ यह होता था कि बटोहियों को मार्ग पर चलने में थोड़ी सुविधा हो जाती थी।

पीपल के दीये का एक रूपान्तर यह है कि संध्या समय बांस पर दीया रखकर बांस किसी ऊँचे स्थान पर खड़ा कर दिया जाता था। इसी को आकाश-दीप कहते थे। रिवाज बदलते-बदलते इस रूप में परिणत हो गया कि घर के अन्दर या बाहर दीया रख दिया जाता है जो रात-भर जलता रहता है।

जाड़ों की रातें लम्बी होती हैं। यही संकेत इस बात में निहित है कि 'कोई बात कहो, जिससे रैन कटे, हमारे विचार में 'कार्तिक के दीये' का और कोई आध्यात्मिक महत्व नहीं है।

अस्तु, अब हम अपने विषय पर लौटते हैं।

महाभारत में एक उपाख्यान शिखण्डी का आता है। अम्बा को भीष्म से बदला लेना था। अतः वह अगले जन्म में शिखण्डी का रूप धारण करके आयी थी।

हमारे धार्मिक ग्रन्थों में पुनर्जन्म के अनेक उपाख्यान मिलते हैं। यदि हम उन पर विश्वासन भी करें तो आजकल जो यदा-कदा समाचार-पत्रों में पुनर्जन्म की घटनाएँ निकलती रहती हैं, उनकी उपेक्षा कैसे कर सकते हैं? उन्हीं में से कुछ घटनाएँ हम इस पुस्तिका में देते हैं।

एक व्यक्ति बड़ा ही कंजूस था। एक दिन उसका एक मित्र उसे पुनर्जन्म और प्रेतयोनि की कहानियाँ सुना रहा था। सुन कर उसने कहा, क्या हरेक को प्रेत योनि में जाना पड़ता है? तो क्या मैं भी मरने के बाद प्रेत योनि में जाऊँगा।

मित्र बोला, मैं तो तुम्हें बता चुका हूँ कि किसी को भी लगातार दो जन्मों में एक सी योनि नहीं मिला करती।

परमानन्द

इस घटना का वर्णन वृहस्पतिवार, 25 अगस्त, 1949 की नार्दन इंडिया पत्रिका और अन्य अखबारों में भी निकला था। इसकी सत्यता में तनिक भी सन्देह नहीं है। जो निम्नलिखित परीक्षण किया गया उसमें मुरादाबाद के दर्जनों वकील, डॉक्टर, मास्टर, प्रोफेसर आदि सम्मिलित थे। मेरे स्वर्गीय भाई बा. राधेमोहन बी.ए. (पुजेरी गली, मुरादाबाद) ने मुझे बताया कि उन्होंने भी उक्त परीक्षा में योग दिया था और जो-जो बातें समाचार-पत्रों में दी गयी हैं, अक्षराः सत्य हैं। अपनी सत्वादिता के लिए वह अपने इष्ट-मित्रों और सम्बन्धियों में प्रसिद्ध थे। अतएव नीचे दी गयी कहानी की सत्यता में सन्देह करने की गुंजाइश नहीं है।

मुरादाबाद में कुमेटी घर के बगल में बिस्कुटों आदि की एक बड़ी दुकान है, जिसका नाम है 'मोहन ब्रदर्स'। तीन भाइयों में सबसे बड़े थे मोहन लाल, दूसरे परमानन्द। दुकान की एक शाखा सहारनपुर में भी थी। कुछ समय पहले एक तीसरी शाखा मुरादाबाद की ही सिविल लाइन में भी थी, किन्तु इस घटना के समय से पहले वह शाखा उठा दी गयी थी।

9 मई, 1943 को परमानन्द का सहारनपुर में स्वर्गवास हो गया। उसके ठीक 9 महीने 6 दिन बाद जिला बदायूं के बिसौली कस्बे के पं. बांके शर्मा एम.ए., शास्त्री के लड़का हुआ। शर्मा जी बिसौली के ही एक इण्टर मीडियेट कॉलेज में प्रोफेसर थे। संयोग की बात है कि इस लड़के का भी जन्म-कुण्डली में नाम परमानन्द ही निकला। किन्तु इसके बड़े भाई का नाम वर्मोद था, अतः लोग इसे प्रमोद कहने लगे।

प्रमोद ने बोलना आरम्भ ही किया था कि वह मोहन, मुरादाबाद और सहारनपुर के नाम लेने लगा। जब कुछ बड़ा हुआ तो स्पष्ट रूप से 'मोहन ब्रदर्स' कहने लगा। जब कभी उसके घर वाले मक्खन, बिस्कुट आदि बाजार से खरीदते थे, वह तुरन्त दुकान से गुजरता तो कहता कि मुरादाबाद में उसकी दुकान इससे भी बड़ी है। वह बार-बार अपने पिता जी से कहता था, 'मुझे मुरादाबाद ले चलो।' जब लोग उसे प्रमोद कह कर पुकारते, वह बिलख उठता कि, 'मेरा नाम परमानन्द है। मुरादाबाद में मेरे भाई, पत्नी, बेटे, बेटी सब हैं।

सन् 1949 के आरम्भ की बात है। बिसौली के लाला रघुनन्दन लाल मुरादाबाद में अपने एक सम्बन्धी के घर आयें। उन्होंने प्रमोद और मोहन ब्रदर्स का सारा किस्सा अपने उक्त सम्बन्धी को सुनाया, जिन्होंने मोहन लाल से जिक्र किया। मोहन

अपने कुछ भाई-भतीजों को लेकर जुलाई, 49 में बिसौली गये और प्रो. बांके लाल से मिले। प्रमोद उस समय किसी दूर के गाँव गया हुआ था। अतः उन्होंने बांके लाल जी से कहा कि कभी प्रमोद को लेकर मुरादाबाद आयें। यह निश्चय हो गया कि स्वतन्त्रता दिवस (15 अगस्त) पर वह प्रमोद को लेकर आयेंगे।

इधर मुरादाबाद की जनता में इस घटना से हलचल मच गयी थी। जनता कौतुहल से 15 अगस्त की बाट देख रही थी। उक्त दिन दर्जनों व्यक्ति शिक्षित, अशिक्षित, सगे सम्बन्धी और इष्ट-मित्र मोहन लाल के साथ रेलगाड़ी के समय स्टेशन पहुँचे। प्रमोद इससे पहले कभी मुरादाबाद नहीं गया था। गाड़ी से उतरते ही मोहन लाल की ओर दौड़ा और भाई साहब कहता हुआ उनके गले से लिपट गया।

प्रमोद को तांगे पर बिठाया गया। जब कुमेटी घर के समीप पहुँचा तब प्रमोद ने कहा, 'अब मेरी दुकान बिल्कुल पास है।' ताँगे वाला सधा हुआ था। वह 'मोहन ब्रदर्स' की दुकान छोड़कर आगे जाने लगा। तुरन्त प्रमोद ने कहा, तांगा रोको, मेरी दुकान तो यही है।

दुकान पर जाकर प्रमोद उस गद्दी पर बैठ गया, जिस पर परमानन्द के रूप में बैठा करता था, तब वह सोडावॉटर वाली मशीन पर गया और दिखाने लगा कि मशीन किस प्रकार चलाई जाती है। उसके पिता जी ने बताया कि इस जन्म में उसने ऐसी मशीन कभी देखी नहीं थी। प्रमोद मशीन चलाने लगा, किन्तु उसकी परीक्षा लेने के लिए पानी का सम्बन्धन (कनैक्शन) जानबूझ कर तोड़ दिया गया था। जब उसने देखा कि सोडावॉटर तैयार नहीं हो रहा है तो बोला कि 'पानी का सम्बन्धन टूट गया है।'

अब प्रमोद से कहा गया, अपने मकान चलो। मकान सामने ही ऊपर के खण्ड पर था। प्रमोद दौड़ा गया और जीने पर चढ़ कर कमरे में पहुँचा। उसकी पिछले जन्म की पत्नी बैठी हुई थी। उसे देखते ही बोला, अरे तुमने चूड़ियाँ क्यों तोड़ डाली हैं, मैं तो जिन्दा हूँ। यह सुनते ही स्त्री फूट-फूट कर रोने लगी। उसने घर की सब स्त्रियों को भी पहचाना और पिछले जीवन की कई घटनाएँ सुनाईं। सबने कहा कि सारी घटनाएँ सत्य हैं। जब उसने कहा, इस स्थान पर हम सब भाई नींबू का शरबत आदि पिया करते थे, तो भाइयों की आँखों से अश्रु धारा बहने लगी।

परमानन्द के एक भाई लगते थे, कर्मचन्द जिनका एक, 'विक्ट्री होटल' मुरादाबाद में ही था। प्रमोद ने उस होटल में जाने की इच्छा व्यक्त की। सब लोग उसको साथ लेकर चले। यहाँ भी वह मार्ग बताता चल रहा था। वह सीधा उक्त होटल पहुँच गया। जब उसे ऊपर के खण्ड पर ले गये तो उसने कहा, यह कमरे नये बने है। वास्तव में था भी ऐसा ही।

मुरादाबाद के प्रसिद्ध रईस श्री नन्द लाल सरण उसे अपनी कार में मेस्टन पार्क ले गये और उससे कहा कि बताये कि मोहन ब्रदर्स की सिविल लाईनस वाली

शाखा कहाँ पर थी। वह उक्त स्थान पर ले गया। रास्ते में वह कई इमारतों को पहचान कर उनके नाम बताता गया। इलाहाबाद बैंक, जल कल शाला, जिला जेल इत्यादि। मार्ग में उसने ऐसे कई व्यक्तियों को भी पहचाना, जो उसकी दुकान पर आया करते थे।

16 अगस्त को आर्य समाज में एक सार्वजनिक सभा हुई, जिसमें बांके लाल जी ने बताया कि बचपन में उस लड़के की स्मरण-शक्ति का किस प्रकार विकास हुआ था।

प्रमोद किसी प्रकार भी मुरादाबाद से जाने को तैयार नहीं था। 17 तारीख को उसे सोते-सोते ही उठाकर रेलगाड़ी पर ले गये। उसने जितनी भी बातें बताई थीं, उसमें बाल-भर भी अन्तर नहीं था और उत्तर देने में कभी एक बार भी न झिझका, न सकुचाया।

एक बालिका की कहानी

बलिया जिले के गाँव गोन्हिया छपरा के एक निवासी हैं, श्री हरेन्द्र लाल, जो कचहरी में काम करते हैं। सन् 1957 में उनकी एक कन्या 'आशा' का होली से पाँच-छः दिन बाद स्वर्गवास हो गया था। मरने के समय आशा की अवस्था छह वर्ष थी।

बलिया की उषा कम्पनी के व्यवस्थापक श्री भगवती अग्रवाल हैं। फरवरी 1958 में उनके घर भरतपुर के बयाना गाँव में एक कन्या ने पदार्पण किया, जिसका नाम गायत्री रखा गया। जब वह चार वर्ष की हुई तब से उसने श्री अग्रवाल जी से कहना आरम्भ किया, मुझे मेरे पिता जी के पास ले चलिए।

गायत्री के कथनानुसार श्री अग्रवाल उसे श्री हरेन्द्र लाल के मकान पर ले गये। वहाँ पहुँचकर उसने हरेन्द्र लाल को अपना पिता और उनकी पत्नी को अपनी माता बताया।

सन् 1962 में होली के दिन जब श्री अग्रवाल ने गायत्री को एक नयी फ्रॉक पहनने को दी, तो वह रोने लगी। उसने कहा कि, यह मेरी फ्रॉक नहीं है। मेरी फ्रॉक तो मेरे पिता जी के घर बक्से में रखी हुई है। अग्रवाल जी हरेन्द्र लाल के पास गये। उससे पूछने पर पता चला कि होली के अवसर पर वह बीमारी के कारण यह नयी फ्रॉक नहीं पहन सकी थी। उसके बाद ही उसका स्वर्गवास हो गया। नयी फ्रॉक हरेन्द्र लाल जी के बक्से में अब भी रखी हुई है।

यह कथा सुनकर कुछ पत्रकार गायत्री से साक्षात्कार करने अग्रवाल जी के घर गये। उसने अपनी पूर्व जन्म की एक सहेली का नाम सुशीला बताया। पता चला कि वास्तव में सुशीला अभी तक विद्यमान है। चार वर्ष की अवस्था में ही गायत्री ने गायत्री का पाठ करके पत्रकारों को चकित कर दिया।

इस बालिका को देखने प्रतिदिन सैकड़ों नर-नारी आते थे और यह तांता महीनों चलता रहा।

(साभार, 2 अप्रैल, 1962 के 'आज')

एक बालक की कहानी

मथुरा जिले के छाता नगर के एक साधारण दुकानदार हैं, श्री ब्रजलाल वार्ष्णेय। जब उनका लड़का प्रकाश पाँच वर्ष का हुआ, तभी से वह कहने लगा, मैं मथुरा-दिल्ली मार्ग पर स्थित कोसीकलाँ के श्री भोला नाथ जैन का पुत्र हूँ। मेरे पिता जी की बिसातवाने की दुकान है। दस वर्ष की अवस्था में चेचक से मेरी मृत्यु हो गयी।

प्रकाश बहुत बार अपने पिता जी से हठ करता था कि उसे कोसीकलाँ ले जायें। कई बार वह कोसीकलाँ की ओर भागा भी किन्तु उसके पिता उसे पकड़ लाये। एक बार उसे बहलाने के लिए उसके पिता उसे मथुरा वाली बस में बिठाकर ले चले। किन्तु जैसे ही बस चली, प्रकाश बोला, यह बस तो मथुरा जा रही है। कोसीकलाँ तो दूसरी ओर है।

बालक का हठ रखने के लिए उसके पिता जी एक दिन वास्तव में उसे कोसीकलाँ ले गये। वहाँ पहुँचते ही उसने अपने पिछले जन्म के पिता जी की दुकान और मकान को तथा पड़ोसियों को पहचान लिया। उस समय श्री भोला नाथ जैन परिवार सहित कहीं बाहर गये थे। जब लौटे तो उन्होंने सारी कथा सुनी। वह अपनी पुत्री रत्नदेवी को साथ लेकर छाता पहुँचे। देखते ही बालक ने उन्हें और अपनी बड़ी बहन को पहचान लिया और फूट-फूटकर रोने लगा। श्री जैन और रत्नदेवी भी प्रेमाश्रु बहाने लगे।

भोला नाथ की इच्छा थी कि प्रकाश को कुछ दिन के लिए कोसीकलाँ ले जायें। किन्तु इसके लिए वार्ष्णेय जी राजी नहीं हुए। तत्पश्चात् बालक की हठ पर वह 14 जुलाई को फिर उसे कोसीकलाँ ले गये। उसके पहुँचने की खबर पहले ही फैल गयी थी और उसे देखने के लिए वहाँ लगभग 10,000 व्यक्तियों की भीड़ जमा हो गयी थी। सबके सामने प्रकाश ने अपनी पिछली माता, परिवार के अन्य लोगों और पड़ोसियों को पहचान लिया। एक अचरज की बात यह थी कि प्रकाश और रत्नदेवी के चेहरे एक दूसरे से बहुत कुछ मिलते थे।

भोला नाथ जी ने प्रस्ताव किया कि वह अपने खर्चे से प्रकाश को शिक्षा दिलायें, किन्तु इसके लिए वार्ष्णेय जी सहमत नहीं हुए। उन्होंने कहा कि वह उसे यथाशक्यि स्वयं ही शिक्षा दिलायेंगे।

(साभार, 'लीडर', 20 जुलाई, 61 और 'आज', 21 जुलाई, 61)

शरीर में आत्मा का प्रवेश

मार्च 1960 की बात है। मुजफ्फरनगर जिले के रसूलपुर के श्री गिरधारी सिंह जाट का तीन वर्ष का पुत्र जसबीर चेचक के रोग में संध्या 6 बजे मर गया। दूसरे दिन सवेरे चार बजे उसका शव श्मशान ले जाने के लिए उठाने लगे तो उसमें कुछ कम्पन हुआ और वह जीवित हो गया। उसने कहा कि 'मैं तो बहेड़ी गाँव के शंकर त्यागी का लड़का हूँ। वह लड़का भी कुछ देर पहले रथ से गिरकर मरा है।

बहेड़ी गाँव रसूलपुर से लगभग 25 किलोमीटर दूर है। सब लोग उसकी बात सुनकर अचरज में पड़ गये। उन्होंने इस बात का पता लगाने के लिए तुरन्त एक आदमी बहेड़ी गाँव भेजा। बात सच निकली।

इस लड़के को देखने के लिए बहेड़ी गाँव से शंकर त्यागी और उनके घर वाले रसूलपुर आयें। उनके आते ही लड़के ने उन सभी को पहचान कर उनके नाम बताये।

फिर सब लोग उस लड़के को बहेड़ी गाँव ले गये। उसने वहाँ तुरन्त अपना घर पहचान लिया और उसके अन्दर घुस गया।

(साभार, 'नवभारत टाइम्स', नयी दिल्ली, 30 मई, 1965)

दो जन्मों की स्मृति

मध्यप्रदेश के मुख्यमन्त्री डॉ. कैलाश नाथ काटजु ने अपने हाल के संक्षिप्त जबलपुर प्रवास के अवसर पर 6 जुलाई को छत्रपुर की 11 वर्षीय विचित्र ब्राह्मण बालिका कुमारी स्वर्णलता मिश्र से भेंट की, जो अपने गत दो जन्मों का हाल बताने का दावा करती है। ऐसा कहा जाता है कि पिछले दिनों देश के विभिन्न प्रमुख पत्रों में स्वर्णलता की सचित्र कहानी के प्रकाशन के उपरान्त डॉ. काटजु स्वयं उसे देखने के इच्छुक थे। संसद सदस्य सेठ गोविन्द दास ने भी इस बालिका के विषय में मुख्यमन्त्री से चर्चा की थी जब उन्होंने उनको अपने जबलपुर स्थित निवास स्थान पर बुलाया था।

डॉ. काटजु जब भोजनोपरान्त सेठ गोविन्द दास के महल से राजकीय भवन लौटे तो उन्होंने स्वर्णलता को उसके पिता श्री एम.एल. मिश्र और मामा श्री रंगनाथ पाठक के साथ बुलाया। श्री मिश्र छतरपुर में इस समय शिक्षा विभाग में हैं। स्वर्णलता से डॉ. काटजु की लगभग 40 मिनट बातचीत हुई। उस समय भवन में निम्न महानुभाव भी उपस्थित थे।

1. विधान सभा के अध्यक्ष तथा जबलपुर विश्वविद्यालय के कुलपति श्री कुंजी लाल दुबे।
2. विधान सभा के सदस्य श्री काशी प्रसाद पाण्डे।
3. सम्भागीय आयुक्त श्री छदामी लाल गुप्त।
4. जिलाधीश श्री रमेश चन्द्र मिश्र।

डॉ॰ काटजु ने स्वर्णलता से उसके पिछले दो जन्मों के विषय में पूछताछ की। इस 11 वर्षीय बालिका की असाधारण तथा तीव्र स्मरण-शक्ति को देखकर मुख्यमन्त्री प्रभावित हुए। स्वर्णलता ने उनको भावभंगिमा और मुद्राओं के साथ आसामी भाषा के कई गीत और नृत्य दिखाए। यह बात ध्यान देने योग्य है कि बालिका इस जन्म में न तो कभी आसाम या पश्चिमी बंगाल ही गयी है और न ही उसे घर में अथवा किसी स्कूल में संगीत की शिक्षा ही दिलाई गयी।

(साभार, 'आज', 13 जुलाई, 1960)

नौ वर्ष का बालक

दिल्ली के आसफअली मार्ग पर एक पेट्रोल पम्प है, जिसके व्यवस्थापक का पुत्र गोपाल है। जब वह दो वर्ष का हुआ तभी से इसने अपने पिछले जन्म की घटनाओं की चर्चा आरम्भ कर दी। उसने अपने पिता जी से कहा, मेरे पिता जी शक्ति प्रसाद मथुरा में रहते हैं। सन् 1948 में जब मैं 25 वर्ष का था, एक दिन मेरे छोटे भाई ने, घर की फैक्ट्री में गोली मार कर मेरी हत्या कर दी। हत्या का कारण जायदाद का झगड़ा था।

पहले तो गोपाल के पिता जी ने उसकी बात सुनी-अनसुनी कर दी। किन्तु जब उसने वही कहानी बार-बार सुनाई तो उन्होंने उस पर विशेष ध्यान दिया। वह उसे एक दिन मथुरा ले गये। उसने अपने मकान और दुकान को पहचान लिया। इससे पहले वह कभी मथुरा नहीं गया था। तिस पर भी वह स्वयं रास्ता बताता चला जा रहा था। उसके पिछले जन्म का एक मित्र एक चित्रावली ले आया, उसमें उसने अपने परिवार के सब सदस्यों को पहचान लिया। उसने दीवार पर टंगे चित्रों को पहचान कर उक्त व्यक्तियों के नाम भी बताये।

गोपाल ने अपने पिछले जन्म की माता को भी पहचाना, किन्तु उसने उसकी वन्दना नहीं की। उसने बताया कि, मेरा इसका झगड़ा हो गया था। मैंने इससे 5000 रुपये माँगे थे। इसने मुझसे कहा कि तुम फैक्ट्री में से ले लो। मैं फैक्ट्री गया और वहीं मेरे छोटे भाई ने मुझे गोली से मार दिया।

पूछताछ से पता चला कि यह सब बातें सच थीं। हत्या 1928 में हुई थी। गोपाल का जन्म उसके आठ वर्ष बाद हुआ था। किसी ने पूछा कि उसने बीच के आठ वर्ष कहां और किस प्रकार बिताये थे, तो उसने उत्तर दिया, "मुझे मालूम नहीं।"

(साभार, 'अमृत बाजार', पत्रिका, 25 मार्च, 1965)

दस वर्षीय बालक

यह कहानी गाजियाबाद के एक आयकर अधिकारी के पुत्र सुभाष की है। अधिकारी ने बताया कि 5-6 वर्ष पहले वह बरेली में नियुक्त थे।

सुभाष कभी-कभी कपड़ा बिछाकर नमाज की मुद्रा बनाकर बैठ जाता था। एक दिन उसका अपने भाई से कैरमबोर्ड के विषय में झगड़ा हो गया। उसी समय सुभाष की पूर्वजन्म की स्मृति जागृत हो गयी। उसने कहा, मैं कोई गरीब थोड़े ही हूँ। मेरे लखनऊ में 90 हजार रुपये रखे हुए हैं। एक नहीं, हजार कैरमबोर्ड मँगा लूँगा।

यह कहकर उसने कैरमबोर्ड फेंक दिया।

उसी दिन से सुभाष ने अपने पिछले जन्म की बातें बतानी आरम्भ कर दीं। कहानी इस प्रकार है—

मैं पिछले जन्म में एक अमीर मुसलमान था। मेरा नाम जान मुहम्मद खाँ था और पत्नी का नाम सूफिया खानम। आयकर बचाने के लिए मैंने घर में 90,000 रुपया रख छोड़ा था। इसके अतिरिक्त स्टेट बैंक में अपनी पत्नी के नाम से एक अलग खाता भी खोल रखा था। लखनऊ में मेरा मकान था और यू.एस.जे. 3279 नम्बर की कार थी। मेरी दो लड़कियाँ थीं और मेरे दो लड़के उस्मानिया विश्वविद्यालय, हैदराबाद में पढ़ते थे।

मैं एक तिमंजिले मकान की छत पर था। एक बन्दर से बचने के लिए दौड़ा, छत से गिरा और मृत्यु हो गयी।

सुभाष के माता-पिता उसे लखनऊ ले गये। जाँच करने पर पता चला कि यह सारी बातें सच थीं। जब वह 7-8 वर्ष का था, तभी से अपनी पिछली पत्नी को पत्र लिखा करता था। पत्र लिखकर फाड़ दिया करता था। पत्नी से मिलने के लिए उत्सुक भी रहता था। किन्तु अब उसे बातों में कोई रुचि नहीं है।

(साभार, 'आज', 7 अगस्त, 1970)

'पुनर्जन्म' की अद्भुत कहानी

बोधगया से लगभग आठ किलोमीटर दूर हवाई अड्डे के पास एक गाँव है, जहाँ मुख्यतः क्षेत्रिय जाति वालों का निवास है। इस गाँव में 1957 में एक बालक पैदा हुआ। बोलने योग्य हुआ तो अपनी मातृभाषा के बदले किसी दूसरी भाषा में बोलने लगा। इस पर उसके घर वालों को बड़ा अचरज हुआ।

बहुधा वह लड़का अपनी माँ से कहता, मेरी माँ लंका में है। वहाँ मेरे गुरु और बड़े भाई भी हैं, जो चश्मा लगाते हैं, बड़ा होने पर मैं वहाँ जरूर जाऊँगा।

उसके घर वालों ने इन बेतुकी बातों पर कोई ध्यान नहीं दिया। जब बच्चा चार साल का हुआ तो लंका से एक बौद्ध भिक्षु उस गाँव में आया। उसने उक्त बालक के घर वालों से मिलने की अभिलाषा व्यक्त की। लोगों के पूछने पर उसने बताया, सन् 1955 में मेरे एक गुरुभाई की मृत्यु हो गयी। मैंने 'नाड़ी' नामक ग्रन्थ से उसके पुनर्जन्म का पता चलाया तो मालूम हुआ कि बच्चा इसी गाँव में पैदा हुआ है। उसी की खोजबीन में मैं यहाँ तक आया हूँ।

उस बालक को भिक्षु के पास ले गये। देखते ही वह उसकी गोद में जा बैठा। जब भिक्षु वापस जाने लगा तो बालक की आँखें डबडबा आयीं। बहुत से लोग इस बालक के दर्शन करने आते हैं।

(साभार, 'आज', 19 जनवरी, 1961)

जन्म-मरण की पहेली

सन्तराम

मैं होशियारपुर जिले के गाँव, पुरानी बसी का निवासी हूँ। मेरे गाँव से लगभग पचास किलोमीटर की दूरी पर जेजों नाम का एक बड़ा गाँव है। वहाँ एक व्यक्ति रहता था, जिसकी पत्नी का देहान्त हो गया था। घर का सारा काम-काज उसकी पुत्री चन्द्रानन किया करती थी। वह उस समय दस-बारह वर्ष की थी। सहसा वह भी बीमार पड़ गयी और खाट से लग गयी। जब वह भी मरणासन हो गयी तब उसका पिता उसके सिरहाने बैठकर फूट-फूटकर रोने लगा। चन्द्रानन ने पूछा, पिता जी, क्यों रो रहे हो? पिता ने कहा, अब तू भी मुझे छोड़कर जा रही है। तुझे कहाँ पाऊँगा?

चन्द्रानन ने उत्तर दिया, पुरानी बसी से थोड़ी दूर पर नन्दन नाम का गाँव है। वहाँ की केसरी चमार स्त्री की कोख से मैं जन्म लूँगी। इतना कहते ही चन्द्रानन की आँखें पथरा गयीं। उसके निकट सम्बन्ध की एक स्त्री पुरानी बसी में रहती थी। वह सम्वेदना के लिए आयी तो चन्द्रानन ने उससे केसरी चमार के विषय में पूछा। उसने उत्तर दिया कि उसके गाँव में तो चमारों का कोई घर है ही नहीं, किन्तु पास के नन्दन गाँव में चमारों के कई घर हैं। न तो चन्द्रानन का पिता कभी पुरानी बसी गया था, न नन्दन गाँव। उसने उक्त स्त्री शिवदेवी को सारी बात सुनाई। शिवदेवी ने जेजों लौटकर चन्द्रानन वाली बात मुझे बताई। मैंने पता चलाया तो मालूम हुआ कि नन्दन गाँव के रत्नसिंह चमार की पत्नी का नाम केसरी है। उसका विवाह हुए अभी डेढ़ वर्ष हुआ है और वह गर्भवती है।

कुछ महीने बाद केसरी के एक लड़की हुई। चन्द्रानन के पिता उसे कपड़े देने गया। लड़की का नाम स्वर्णकौर रखा गया। आश्चर्य की बात यह है कि उसने कभी अपने पूर्वजन्म के विषय में किसी को कुछ नहीं बताया।

(साभार, 'नवनीत', जनवरी, 1966)

शान्ति देवी

यह लड़की कहती थी कि उसका एक पिछला जन्म भी हो चुका है। सन्देहवादी वैज्ञानिकों ने उसका परीक्षण किया, बहुतेरी माथापच्ची की और अन्त में हार मान ली। न उनके पास उसके तथ्यों का कोई उत्तर था, न उसे झूठ कर सकते थे।

शान्ति देवी का जन्म दिल्ली के एक मध्यम परिवार में 1926 में हुआ था। उसके माता-पिता शान्तिपूर्वक जीवन बिता रहे थे। जब उसका जन्म हुआ और उसके जन्म के साथ कोई विशेष बात नहीं हुई, जिससे वह यह समझते कि इस लड़की में बाद में कोई विलक्षणता दिखाई देगी।

ज्यों-ज्यों शान्ति का पदार्पण किशोरावस्था में हुआ, उसकी माँ ने देखा कि वह कुछ उद्विग्न रहती है। उसे एकान्तवास पसन्द था और वह बहुधा किसी काल्पनिक व्यक्ति से बातें किया करती थी।

जब शान्ति सात वर्ष की होने को आयी तब उसके माता-पिता को सन्देह होने लगा कि उसके मस्तिष्क में कोई विकार तो नहीं है। उसी वर्ष उसने अपनी माँ को बताया कि वह पिछले जन्म में मथुरा नगरी में ही रहती थी। उसने उस मकान का भी विवरण दिया, जिसमें वह रही थी।

शान्ति की माँ ने उसके पिता से उल्लेख किया। पिता उसे एक डॉक्टर के पास ले गया जिसने बहुत-सी पूछताछ की। जब बच्ची ने अपनी विलक्षण कहानी सुनाई तो डॉक्टर ने अपनी गर्दन हिलाई और कहा, यदि वह मस्तिष्क का विकार है तो बहुत ही विलक्षण है और यदि ऐसा नहीं है तो क्या है, वह मैं सोचने से भी डरता हूँ। उसने शान्ति के पिता से कहा कि थोड़े-थोड़े दिन बाद वह उससे इसी प्रकार के प्रश्न करते रहें और यदि वह कहानी पर अड़ी रहे तो फिर उसे डॉक्टर के पास लायें।

शान्ति ने अपनी कहानी में कोई हेर-फेर नहीं किया। जब वह नौ वर्ष की हुई, उसके माता-पिता को विश्वास हो गया कि उसका मस्तिष्क विकृत है। अतएव उन्होंने उसकी किसी भी बात पर अचरज करना छोड़ दिया। 1935 में शान्ति ने अपने माता-पिता को बताया कि वह पिछले जन्म में मथुरा में रहती थी, उसका विवाह हो चुका था और उसके तीन बच्चे भी थे। उसने बच्चों का विवरण दिया और उनके नाम बताये और यह भी बताया कि पिछले जीवन में उसका नाम लुद्गी था। उसके माता-पिता अपने रंज को पी जाते थे और प्रकट रूप से मुस्करा कर रह जाते थे।

एक दिन संध्या समय शान्ति और उसकी माँ भोजन तैयार कर रही थी कि किसी ने दरवाजा खटखटाया। शान्ति उसे खोलने के लिए दौड़ी। अब उसे गये काफी समय हो गया और वह नहीं लौटी तो माँ को बड़ा अचरज हुआ। उसने जाकर देखा कि एक अपरिचित व्यक्ति दरवाजे की पौड़ियों पर खड़ा है और शान्ति उसे घूर कर देख रही है। शान्ति ने कहा, माँ, यह मेरे पति के चचेरे भाई लगते हैं। यह भी मथुरा में ही, हमारे घर से थोड़ी दूरी पर रहते हैं।

वह व्यक्ति वास्तव में मथुरा का ही निवासी था। शान्ति के पिता से कोई व्यापारिक बातचीत करने आया था। उसने शान्ति को नहीं पहचाना, किन्तु उसने बताया कि उसके एक चचेरे भाई हैं, जिनकी पत्नी का नाम लुद्‌गी था। वह दस वर्ष पहले प्रसव में मर गयी थी। माता-पिता ने उसे शान्ति वाली कहानी सुनाई। उसने कहा कि वह अपने भाई को दिल्ली लायेगा और देखेगा कि शान्ति उसे पहचानती है या नहीं।

लड़की को इस विषय में कुछ नहीं बताया गया। किन्तु जब वह व्यक्ति आया, तो शान्ति उससे लिपट गयी और रो-रोकर बोली कि वही उनके पति थे, जो उसे दुबारा मिल गये। पति भी आश्चर्यचकित रह गया। तब वह सब लोग नगर के अधिकारियों के पास गये और उन्हें अपनी विलक्षण कहानी सुनाई। भारत सरकार ने वैज्ञानिकों की एक विशेष समिति बनाई जो उस मामले की छानबीन करे, जिस पर अब तक सारे राष्ट्र का ध्यान केन्द्रित हो चुका था।

क्या शान्ति वास्तव में लुद्‌गी का ही नया रूप थी?

वैज्ञानिक शान्ति को मथुरा ले गये। ज्योंही वह रेलगाड़ी से उतरी, उसने अपने पिछले जन्म के सास और जेठ को पहचान लिया और उनके नाम भी बता दिये। यह भी अचरज की बात थी कि वह अपने सास-ससुर से मथुरा की स्थानीय बोली में ही बात करने लगी। यद्यपि उसे (इस जन्म के) माता-पिता ने केवल हिन्दुस्तानी सिखाई थी।

हतबुद्ध वैज्ञानिकों ने अपना परीक्षण जारी रखा। उन्होंने लड़की की आँखों पर पट्टी बाँध दी और उसे एक गाड़ी में बिठा दिया। पास में आप भी बैठ गये। वह बिना किसी हिचकिचाहट के चालक को रास्ता बताती गयी। नगर में जो भी विशेष स्थान पड़ते गये, उनका वर्णन करती गयी और अन्त में एक तंग गली के सिरे पर उसने कहा कि गाड़ी रोक दो। उसने कहा, हम लोग इसी मकान में रहते थे। जब उसकी आँखों की पट्टी खोली गयी, उसने देखा कि मकान के सामने एक बूढ़ा गुड़गुड़ा रहा है।

उसने सबसे कहा, यही मेरे ससुर थे। और वास्तव में वही लुद्‌गी का ससुर था।

शान्ति ने अपने दोनों बड़े बच्चों को पहचान लिया, किन्तु सबसे छोटे को नहीं पहचाना, जिसके प्रसव में उसकी जान गयी थी।

वैज्ञानिक अपनी टीका में बड़े सावधान थे। उन्होंने कहा कि इसमें सन्देह नहीं कि जो बच्ची दिल्ली में पैदा हुई थी, उसे मथुरा की एक लड़की की जीवनी याद थी। यहाँ तक कि छोटी बातें तक। उन्होंने कहा कि इस मामले में कोई धोखाधड़ी नहीं है, किन्तु जो कुछ उन्होंने देखा है, उसका कोई उत्तर उनके पास नहीं है।

शान्ति देवी नयी दिल्ली में एक सरकारी कर्मचारी के रूप में सुख के साथ अपना जीवन बिता रही हैं। उनकी सारी कहानी लिखित प्रमाण सहित सरकारी और डॉक्टरी फाइलों में विद्यमान हैं। 1958 में उसने चिकित्सा विशेषज्ञों को बताया कि अब उसने अपने वर्तमान जीवन में समझौता कर लिया है। अब अतीत की चिन्ता उसे नहीं सताती।

शान्ति देवी का जीवन वैज्ञानिकों के लिए एक ज्वलन्त पहेली है।

दुहरी भविष्यवाणी

अमेरिका के एक सम्भ्रान्त व्यक्ति को एक अमेरिकन वृद्ध महिला का पता चला जो भविष्यवक्ता थी। वह जाकर उससे यों ही मिला। वृद्धा ने उसे बताया कि पिछले जन्म में उसका एक छोटा भाई था, और दोनों भाई एक-दूसरे को बहुत प्यार करते थे। उसने यह भी बताया कि इस जन्म में उसका भाई सिख है, जो हिन्दुस्तान में रहता है। उसका नाम 'ग' से आरम्भ होता है, और ज्यों ही वह हिन्दुस्तान जायेगा, उसकी अपने भाई से भेंट हो जायेगी।

कुछ महीने बाद उक्त अमेरिकन को एक काम से मनीला जाना पड़ा। वहाँ जाने पर उसे पता चला कि नगर से कुछ दूरी पर एक महिला रहती है जो भविष्य बताती है। वह उससे जाकर मिला। उक्त महिला ने भी अक्षरशः वही बातें बताईं, जो अमेरिकन महिला ने बताई थीं।

जब उसे विश्वास हो गया कि यह केवल संयोग की बात नहीं है कि दोनों भविष्यवाणियाँ बिल्कुल एक सी हैं। अतः उसने अमेरिका लौटने का विचार छोड़ दिया और हिन्दुस्तान पहुँच गया। वह दिल्ली में पर्यटन विभाग में गया और ताजमहल आदि देखने के लिए एक मोटर कार किराये पर ली। कार चालक एक सिख था, जिसका नाम था 'गुरमीत सिंह'। अमेरिकन को विश्वास हो गया कि वही उसके पिछले जन्म का भाई है। यात्रा की समाप्ति कर उसने चालक को उचित किराये से कहीं अधिक दिया और उसका पता लिख लिया। गुरमीत सिंह ने समझा कि कोई उदार हृदय व्यक्ति है, उसने इस बात को इससे अधिक कोई महत्व नहीं दिया। अब दोनों में पत्राचार होने लगा। उसने गुरमीत की बहन के विवाह के उपलक्ष्य में अच्छा खासा द्रव्य भेजा। तत्पश्चात् उसे भविष्यवाणियों की बात बता दी और अमेरिका आने का निमन्त्रण दिया। उसने गुरमीत की परिवार सहित अमेरिका आने में काफी सहायता की। अब दोनों भाई साथ-साथ रहते हैं और बड़े सुख से जीवन-यापन कर रहे हैं। गुरमीत की अपने बड़े भाई में बड़ी भक्ति है किन्तु उसने कभी उसकी उदारता से अनुचित लाभ नहीं उठाया।

(साभार, 'दैनिक हिन्दुस्तान टाइम्स', दिल्ली, शुक्रवार, 22 जुलाई, 1983)

कटी टाँग

एक सज्जन अपने एक सम्बन्धी के साथ पंजाब के आन्तरिक अंचल में एक बस में यात्रा कर रहे थे। एक विशिष्ट स्थान पर पहुँच कर उक्त सम्बन्धी ने चालक से तुरन्त बस को रोकने को कहा, यद्यपि उसका गन्तव्य स्थान अभी बहुत दूर था। वह बस से उतर कर खेतों में भागा और जोर से चिल्लाने लगा। इन लोगों ने मेरी टांगें तोड़ दीं। मैं मानसिंह को नहीं छोड़ूँगा। मेरी बन्दूक कहाँ है।

यह कहते हुए वह पुलिस थाने की ओर दौड़ा। उसने उस क्षेत्र को पहले कभी नहीं देखा था किन्तु वह इस प्रकार सड़कों पर दौड़ रहा था मानो उस क्षेत्र के चप्पे-चप्पे से भली-भाँति परिचित हो। थाने पर पहुँच कर उसने चारों ओर दृष्टि दौड़ाई और पुलिस के कर्मचारियों से बोला, यहाँ का तो नक्शा ही बदल गया है। मेरा कमरा यहाँ पर था, कहाँ चला गया और मेरी बन्दूक कहा है। मैं उसे यहीं पर तो टाँगा करता था। उक्त सज्जन उसके पीछे-पीछे आ रहा था। वह बिल्कुल नहीं समझा कि मामला क्या है।

छानबीन करने पर एक बूढ़े द्वारा उसे पता चला कि लगभग 50 वर्ष पहले उस क्षेत्र में शातिर डाकू रहा करते थे। उनके सरदार का नाम मानसिंह था। थाने का अफसर बड़ा कर्त्तव्यनिष्ठ था। उसने डटकर डाकुओं का सामना किया, परन्तु उन लोगों ने उसकी एक टाँग के दो टुकड़े कर दिये। जिस पर भी उसने कसम खाई कि डाकुओं का सफाया करके छोड़ेगा। किन्तु कुछ ही दिनों में उसकी मृत्यु हो गयी।

तत्सम्बन्धी व्यक्तियों के जो नाम उक्त बूढ़े ने बताये थे, वे बिल्कुल वही थे, जो उस यात्री ने लिए थे। कहानी का विस्तृत विवरण भी एक दूसरे में बिल्कुल चस्पा हो जाता था। उक्त सज्जन को पूरा विश्वास है कि उसका सहयात्री एक पिछले जन्म का, वही थाने का अफसर था।

(साभार, 'दैनिक हिन्दुस्तान टाइम्स', दिल्ली, शुक्रवार, 22 जुलाई, 1983)

दो पूर्व जन्मों की यादें संजोए है सिम्मी

सिम्मी अब दस वर्ष की हो गयी है किन्तु अपने में अभी तक एक नहीं, अपितु दो पूर्व जन्मों की यादें भली-भाँति संजाये है।

2 फरवरी, 1976 को सिम्मी का जन्म श्री ईश्वरी दत पाठक के घर पंजाब के एक कस्बे नंगल में हुआ था। उस समय श्री पाठक जन-स्वास्थ्य उपमंडल में एक साधारण क्लर्क थे। जब सिम्मी पौने तीन साल की हुई तो अक्सर खोई खोई रहने लगी। माँ-बाप की परेशानी बढती रही क्योंकि परिवार की आर्थिक स्थिति अच्छी नहीं थी और इस पर सिम्मी का बिगडता स्वास्थ्य एक उलझन बन गया।

एक दिन सिम्मी ने अपने पिता श्री पाठक से कहा-पापा मैनू अपने घर जाणा है। मेरे बाल बच्चे है नाल मेरे बड़े मुंडे दे सिर पर चोट लगी हुई है उधा ईलाज करवाणा है। यहीं नही उसने फिर कहा कि मेरे घर वाले दा नां महिन्द्र सिंह हैगा, जेड़ा मोटर चलांदा है। ऐसी बातें श्री पाठक के लिए पहली बन गयी। आखिर कौन घर है सिम्मी का और कौन है महिन्द्र सिंह, जो उसके ख्यालों में बार-बार आ रहे है।

जब सिम्मी तीन वर्ष की हुई तो श्री पाठक का स्थानांतरण ब्यास-सतलुज लिंक परियोजना में सुन्दरनगर हो गया। यह समाचार जब सिम्मी ने सुना तो उसकी प्रसन्नता की सीमा न रही और पिता के वक्ष से लिपट कर कहने लगी कि मैनूं सुन्दरनगर लै चलो उत्थे मेरा घर ते बाल बच्चे हैंगे।

यह सुनकर पाठक जी का माथा ठनकां, क्योंकि यह मामूली बात नहीं थी। सिम्मी बार-बार सुन्दर नगर का नाम रटती रही थी, अवश्य कोई विचित्र घटना सामने आने वाली थी। श्री पाठक का तबादला सुन्दरनगर से 20 कि.मी. सलापड कलोनी में हो गया जहाँ ब्यास परियोजना का जन स्वास्थ्य उपमंडल था। सलापड पहुँच कर सिम्मी पश्चिम की ओर दूर तक फैली पहाड़ियों को अपने आँगन से निहारती रहती और माँ-बाप को अक्सर कहती रहती कि वहाँ दूर मेरा मायका है। सलापड में रहकर सिम्मी बार-बार सुन्दर नगर में अपने घर तथा बाल बच्चों को मिलने की जिद् करने लगी। आखिर 19 मार्च 1980 को श्री पाठक सिम्मी को लेकर सुन्दर नगर के मुख्य बाजार भोजपुर पहुँच गये। जहाँ कई महिन्द्र सिंह नाम के व्यक्तियों से मिलकर इस गुत्थी को सुलझाना चाहा, किन्तु ये वह नहीं थे, जिसकी सिम्मी को तलाश थी। आखिर एक व्यक्ति द्वारा एक अन्य महिन्द्र सिंह सेन का नाम प्रस्तावित किया गया जो राज्य पथ परिवहन निगम में बस चालक था तथा बनायक गाँव का निवासी है।

उसकी पत्नी कृष्णा की सिविल अस्पताल में टैटनिस की बीमारी से 1966 में मृत्यु हो गयी थी। ज्योंही श्री पाठक सिम्मी को गोद उठाए बनायक गाँव की ओर बढे, गाँव से एक किलोमीटर पीछे सिम्मी गोद से उतर गयी तथा उबड़-खाबड़ रास्तों से भागती हुई बनायक गाँव पहुँच गयी। वहाँ उसे अपना घर ढूँढने में देर न लगी, एक दम घर में भागती हुई प्रवेश कर गयी तथा अपने कमरे तक पहुँच कर कहने लगी यही है मेरा घर। इस बीच गाँव तथा आसपास के लोग इकट्ठे हो गये तथा सिम्मी को निहारते रहे। सिम्मी ने घर की बूढी महिलाओं को तुरन्त पहचान लिया और अपने बच्चों का कुशल क्षेम पूछा। सिम्मी को जब बताया गया कि तीनों लड़कियाँ, निर्मला, ललिता तथा राजेश्वरी के विवाह हो चुके हैं तथा दो लडकों में से एक राजकुमार विदेश में नौकरी कर रहा है और पप्पू पढाई के सिलसिले में अपनी एक बहन के पास रहता है, तो उसने चैन की साँस ली। अगला प्रश्न था कि महिन्द्र सिंह कहाँ है। बताया गया कि वह ड्यूटी पर मंडी गया हुआ है तो वह कुछ निराश हो गयी। सिम्मी ने घर का एक-एक कोना छान मारा तथा परिवारजनों के नाम लेकर मुलाकात करती रही। अपने कमरें में टंगी फोटो जो पूर्व जन्म की कृष्णा थी, को भी सिम्मी ने पहचान कर कहा कि यह उसकी फोटो है। साथ ही लटकी महिन्द्र सिंह की फोटों को देखकर उसने कहा कि यह मेरा परौणां महिन्द्र सिंह है।

माँ से मुलाकात

आखिर 21 मार्च को महिन्द्र सिंह और उसकी पुत्र वधू सिम्मी से मिलने सलापड गये। जहाँ उसने महिन्द्र सिंह को फौरन पहचान लिया। पुत्रवधु ने जब सिम्मी को कुछ फल दिये तो उसने सहर्ष स्वीकार कर लिए किन्तु महिन्द्र सिंह से लेने से इंकार कर दिया। ज्योंही महिन्द्र सिंह ने उसे गोद में लेना चाहा तो सिम्मी ने शरमा कर गोद में जाने से इनकार कर दिया। इस बीच पूर्व जन्म की कृष्णा का सिम्मी के रूप में इस संसार में आना उसके मायके वालों के लिए उत्सुकता का कारण बन गया। कृष्णा के दो भाई श्री नन्द सिंह तथा श्री बलवंत सिंह उसे मिलने सलापड़ आयें। सिम्मी ने दोनों को तुरन्त पहचान लिया और गले मिलकर रोने लगी। दोनों भाई उसे अपने गाँव सलणू, जिला बिलासपुर ले गये जहाँ उसने अपनी 70 वर्षीय माँ को पहचान लिया और अपने पिता की फोटो देखकर कहा कि यह मेरे बड़े डैडी है। माँ ने परीक्षा के रूप में उसे एक रूमाल दिया जिसे देखकर सिम्मी ने तपाक से कहा कि यह वही कपड़ा है जिसका सूट आपने मुझे दिया था किन्तु मैं बीमार रहने के कारण इसे पहन नहीं पाई थी। माँ का गला रुन्ध गया तथा आलिंगन में बन्ध कर फूट-फूट कर रोने लगी। सिम्मी ने मायके के कई स्त्री पुरुषों को पहचान लिया तथा उनकी कुशलता पूछी।

इस तरह सिम्मी के पूर्व जन्म की याद की खबर सारे क्षेत्र में फेल गयी। अखबारों

में सुर्खियाँ बनी और देश विदेश से लोग सिम्मी को देखने के लिए उमड़ पड़े।

दास्तांन दूसरे जन्म की

इस बीच सिम्मी ने एक बार फिर अपने एक और पूर्व जन्म की याद ताजा कर परिवार तथा अन्य निकट मित्रों को हैरान कर दिया क्योंकि पूर्व जन्म की कृष्णा की मृत्यु 1966 में हुई थी और सिम्मी का जन्म 1976 में हुआ। आखिर दस वर्ष तक आत्मा कहाँ भटकी। यह एक प्रश्न था जिसकी गुत्थी सुलझाना अनिवार्य समझा गया क्योंकि कृष्णा की मृत्यु अस्पताल में हुई थी और उसके अन्तिम संस्कार शायद हिन्दू रीति-रिवाजों के अनुकूल न हो पाए थे। इसलिए भ्रम रहा कि आत्मा भटक गयी होगी किन्तु एक दिन जब सुन्दरनगर में रामलीला हो रही थी, इस समय श्री पाठक सलापड़ से तबदील होकर सुन्दर नगर आ गये थे। सिम्मी ने अपने दूसरे पूर्व जन्म का किस्सा सुना दिया। उसने कहा कि मैं मरने के बाद (कृष्णा के रूप में) एक व्यक्ति बुधी सिंह के घर पैदा हुई, जहाँ 9 वर्ष की होकर फिर मर गयी। बुधी सिंह ब्यास परियोजना की सुरक्षा व्यवस्था में कार्यरत था और ब्यास परियोजना की ही सुन्दर नगर कालोनी में रहता रहा है। सिम्मी कुछ लोगों के साथ उस क्वाटर में पहुँच गयी, जहाँ वह जन्म से मृत्यु तक रही। पड़ोस के कुछ लोगों ने इस बात की पुष्टी भी कर दी कि बुधीद सिंह नाम का एक कर्मचारी इस क्वाटर में रहता रहा है उसकी एक लड़की थी किन्तु अब वह सलाल परियोजना में चला गया है। यह नहीं कहा जा सकता कि उसकी पुत्री जीवित है या मृत। क्योंकि यह जन्म काफी छोटा था। सिम्मी को इसका पूरा ज्ञान नहीं है। वह उस क्वाटर को अवश्य पहचान रही थी जहाँ उसका बचपन बीता था।

नीली आँखों वाली बालिका सिम्मी से नूर टपकता है और वह सुबह-शाम हनुमान चालीसा तथा जपुजी साहिब, के पाठ करती है जो उसे तीन वर्ष की आयु से कंठस्थ हैं। वह सोमवार का व्रत रखती है तथा जाने-अनजाने में उसने जितनी भी भविष्यवाणियाँ की हैं वह सत्य निकली है। अब जब श्री पाठक का स्थानान्तरण सुदन्गर से गुरदासपुर हुआ तो श्री पाठक स्वाभाविक ही परेशान थे क्योंकि पंजाब में सब ठीक नहीं है। उन्होंने ऐड़ी-चोटी का जोर लगाया कि स्थानांनतरण रुक जाये किन्तु अधिकारियों ने साफ साफ इन्कार कर दिया। किन्तु सिम्मी ने अपने परेशान पिता से सहज स्वभाव में कहा-डैडी आपकी बदली गुरदासपुर की बजाय सलापड़ हो जायेगी और एक सप्ताह तक हम वहाँ चले जायेंगे। ऐसा ही हुआ। पिछले माह के अन्तिम सप्ताह में श्री पाठक सलापड़ स्थानान्तरित हो गये। इससे पूर्व अपने छोटे भाई के जन्म का ठीक दिन व समय बताकर सिम्मी ने परिवारजनों को अचम्भे में डाल दिया था।

एक अमेरिकी पत्रकार जब उसके पूर्व जन्म का समाचार पढ़कर सुदन्रनगर

सिम्मी को देखने आया था तो सिम्मी का पहला प्रश्न उसके बड़े लड़के टोनी के बारे था। उसने पत्रकार से पूछा कि टोनी आपके साथ भारत आने की जिद कर रहा था, आप उसे क्यों नहीं लाये। पत्रकार महोदय यह सुनकर हैरान हो गये क्योंकि वह या उनका परिवार पहले कभी भारत नहीं आया था तथा उनके बड़े लड़के ने भी भारत आने की इच्छा प्रकट की थी। यही नहीं सिम्मी ने कई ऐसी महिलाओं को पुत्र रत्न होने का वरदान दिया जो पूरे हुए। पिछले दिनों सिम्मी ने अपने पूर्व जन्म की एक बहन के भराड़ीघाट गाँव में मृत्यु की बात कही जो सच थी। श्री पाठक को इस बात की पुष्टि सिम्मी के पूर्वजन्म के भाई नन्द सिंह से कुछ दिन बाद हुई थी।

पिछले सात वर्षों से सिम्मी अपने पूर्व मायके समय-समय पर आती-जाती रहती है जहाँ उसके दोनों भाई, माँ तथा अन्य परिवारजन उसे कृष्णा के रूप में बेहद प्यार करते हैं। उधर ससुराल में उसे अपने पूर्व बेटे राजकुमार तथा पप्पू से मिलने में बेहद आनन्द आता है। सिम्मी के पूर्व मायके तथा ससुराल वालों ने उसे जायदाद का हिस्सा देने की पेशकश भी की है किन्तु उसने कुछ भी लेने से इन्कार कर दिया है। उसके पूर्व बेटे ने गत तीन माह पूर्व बनायक गाँव में लिबिया से लौटकर एक नया घर बनाया है जहाँ सिम्मी गृह प्रवेश के समय गयी थी और पूरे मकान में घूम कर राजकुमार तथा उसके परिवार को आशीर्वाद देती रही।

दो वर्ष और

जब पिछले दिन यह संवाददाता सिम्मी को मिलने उसके सलापड स्थित क्वाटर में गया था तो उसके माता-पिता से यह शब्द सुनकर स्तब्ध रह गया कि सिम्मी कल से परेशान सी है तथा अत्यन्त गम्भीरता से कह रही है कि मैं जब 12 वर्ष की हो जाऊँगी तब आप सब को छोडकर बहुत दूर चली जाऊँगी।

एक बच्चा जिसने अपने पूर्व जन्म के गाँव व भाई-बहनों को पहचान लिया

पंजाब के जिला पटियाला में फतेहगढ़ साहब तहसील के गाँव खेड़ी में एक 60 वर्षीय किसान दिलीप सिंह रहते हैं। यह गाँव बस्सी पठाना से पश्चिम में 350 मीटर की दूरी पर स्थित है। श्री दिलीप सिंह के परिवार में उनकी पत्नी शेर कौर, बड़ा पुत्र निर्मल सिंह, पुत्रियाँ सुरेन्द्र कौर, महेन्द्र कौर, जसविन्द्र कौर, गुरमीत कौर, जसवीर कौर तथा 10-11 वर्षीय पुत्र सुरेन्द्र सिंह है। सुरेन्द्र सिंह को सभी राजू कह कर बुलाते हैं। वह पांचवीं कक्षा में पढ़ता है लेकिन बहुत ही शर्मीला है।

राजू की स्कूल की अध्यापिका ने बताया कि लगभग 15 दिन पूर्व जब 3-4 लोग स्कूल की ओर आते दिखाई दिये तो लगा कि वह किसी बच्चे की शिकायत लेकर आयें होंगे। परन्तु हुआ उसके विपरीत। राजू उन्हें देखकर बड़ी फुर्ती के साथ मेरे पास आया और बताया कि जो व्यक्ति इधर आ रहे हैं यह मेरे भाई हैं। उस समय तक उसने उनमें चरण सिंह नामक एक व्यक्ति को तो पहचान लिया था जो खालिसपुर निवासी हैं। राजू ने बताया कि चरण सिंह उसका पूर्व जन्म का बड़ा भाई है। चरण सिंह की आँखों में खुशी के आँसू थे। राजू की माता शेर कौर ने बताया कि जब राजू तीन वर्ष का था तो मैं पैदल इसे साथ लेकर इसके ननिहाल वाले गाँव मुल्लापुर, जो यहाँ से पाँच किलोमीटर दूरी पर है, जा रही थी। रास्ते में जब हम खालिसपुर पहुँचे तो यह कहने लगा कि वो देखो हमारा खेत और उसमें सन्त जी की कुटिया है। इस गाँव में हमारा घर भी है।

राजू के इस पूर्व जन्म के गाँव खालिसपुर में राजू के अन्य तीन भाई और चार बहनें भी हैं। उसकी पूर्वजन्म की माता राम कौर व पिता दिलीप सिंह उसकी मृत्यु के बाद स्वयं भी चल बसे। राजू का पूर्व जन्म में नाम तो अमर सिंह था परन्तु उसे सभी लोग तब भी राजा कह कर पुकारते थे। खालिसपुर और खेड़ी गाँव में 3 किलोमीटर का फासला है। इन दोनों गाँवों के खेत वैसे आपस में मिले हुए हैं।

राजू के पूर्व भाई चरण सिंह ने बताया कि हम चार भाई थे। मैं, जीत सिंह, दयाल सिंह व अमर सिंह। चार बहनें अमर कौर, जीत कौर, सुरजीत कौर और चरण कौर। अमर सिंह की 24 वर्ष पूर्व 1963 में मृत्यु हो गयी थी। आधी रात के करीब उसके सिर में जोर का दर्द हुआ था। मैं बस्सी पठाना नगर में डॉक्टर को

लेने आया परन्तु वापसी तक उसके प्राण पखेरू हो चुके थे। अमर सिंह (राजू) साधू स्वभाव का स्वस्थ और सख्त मेहनती व्यक्ति था। वह स्वामी दयालपुरी का सेवक भी था। उसकी पत्नी अजमेर कौर, दो पुत्र नाजर सिंह, सज्जन सिंह तथा एक बेटी सतविन्द्र कौर है।

राजू बहुत कम बोलता है और बेहद शर्मीला है। चरण सिंह के कथनानुसार उसके पूर्व जन्म की कहानी का रहस्योद्घाटन तब हुआ जब राजू के माँ-बाप को बड़ी मुश्किल से राजू को उनके साथ खालिसपुर भेजने को मनाया। गाँव पहुँच कर राजू सैकड़ों लोगों के सामने दौड़ कर अपने पूर्व जन्म के घर में दाखिल हुआ और सीढ़ियाँ चढ़ कर उस चौबारे में जा पहुँचा जहाँ वह सोता था। गाँव निवासी यह सब देखकर आश्चर्यचकित हो रहे थे। राजू की पूर्व बहनों, बड़ी भरजाई गुलाब कौर और पत्नी अजमेर कौर की आँखों में खुशी के आँसू थे। जब पुत्र-वधुएँ उसके चरण स्पर्श कर रही थीं तो वह चुपचाप खड़ा सब देखता रहा। खालिसपुर कहता है कि वह किसी गुरुद्वारा में प्रसाद बाँटता रहा है पर उसे और कुछ याद नहीं आ पा रहा।

राजू के वर्तमान पिता दिलीप सिंह बताते हैं कि इस जन्म से आज तक हमें कभी तंग नहीं किया। जब यह 3-4 वर्ष का था तभी से गुरुद्वारा फतेहगढ़ साहिब में हमारे साथ जाकर माथा टेकते समय नाक से लकीरें निकालता आ रहा है। घर पर भी यह किसी चौपाई पर कपड़ा डाल कर मत्था टेकता है और हमें भी ऐसा करने के लिए कहता है।

पूर्वजन्म की बात बताने वाली बालिका

स्थानीय उषा कम्पनी के व्यवस्थापक की चार वर्षीय कन्या अपने पूर्व जन्म की बातें बताने के कारण इन दिनों नगर के आकर्षण का केन्द्र बनी हुई है। उक्त कन्या यहाँ गत 6 मास से अपने पिता से कह रही थी कि मुझे मेरे पिता जी के पास ले चलिए। एक दिन उसके वर्तमान पिता अपनी कन्या गायत्री को उसके कथनानुसार जाप किनगंज स्थित एक मकान के पास ले गये। वहाँ स्थानीय कचहरी में कार्य करने वाले हरेन्द्रलाल को, जो इसी जिले के गाँव गोन्हिया छपरा के निवासी हैं, लड़की ने अपना पिता और उनकी स्त्री को माँ बताया।

ज्ञातव्य है कि श्री हरेन्द्र लाल की एक पुत्री आज से 4 वर्ष पूर्व 6 वर्ष की अवस्था में होली के 4-5 दिन बाद मर गयी थी। होली के दिन बीमार होने के कारण वह अपने नये वस्त्रों को नहीं पहन सकी थी। इस वर्ष होली के दिन जब उसके वर्तमान पिता श्री भगवती प्रसाद अग्रवाल ने उसे नयी फ्राक पहनने को दी तो वह रोने लगी। उसने कहा कि वह मेरी फ्राक नहीं है। मेरी फ्राक तो मेरे पिता जी के यहाँ बक्से में रखी हुई है। इस पर अग्रवाल जी लाल के पास गये तो उन्होंने कहा कि होली के अवसर पर निर्मित उसकी फ्राक अभी तक मेरे बक्से में पड़ी है।

श्री अग्रवाल की कन्या गायत्री की अवस्था आठ वर्ष 1 मास की है। उसका जन्म राजस्थान में भरतपुर जिकान्तग्रत स्थान नामक गाँव में सन् में माघ शुक्ल 14 को हुआ था। श्री हरेन्द्रलाल तथा उनकी पत्नी दोनों का इस कन्या से एक विचित्र स्नेह उत्पन्न हो गया है। इनका भी यह मत है कि उनकी कन्या आशा ने जो आज से लगभग चार वर्ष पूर्व मर चुकी थी। गायत्री के रूप में श्री भगवती प्रसाद अग्रवाल के घर पुनर्जन्म लिया है। श्री हरेन्द्रलाल ने बताया है कि उनकी कन्या आशा बड़ी सात्विक विचारधारा की थी।

कल स्थानीय पत्रकारों ने उषा कम्पनी के वयवस्थापक श्री भगवती प्रसाद अग्रवाल के घर जाकर उक्त बालिका ने इंटरव्यू में पूर्व जन्म की एक सहेली का नाम सुशीला बताया जो अभी भी है। जब उससे यह प्रश्न किया गया कि मरने के बाद तू कहाँ गयी तो दो गुब्बारे लेने के बाद उसने उत्तर दिया कि मरने के बाद मैं यहाँ आ गयी थी। अग्रवाल के कहने पर उक्त बालिका ने गायत्री मन्त्र का पाठ कर सभी पत्रकारों को चकित कर दिया।

श्री अग्रवाल के घर गत तीन दिनों में सहस्त्रों नर-नारी उक्त बालिका को देखने के लिए हमेशा उपस्थित रहते हैं। प्रातः 9 बजे से रात्रि 11 बजे तक उनके दरवाजे से हो कर अन्दर जाना बड़ा कठिन है। पूरे नगर में उक्त बालिका की चर्चा है।

पुनर्जन्म की अद्भुत कहानी

लंका की दिवंगत आत्मा द्वारा यहाँ बोधगया के पास एक गाँव में जन्मग्रहण करने तथा होश आने पर अपने पूर्वजन्म की बातें करने के सम्बन्ध में एक बड़ा ही रोचक समाचार मिला है।

ज्ञात हुआ है कि बोधगया से करीब पाँच मील दूर हवाई अड्डे के पास एक गाँव है जहाँ मुख्यतः क्षत्रिय जातिवालों का निवास है। इसी गाँव में एक परिवार में करीब चार वर्ष पूर्व एक बालक पैदा हुआ। बोलने योग्य होने पर उसके अपनी मातृभाषा हिन्दी में न बोलकर दूसरी किसी भाषा में बोलने पर उसके घरवालों को बड़ा आश्चर्य हुआ।

बहुधा वह अपनी माँ से यह भी कहता अम्मा मेरी माँ लंका में है। वहाँ मेरे गुरु और बड़े भाई भी हैं। बड़ा होने पर मैं वहाँ जरूर जाऊँगा आदि। लेकिन उसकी इन अटपटी बातों को बचपने की बातों समझ कर उसके घरवाले उसकी ओर कोई ध्यान नहीं देते।

लेकिन वह बच्चा जब चार साल का हुआ तो लंका से एक बौद्ध भिक्षु उस गाँव में आया। उस भिक्षु ने उस बच्चे के अभिभावकों से मिलने की उत्कण्ठा जाहिर की। कुछ गाँववालों के यह पूछने पर कि वे उससे क्यों मिलना चाहते हैं? उस भिक्षु ने कहा कि कुछ साल पहले करीब सन् ३३ में मेरे एक गुरुभाई की मृत्यु हो गयी, परन्तु नाड़ी नामक ज्योतिष के एक ग्रन्थ के आधार पर जब मैंने उसके पुनर्जन्म के सम्बन्ध में जानकारी हासिल करनी चाही तो विदित हुआ कि वह उसी गाँव में पैदा हुआ है। उसकी बहुत खोजबीन करता हुआ मैं यहाँ पहुँचा हूँ।

उस बालक को ज्यों ही उस भिक्षु के सामने लाया गया वह उसे मानो पहचान कर फौरन उसकी गोद में जा बैठा। उस भिक्षु ने उस बालक का अपने साथ फोटो भी लिया तथा उसे कुछ भेंट भी दिया। भिक्षु के पुनः वापस लौटने पर बालक की आँखें करुणाद्र हो उठीं और उसकी आँखों से आँसुओं की बूँदें छलक पड़ीं।

आसपास के गाँवों में इस बात की बड़ी चर्चा है और जो पुनर्जन्म की बातों पर विश्वास नहीं करते थे वे भी बड़ी जिज्ञासा के साथ इस घटना का वृतांत सुनने और जानने को उत्सुक दिखाई पड़ रहे हैं।

भाग-4

उपसंहार

उपसंहार

गीता के अध्याय 2 के बीसवें श्लोक में भगवान् कृष्ण कहते हैं:

न जायते म्रियते वा कदाचिन्नायं भूत्वा भक्िता वा न भूयः।
अजो नित्यः शाश्वतोऽयं पुराणो न हन्यते हन्यमाने शरीरे।।

अर्थ—यह आत्मा किसी काल में भी न तो जन्मता है और न मरता ही है तथा न यह उत्पन्न होकर फिर होने वाला ही है। क्योंकि यह अजन्मा, नित्य, सनातन और पुरातन है, शरीर के मारे जाने पर भी यह नहीं मारा जाता।

जो व्यक्ति हिन्दु परम्पराओं में पले हैं उनमें तो इस विषय में दो मत नहीं हो सकते। उनकी तो यह ध्रुव मान्यता है कि शरीर के साथ आत्मा का नाश नहीं होता। आत्मा केवल दूसरा शरीर धारण कर लेती है, अथवा एक शरीर को छोड़कर दूसरा शरीर धारण करने की तैयारी में लग जाती है। यही बात 22वें श्लोक से स्वतः और भी स्पष्ट हो जाती है—

वासांसि जीर्णानि यथा विहाय नवानि गह्वाति नरोऽपराणि।

अर्थ—जैसे मनुष्य पुराने वस्त्रों को त्याग कर दूसरे नये वस्त्रों को ग्रहण करता है, वैसे ही जीवात्मा पुराने शरीरों को त्याग कर दूसरे नये शरीरों को धारण करती है।

पुनर्जन्म के उदाहरण इतने हैं और उनका साक्ष्य इतना अकाठ्य है कि एक दिन संसार को मानना ही पड़ेगा कि आवागमन और पुनर्जन्म ध्रुव सत्य है, विवाद का विषय नहीं है।

किन्तु उपरिलिखित श्लोक का यह आशय नहीं है कि आत्मा एक शरीर छोड़कर ही दूसरा शरीर धारण कर लेती है। सम्भव है कि दोनों क्रियाओं के बीच में महीना, दो महीना, वर्ष, दो वर्ष, शताब्दी, दो शताब्दी का अन्तराल हो। कोई आत्मा एक शरीर छोड़ते ही दूसरा शरीर धारण कर लेती है, किसीकिसी को वर्षों का समय अन्यत्रा बिताना पड़ता है। इस अन्तराल की अवस्था को ही प्रेतयोनि कहते हैं।

एक महत्त्वपूर्ण प्रश्न यह है कि प्रतिदिन संसार में लगभग तीस हजार व्यक्ति मरते हैं। सब प्रेत क्यों नहीं हो जाते? कारण यही है कि किसी प्राणी को कितने दिन बाद दूसरा जन्म मिलेगा, यह उसके पिछले जन्मों के कर्मों पर निर्भर है और कर्म सिद्धान्त इतना सीधा नहीं है जैसे 'दो और दो चार होते हैं'। यदि इतना ही

सीधा होता तो प्रत्येक व्यक्ति अपने सारे जीवन के सारे कर्मों का जोड़ बाकी लगाकर तुरन्त उत्तर निकाल लेता। शतरंज के खिलाड़ी जानते हैं कि बिसात के एक ही घर पर कई-कई मुहरों का जोर पड़ता है, इस विषय में बड़े-बड़े खिलाड़ी भी धोखा खा जाते हैं। यदि इन जोरों की ठीक नाम-जोख हो सकती, तो शतरंज जैसे खेल में हार-जीत होती ही नहीं।

फलित ज्योतिषी भी हिसाब लगाते हैं कि किस घर पर किस ग्रह का कितना प्रभाव पड़ रहा है और सबका निष्कर्ष निकालने में अपनी सारी बुद्धि लगा देते हैं। फिर भी उसके 'फलाफल कभी पूर्ण रूप से निश्चयात्मक नहीं होते। ऐसा ज्योतिषी कोई विरला ही होगा, जिसकी समस्त भविष्यवाणियाँ सच्ची निकलती हों।

यदि प्रेत योनि का अस्तित्व मान लिया जाये तो अगला प्रश्न यह है कि उक्त योनि कैसी है? क्या उस लोक में सुख-दुःख होता है, भूख-प्यास लगती है ? इच्छाएँ और आकांक्षाएँ होती हैं? इन सब प्रश्नों का कोई निश्चयात्मक उत्तर नहीं दिया जा सकता।

इतना निश्चित है कि उस लोक का वासी इच्छा रहित नहीं होता है। पिछले पन्नों में दिये गये दृष्टांतों से पता चलता है कि भूतों ने कभी-कभी अपने सुहृदों की जान बचाई है, कभी अपने वचन निभाएँ हैं। इसके विरुद्ध कभी-कभी भूतों ने लोगों से जघन्य अपराध कराए हैं। कभी डराया धमकाया भी है, कभी जान भी ले ली हैं।

इन सब बातों से सिद्ध होता है कि मनुष्य मरने के बाद अपनी सारी इच्छाएँ यहीं नहीं छोड़ जाता, कुछ अपने साथ भी ले जाता है। सम्भव है कि सामान्य इच्छाएँ यहीं छोड़ जाता हो और महत्त्वपूर्ण लालसाएँ साथ ले जाता हो और ऐसी लालसाएँ वह या तो प्रेत योनि में पूरी करता हो या अगले जीवन में।

इतना तो निश्चित है कि भूतों के लिए हमारे देशकाल का कोई बन्धन नहीं है। देश पूज्य डॉ॰ राजेन्द्र प्रसाद के पत्र का प्रमाण ही यह सिद्ध करने के लिए काफी है कि आत्माओं को हमारी त्रेविम सीमाएँ नहीं बाँध सकतीं। अब रहा समय का बन्धन। वह भी इन लोगों पर लागू दिखाई नहीं देता। इस पुस्तक में दिये गये अनेक दृष्टांतों से सिद्ध होता है कि आत्माएँ हजारों मील की दूरी क्षणों में पार कर लेती हैं।

किन्तु इन बातों से यह निष्कर्ष नहीं निकलता कि आत्माओं के लिए देशकाल का कोई बन्धन है ही नहीं। हमने ऊपर लिखा है कि उनके लिए हमारे देशकाल का कोई बन्धन नहीं है। सम्भव है उनके देशकाल की मापिनी कोई दूसरी हो। हम जानते हैं कि ब्रह्मा के एक दिन में 1000 चतुर्युग होते हैं और प्रत्येक चतुर्युग 12,000 वर्ष का होता है। इस प्रकार—

ब्रह्मा का एक दिन : 1000 × 12000 + 365 दिन = लगभग साढ़े चार अरब दिन।

अब मान लीजिए कि ब्रह्मा की मापिनी में समय, नाप, तौल का अनुपात यही

है। अर्थात्, ब्रह्मा का एक पैसा हमारे साढ़े चार अरब पैसों के बराबर है, ब्रह्मा का एक मीटर हमारे साढ़े चार अरब मीटरों के बराबर है।

पुराणों में एक उपाख्यान ऐसा आता है कि किसी व्यक्ति ने ब्रह्मा से जाकर कहा कि, तुम्हारे कोष में किस चीज की कमी है? अपने कोष में से एक पैसा मुझे दे दो।

वह समझता था कि वह बड़ी चालाकी दिखा रहा है क्योंकि ब्रह्मा के एक पैसे का अर्थ तो करोड़ों रुपये हो जायेगा।

किन्तु ब्रह्मा भी कम चतुर नहीं थे। वह बोले, जरा, एक भिनट ठहरो।

बेचारे को करोड़ों वर्ष रुकना पड़ा।

योगवरिष्ठ के उपाख्यानों में सबसे प्रसिद्ध और लम्बा उपाख्यान लीला का है। हम उसे यहाँ बहुत संक्षिप्त रूप में देते हैं।

एक समय बहुत ही योग्य राजा पद्म पृथ्वी पर राज्य करता था। उस की पत्नी का नाम लीला था, जो बहुत ही पति परायण थी। उसने सरस्वती देवी से यह वर माँगा कि यदि उसके पति की मृत्यु उससे पहले हो जाये तो उसकी आत्मा उसके कमरे में ही रहे। सरस्वती ने वर दिया और कहा कि जब कभी मुझे याद करोगी, मैं प्रकट हो जाऊँगी।

समय आने पर राजा पद्म की मृत्यु हो गयी। लीला बहुत दुःखी हो गयी। इतने में आकाशवाणी हुई कि दुःखी मत हो, तुम्हारे पति की आत्मा तुम्हारे कमरे में विद्यमान है। लीला ने शव को सुरक्षित रखा और सरस्वती को याद किया। देवी के प्रकट होने पर लीला ने पूछा कि, मेरे स्वामी इस समय कहाँ है? देवी ने उत्तर दिया, हैं तो वह इसी कमरे में, किन्तु दूसरी सृष्टि से सूक्ष्म हैं और इसी के भीतर स्थित हैं।

सरस्वती, देवी ने लीला को बताया कि एक संसार के भीतर दूसरा संसार, दूसरे संसार के भीतर तीसरा संसार यही क्रम अनन्त तक चलता है। सामान्यतः एक सृष्टि वाले दूसरी सृष्टि वालों के लिए अस्तित्वहीन हैं। किन्तु सिद्धि से ऐसी शक्ति प्राप्त हो सकती है कि कोई दूसरी सृष्टि के अन्दर के क्रियाकलाप को देख सके।

लीला को बहुत उत्सुकता हुई कि अपने पति को उनकी नयी स्थिति में देखे। तब सरस्वती और लीला ने उस लोक में प्रवेश किया जिसमें पद्म अपने नये रूप में वास कर रहा था। इस संसार से पद्म को गये हुए कुछ क्षण ही हुए थे, किन्तु वह इस नवीन जगत में 16 वर्ष का राजा बना हुआ था और वर्षों से एक विशाल राज्य का उपभोग कर रहा था। उसका नाम विदूरथ है। लीला यह व्यापार देखकर दंग रह गयी। न तो उसकी समझ में यह आया कि कुछ क्षणों में इतने वर्ष किस प्रकार व्यतीत हो गये। न वह यही रहस्य जान सकी कि एक कमरे के अन्दर इतना बड़ा राज्य किस प्रकार समाया हुआ है।

सरस्वती ने लीला को समझाया कि दोनों सृष्टियों की मापनियाँ बिल्कुल अलग-अलग हैं। एक सृष्टि के एक पल में दूसरी सृष्टि के वर्षों बीत सकते हैं। कभी-कभी मनुष्य बिस्तर पर पड़े-पड़े कुछ क्षणों के अन्दर वर्षों की घटनाओं का सिंहावलोकन कर जाता है। ऐसे कई दृष्टांत मिले हैं कि मनुष्य डूबने लगता है तो एक क्षण में उसके सारे जीवन की मुख्य-मुख्य घटनाएँ आँखों के सामने घूम जाती हैं।

सरस्वती ने कहा, यदि तुम्हें विश्वासन हो तो मैं तुम्हें एक तमाशा और दिखाऊँ। तुम्हारे पति पद्म रूप में आने से पहले वसिष्ठ नाम के ब्राह्मण थे। वह एक कुटिया में रहते थे। उन्हें मरे हुए एक सप्ताह भी नहीं हुआ और उनके घर वाले अभी तक उनकी मृत्यु का शोक मना रहे हैं।

लीला ने कहा, मैं वह कुटिया अवश्य देखूँगी।

सरस्वती, लीला को उस झोपड़ी में ले गयी, जिसमें ब्राह्मण वसिष्ठ अपनी पत्नी अरुन्धती के साथ रहता था।

सरस्वती ने लीला को बताया कि एक दिन वसिष्ठ ने देखा कि एक राजा की सवारी बड़े ठाट-बाट से निकल रही है। वसिष्ठ के मन में लालसा उत्पन्न हुई कि वह भी ऐसे ही ऐश्वर्य का सुख भोगे। उसी दिन उसका शरीर छूट गया। अरुन्धती ने भी यह वर माँग रखा था कि मृत्यु पर्यन्त भी उसका अपने पति से साथ न छूटे। अतः वसिष्ठ की आत्मा भी झोपड़ी के बाहर नहीं गयी। अरुन्धती उसके शव के साथ सती हो गयी।

सरस्वती ने लीला को बताया कि वसिष्ठ ही पद्म रूप में आयें और अरुन्धती, लीला के रूप में अवतरित हुईं।

अब सरस्वती और लीला उस लोक में लौटीं, जिसमें पद्म राजा विदूरथ बना हुआ राज्य कर रहा था। क्या देखती हैं कि विदूरथ, जिसे वह 16 वर्ष का देख गयी थीं, अब 70 वर्ष का बूढ़ा हो गया है। लीला और सरस्वती ने अपने आप को विदूरथ के सामने प्रकट किया। सारी कहानी सुनकर विदूरथ के मन में फिर पद्म होने की लालसा जागृत हुई।

कुछ दिन पीछे एक संग्राम छिड़ा, जिसमें विदूरथ मारा गया। उसकी जीवात्मा फिर पद्म के शरीर में प्रविष्ट हो गयी। पद्म फिर जी उठा और उसी रूप में फिर वर्षों जीवनयापन किया।

यहाँ मनुष्य की बुद्धि चकरा जाती है। वसिष्ठ के जीवन के उपरान्त एक सप्ताह में पद्म का सारा जीवन बीत गया और पद्म की मृत्यु के पश्चात् कुछ क्षणों में ही वर्षों का समावेश हो गया।

यह तो रही काल की बात। अब आकाश पर विचार कीजिए। वसिष्ठ के झोपड़े के अन्दर एक पूरी सृष्टि समाई हुई थी जिसके एक छोटे से भाग में पद्म का पूरा महल था और उस महल के एक कमरे में एक अन्य जगत समाया हुआ था, जिसका

एक छोटा-सा अंग विदूरथ का पूरा साम्राज्य था।

भूतों का शरीर भौतिक नहीं होता। वह अति सूक्ष्म होता है। हमने एक दृष्टान्त में देखा है कि भूत के प्रविष्ट होने से एक सूक्ष्म जाली के तन्तु नहीं टूटे। जाली कितनी ही पतली बनी हो, उसमें से आत्मा होकर गुजर जायेगी और उस पर कोई प्रभाव नहीं पड़ेगा। यहाँ तक कि आत्मा के अंगों से जो प्रकाश तरंगे या जैसी भी तरंगें निकलती होंगी, उन्हें हमारा सामान्य कैमरा भी नहीं पकड़ सकता।

हमारे शास्त्र बताते हैं कि हमारे ब्रह्माण्ड में सात लोक हैं:

1. भू लोक 2. भुवः लोक 3. स्वः लोक 4 महलोक
5. जन लोक 6. तप लोक 7. सत्य लोक

केवल हमारे भू लोक, अर्थात् मृत्यु लोक के निवासियों का शरीर ही भौतिक होता है। शेष सब लोकों के निवासियों के शरीर सूक्ष्म होते हैं। हमारे वैज्ञानिकों ने अपने अनुसन्धानों से यह तथ्य निकाला है कि पृथ्वी को छोड़कर किसी भी ग्रह में जल अथवा वायु नहीं है। जहाँ कहीं है भी, वहाँ इतना कम है कि उसमें कोई प्राणी जीवित रह नहीं सकता। किन्तु वैज्ञानिक यह क्यों मान लेते हैं कि जीवन केवल भौतिक रूप में ही रह सकता है। क्या यह सम्भव नहीं है कि अन्य ग्रहों में किसी दूसरे प्रकार का जीवन हो, जिसमें भौतिक शरीर की आवश्यकता ही न हो? हम यह क्यों न समझें कि बहुत से ग्रहों में ऐसा जीवन है, जिसके लिए जल और वायु की आवश्यकता ही नहीं है?

और ग्रह तो केवल नौ हैं। ब्रह्माण्ड में हमारे सौर-मण्डल की ही क्या बिसात है? सृष्टि में लाखों, करोड़ों सौर-मण्डल हैं, जिनमें से प्रत्येक में न जाने कितने ग्रह और उपग्रह होंगे? यदि हम यह समझें कि जगन्नियन्ता ने अरबों खरबों ग्रह, उपग्रह, तारे निहारिकाएँ आदि बनाये, किन्तु जीवन दिया केवल एक क्षुद्र ग्रह पृथ्वी को, तो यह हमारा दम्भ है, मिथ्याभिमान है, मरीचिका है।

अब विज्ञान को बहुत-सी बातों का पता लगाना है।

प्रेत योनि के कुछ गुणों का वर्णन तो ऊपर हो चुका है। कदाचित् वह आगे और पीछे की बातें हमसे अधिक जानते हैं। किन्तु यह कहना गलत होगा कि वह लोग सर्वज्ञ होते हैं। उनकी बताई हुई बहुत-सी बातें गलत निकलती हैं। यह मानना पड़ेगा कि उनमें कुछ आत्माएँ अच्छी होती हैं, कुछ बुरी। कुछ सच्ची होती हैं, कुछ झूठी। कुछ शिवत्व को प्राप्त करती हुईं एक लोक से दूसरे लोक ऊपर चढ़कर फिर भू लोक में लौट जाती हैं। यह बातें हम देखे हुए तथ्यों और कल्पना के आधार पर ही लिख रहे हैं। अभी इस विषय में बहुत खोज आवश्यक है। ठोस प्रमाण अभी कोसों दूर हैं।

□□

लेखक का जीवन परिचय एवं साहित्यिक उपलब्धियाँ

डॉ. ब्रजमोहन जी का जन्म 11 अप्रैल, सन् 1908 को मुरादाबाद के एक प्रतिष्ठित खत्री परिवार में हुआ था। किन्तु उदार विचारों के डॉ. ब्रजमोहन ने अपनी उप-जाति के सूचक 'मेहरोत्रा' शब्द का परित्याग कर दिया था।

स्वर्गीय डॉक्टर साहब ने 34 वर्ष तक काशी विश्वविद्यालय की सेवा की। वे काशी विश्वविद्यालय के गणित विभाग के अध्यक्ष एवं सेंट्रल हिन्दू कॉलेज के प्राचार्य (सन् 1960-68) के पदों को सुशोभित करते रहे।

ब्रजमोहन जी ने अपनी सभी परीक्षाओं में प्रथम स्थान प्राप्त किया। आगरा विश्वविद्यालय से गणित में एम.ए. की परीक्षा उत्तीर्ण करने के बाद वे लिवरपूल यूनिवर्सिटी (इंग्लैण्ड) में शोधकार्य हेतु चले गये। वहाँ से उन्होंने सन् 1933 में इंग्लैण्ड के विख्यात गणितज्ञ डॉ. टिचमार्श के निर्देशन में पीएच.डी. की उपाधि प्राप्त की। सैण्ट्रल हिन्दू कॉलेज के प्रिंसिपल के रूप में कार्य के दौरान उन्हें हम्बोल्ट स्टेट कॉलेज (अब विश्वविद्यालय), कैलिफोर्निया (अमेरिका) ने विजिटिंग प्रोफेसर (Visiting Professor) के तौर पर आमन्त्रित किया था जहाँ उन्होंने डेढ़ वर्ष तक अपनी सेवाएँ अर्पित कीं।

हिन्दी में वैज्ञानिक साहित्य-रचना के आदि सूत्रधारों में डॉ. ब्रजमोहन का नाम अग्रगण्य है। पं मदन मोहन जी मालवीय ने काशी हिन्दू विश्वविद्यालय में हिन्दी प्रकाशन मंडल की स्थापना की। कुलपति के नाते वे उस मंडल के अध्यक्ष थे और डॉ. ब्रजमोहन को उन्होंने उसका मन्त्री नियुक्त किया। पूरे चौदह वर्ष तक इस पद पर आरूढ़ रहते हुए डॉक्टर ब्रजमोहन ने गणित, भौतिकी और रसायन विषयों पर दर्जनों पुस्तकें हिन्दी में लिखाई और छपवाई थीं।

भारत सरकार ने विज्ञान सम्बन्धी हिन्दी की पारिभाषिक शब्दावली के अभाव की पूर्ति के लिए 'वैज्ञानिक शब्दावली आयोग' (Scientific Terminology Commission) का गठन किया था। डॉ. ब्रजमोहन इसके 15 वर्ष तक सदस्य रहे। उनके गढ़े हुए सैकड़ों शब्दों को गणित के क्षेत्र में अपनाया जा चुका है।

31 अगस्त, सन् 1990 में चण्डीगढ़ में देहावसान तक 46 पुस्तकें प्रकाशित हो चुकी थीं। इनमें से 36 हिन्दी में हैं और दस अंग्रेजी में। हिन्दी में डॉक्टर साहब ने

कहानियाँ भी लिखीं, भजन भी और त्योहार के सम्बन्ध में भी। किन्तु बहुप्रतिभा सम्पन्न डॉ. ब्रजमोहन का सिक्का आज भी हिन्दी के भाषिकीविद् और कोशकार मानते हैं। उनकी इस क्षेत्र में उल्लेखनीय कृतियाँ निम्नलिखित हैं–

1. बिन्दी युक्त अक्षर	: शब्दलोक प्रकाशन, वाराणसी, 1970
2. मानक हिन्दी	: मैकमिलन कम्पनी, नयी दिल्ली, 1979
3. मीनाक्षी हिन्दी-अंग्रेजी कोश	: मीनाक्षी प्रकाशन, मेरठ, 1984 द्वितीय संस्करण
4. मीनाक्षी अंग्रेजी-हिन्दी कोश	: उपर्युक्त, सन् 1986
5. शब्द चर्चा	: राजकमल प्रकाशन, नयी दिल्ली, 1986
6. नागरी लिपि : रूप और सुधार	: (तीनमूर्ति पब्लिकेशंस, नयी दिल्ली, 1988)
7. भाषा और व्यवहार	: वाणी प्रकाशन, नयी दिल्ली
8. क्रिया प्रयोग	: पीपुल्स बुक हाउस, पटना

गणित के क्षेत्र में हिन्दी को डॉ. ब्रजमोहन की देन इस प्रकार है–

1. गणितीय कोश	: चौखम्बा संस्कृत सीरीज, बनारस, 1954
2. गणित का इतिहास	: हिन्दी समिति, उत्तर प्रदेश सरकार, लखनऊ, 1965
3. शुद्ध गणित की पाठचर्या (G.H. Hardy's 'A course of Pure Mathematics का हिन्दी अनुवाद)	: हिन्दी समिति, उत्तर प्रदेश सरकार, लखनऊ, 1970

पुरस्कार एवं सम्मान

(क) उत्तर प्रदेश सरकार की हिन्दी समिति द्वारा 'गणितीय कोश' पर सन् 1954 का पुरस्कार।

(ख) उत्तर प्रदेश सरकार की हिन्दी समिति द्वारा 'नागरी लिपि : रूप और सुधार' पर सन् 1969 का पुरस्कार।

(ग) उत्तर प्रदेश सरकार के 'हिन्दी संस्थान' द्वारा दीर्घकाल हिन्दी सेवा हेतु सन् 1979 में 15,000/- रुपये की थैली भेंट की गयी।

(घ) विज्ञान परिषद, इलाहाबाद द्वारा 'हिन्दी के माध्यम द्वारा विज्ञान का सेवा' के उपलक्ष्य में सम्मान।

(ड.) वैज्ञानिक एवं तकनीकी साहित्य के सृजन एवं प्रचार हेतु दस हजार की थैली सन् 1989 में भारत के प्रधान मन्त्री ने आत्मा राम पुरस्कार के रूप में प्रदान की।

सम्पर्क सूत्र :
द्वारा श्री कृष्णमोहन
729, सेक्टर-8बी
चण्डीगढ़-160 008

डॉ. ब्रजमोहन की कृतियाँ

भाषिकी एवं कोशग्रन्थ

1. ठोस ज्यामिति की शब्दावली : प्रेस बुक डिपो, काशी हिन्दू विश्वविद्यालय, वाराणसी, 1946
2. अंग्रेजी-हिन्दी वैज्ञानिक कोश खण्ड-1 : प्रेस बुक डिपो, काशी हिन्दू विश्वविद्यालय, वाराणसी, 1948
3. अंग्रेजी-हिन्दी वैज्ञानिक कोश खण्ड-2 (सहसम्पादकत्व में) : भारतीय हिन्दी परिषद, प्रयाग, 1950
4. गणितीय कोश (उतर प्रदेश सरकार द्वारा पुरस्कृत) : चौखम्बा संस्कृत सीरीज, बनारस, 1954
5. नागरी लिपि (उतर प्रदेश सरकार द्वारा पुरस्कृत) : शब्दलोक प्रकाशन, बनारस, 1968
6. बिन्दी युक्त अक्षर : शब्दलोक प्रकाशन, वाराणसी, 1970
7. मानक हिन्दी : मैकमिलन कम्पनी, नयी दिल्ली, 1970
8. मीनाक्षी हिन्दी-अंग्रेजी कोश : मीनाक्षी प्रकाशन, मेरठ, 1980
9. मीनाक्षी अंग्रेजी-हिन्दी कोश : मीनाक्षी प्रकाशन, मेरठ, 1986
10. शब्द चर्चा : राजकमल प्रकाशन, नयी दिल्ली, 1986
11. नागरी लिपि : रूप और सुधार : तीनमूर्ति पब्लिकेशंस, नयी दिल्ली, 1968
12. अर्थ विज्ञान : राजकमल प्रकाशन, नयी दिल्ली, 1989
13. विशेषण प्रयोग : राजकमल प्रकाशन, नयी दिल्ली, 1994
14. भाषा और व्यवहार : वाणी प्रकाशन, नयी दिल्ली, 1993

गणित विषयक सन्दर्भ एवं पाठ्य ग्रन्थ

15. प्रारम्भिक कलन	:	प्रेस बुक डिपो, काशी हिन्दू विश्वविद्यालय, वाराणसी, 1947
16. इण्टरमीडिएट बीज गणित	:	प्रेस बुक डिपो, काशी हिन्दू विश्वविद्यालय, वाराणसी, 1948
17. माया वर्ग	:	प्रेस बुक डिपो, काशी हिन्दू विश्वविद्यालय, वाराणसी, 1948
18. नियामक ज्यामिति, भाग-1	:	प्रेस बुक डिपो, काशी हिन्दू विश्वविद्यालय, वाराणसी, 1950
19. नियामक ज्यामिति, भाग-2	:	प्रेस बुक डिपो, काशी हिन्दू विश्वविद्यालय, वाराणसी, 1950
20. ठोस ज्यामिति	:	हिन्दी साहित्य सम्मेलन, प्रयाग, 1955
21. माध्यमिक बीज गणित, भाग-1 (सह-सम्पादकत्व में)	:	हिन्दी प्रचारक पुस्तकालय, वाराणसी, 1955
22. माध्यमिक रेखा गणित	:	हिन्दी प्रचारक पुस्तकालय, वाराणसी, 1956
23. माध्यमिक बीज गणित, भाग-2	:	हिन्दी प्रचारक पुस्तकालय, वाराणसी, 1956
24. इण्टरमीडिएट ठोस ज्यामिति	:	हिन्दी साहित्य सम्मेलन, 1958
25. गणित का इतिहास	:	हिन्दी समिति, उत्तर प्रदेश सरकार, लखनऊ, 1965
26. अनन्त श्रेणी	:	हिन्दी समिति, उत्तर प्रदेश सरकार, लखनऊ, 1965
27. अवकलन गणित	:	हिन्दी समिति, उत्तर प्रदेश सरकार, लखनऊ, 1965 (1972)
28. निर्देशांक ज्यामिति	:	हिन्दी प्रकाशन समिति, काशी हिन्दू विश्वविद्यालय, वाराणसी, 1972
29. आधुनिक रेखागणित (सह-सम्पादकत्व में)	:	कमला पब्लिशिंग हाउस, मेरठ, 1964
30. रूपान्तर कलन (ट्रांसफार्म कैलकुलस)	:	वैज्ञानिक तकनीकी आयोग, भारत सरकार, नयी दिल्ली, 1968
31. शुद्ध गणित की पाठचर्या (G.H. Hardy's A course of Pure Mathematics का अनुवाद)	:	हिन्दी समिति, उत्तर प्रदेश सरकार लखनऊ, 1970

ललित साहित्य

32. हमारे त्योहार (निबन्ध-संग्रह) : चौखम्बा संस्कृत सीरीज, बनारस, 1951
33. मोहन की मुरली (काव्य-संग्रह) : बा. बैजनाथ प्रसाद बुकसेलर, बनारस 1958
34. मोहन की वंशी (काव्य-संग्रह) : चौखम्बा विद्याभवन, वाराणसी, 1964
35. भटकती आत्माएँ (कहानी-संग्रह) : प्रचारक बुक क्लब, हिन्दी प्रचारक संस्थान, वाराणसी, 1981
36. हिन्दी कुंज (कहानी-संग्रह) : हिन्दी प्रचारक संस्थान, वाराणसी, 1982

अंग्रेजी में प्रकाशित ग्रन्थ

37. The Intermediate Solid Geometry : Beniprasad Ramnarayan Lal, Prayag, 1953
38. Key to Intermediate Solid Geometry : Vivekanand Pustakagar, Banaras, 1953
39. The Intermediate Calculus : Beniprasad Ramnarayan Lal, Prayag, 1953
40. Hints for Intermediate Calculus : Ramkrishna Pustakalaya, Banaras, 1954
41. The Intermediate Co-ordinate Geometry : Hindi Prachark Pustakalaya, Banaras, 1954
42. Co-ordinate Geometry for College students : Ramkrishna Pustakalaya, Banaras, 1965
43. The Complex Variable : P.G. Dwadashshreni & Co., Allahabad,1951
44. Co-ordinate Geometry (in collaboration) : Kamla Publishing House, Meerut, 1962
45. Higher Algebra (in collaboration) : Kamla Publishing House, Meerut, 1962
46. Solution to the Intermediate Calculus : Ramkrishna Pustakalaya, Banaras, 1954